가나다 순으로 찾는

ENGLISH &
日本語
실시간 표현 사전

영어
일본어

에프원 북스 지음
이정빈 / 송성은 감수

CONTENTS

ㄱ

가격협상	565
가격흥정	420
가족	064
감사	196
감탄	203
개인신상	048
건강상태	081
건강과 관리	079
건강과 위생	079
결혼	233
계절	036
계산 (쇼핑)	422
계산 (식당)	474
계약	563
계약체결	566
고장	296
공공기관	574
공중전화	352
공항	400
꽃가게	491
관공서	574
관광안내	522
관광정보	519
관광지	523
관람제안	481
교통	360
교통사고	387
교통위반	393
교환	429
구직	099
국제전화	356
그림	133
극장	481
극장안	485
기내	407
기념촬영	525
기쁨	199
기차	378
긴급	600
긴장	213
길 묻기	360
길 알려주기	362

ㄴ

나이	051
날씨	031
날짜	038
내과	434
놀람	204
놀이공원	477
놀이방	498
농담	257

ㄷ

다툼	216
답변	245
답신전화	344
대여문의 (도서관)	587
대여 (도서관)	588
대접	304
대중교통	369
대출	577
대화 중	240
대화에 끼어듦	274
데이트 신청	220
데이트 중	223
도난	526
도서	127
도서관	587
도움	152
돈	187
동의	246
두려움	214

ㄹ

렌터카	395

룸 서비스	533

ㅁ

마중	412
마트	496
만남 (첫)	020
만남 (우연한)	026
만남 (오랜만)	027
말 걸기	237
말 이음	253
말 막힘	267
맛	289
맞장구	255
메뉴결정	459
면접	601
목욕탕	084
문구점	494
문병	451
문제 (호텔)	537
물건 고르기	416
미란다 원칙	590
미용실	507

ㅂ

바쁨	175
반대	181
반납 (도서관)	588
반품	429
법원	590
배달	427
배상청구	567
버스	370
변명	172
병원	430
보편적 대화 (여행)	514
복리후생	106
복사	556
부동산 중개소	502
부재 중일 때	342
부탁	159
부탁	190
분실	526
불평	210
비난	207
비뇨기과	450
비즈니스	544

ㅅ

사건	560
사고	602
사과	157
사람	067
사직	113
사진관	499
산부인과	439
상가	489
상담	563
상호인사	551
서류작성	575
서점	495
선물	185
설거지	288
설득	270
성격	067
성적	097
세관신고	405
세탁	283
세탁소	489
소개	021
소식	178
소아과	440
쇼핑몰	413
수입	104
숙박	530
스포츠 (일반)	135
스포츠 (야구)	139
스포츠 (농구)	140

스포츠 (골프)	140
스포츠 (수영)	143
스포츠 (볼링)	144
스포츠 (스키)	145
스포츠 (테니스)	145
스포츠 (등산)	146
스포츠 (낚시)	147
슬픔	201
승용차	381
승진	110
승차	383
시간	042
시설이용	479
시험	096
식당	457
식사제의	457
식성	284
신문	130
신용장	569
신체	072
실직	114
신경외과	444
신원확인	334

ㅇ

안과	441
안부	029
안전	607
안전책	607
알림판	193
애정	226
약국	454
약속	544
양해	150
업무	556
엘리베이터	535
여가생활	116
여행	516
연극	123
연락처	345
연애	220
영화	120
예금	579

예약 (비행기)	400
예약 (숙박)	530
오해	266
옷	280
외모	074
요금문의 (교통)	369
요금문의 (여행)	520
요리	286
요일	040
요점	269
우체국	583
우편 발송	585
운전	381
위로	164
음주	464
은행	576
음악	124
의/식/주	278
이견	250
이름	048
이별	230
이비인후과	445
이해	261
인사	016
일상적인 인사	016
입국	403

ㅈ

자동 응답 메시지	354
잘못	167
잠	278
잡지	132
재촉 (말)	260
재판	591
재해	604
전공	095
전화걸기	337
전화교환	335
전화 끊을 때	350
전화받기	332
전화기 문제	351
전화기 사용	330
접대	544
접수창구	430
접수처	549

제품설명	563
조언	183
종교	060
주거	061
주문	425
주문하기	462
주유	391
지원 (학교)	090
지원 (회사)	100
지진	605
지하철	376
직업	108
직장생활	099
진정	166
진찰	432
질문	242
집구경	303
집들이	298

ㅊ

찬성	180
청소	294
체크아웃	538
체크인	532
초대	313
초청 (집들이)	298
축하	161
출국	410
출금	579
출신	063
충고	182
취미	056
치과	447
칭찬	154

ㅋ

카센터	389
컴퓨터	556

ㅌ

탑승수속	402

태도	070
태풍	605
택시	372
통근	112
통화 서비스	354
통화 중일 때	341
TV	118

ㅍ

파티	321
팩스	556
표 (극장)	483
표 (놀이공원)	477
피부과	449

ㅎ

학교	092
헤어짐	024
호칭	049
홍수	605
화	211
화술	237
화장실	086
화장실 사용	308
화재	604
화제바꿈	275
환송	309
환영	171
환전	576
회사안내	553
회의	559
후회	218
휴식	278
흡연	471
흥분	206

각국의 발음

영어

■ 알파벳 발음

A 아, 애, 어
B 브
C 크
D 드
E 에, 이
F 프
G 즈, 그
H 흐
I 이, 아이
J 즈
K 크
L 르
M 므
N 느
O 오, 어
P 프
Q 크
R 르
S 스
T 트
U 유, 우
V 브
W 우
X 스
Y 이, 와이
Z 즈

■ 알파벳 발음 기호

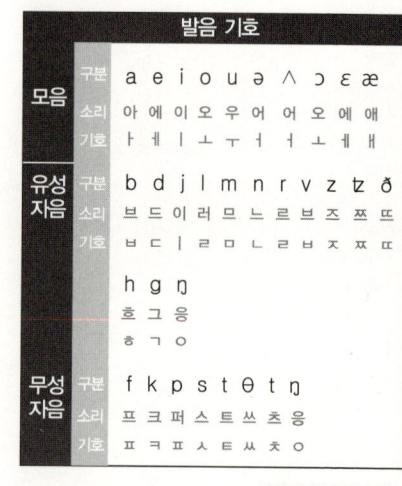

■ 숫자 (기수)

1 one 원
2 two 투
3 three 쓰리
4 four 훠
5 five 파이브
6 six 씩스
7 seven 쎄븐
8 eight 에잇
9 nine 나인
10 ten 텐
11 eleven 일레븐
12 twelve 투웰브
13 thirteen 써틴
14 fourteen 훠틴
15 fifteen 핍틴
16 sixteen 씩스틴
17 seventeen 쎄븐틴
18 eighteen 에이틴
19 nineteen 나인틴
20 twenty 트웨니
21 twenty one 트웨니 원
22 twenty two 트웨니 투
23 twenty three 트웨니 쓰리
24 twenty four 트웨니 포
25 twenty five 트웨니 파이브
26 twenty six 트웨니 씩스
27 twenty seven 트웨니 쎄븐
28 twenty eight 트웨니 에잇
29 twenty nine 트웨니 나인
30 thirty 써리
31 thirty one 써리 원

40 forty 훠리
50 fifty 핍티
60 sixty 씩스디
70 seventy 쎄븐티
80 eighty 에이리
90 ninety 나인티
100 a hundred (one hundred) 어 헌드렛(원 헌드렛)
1000 one thousand 원 싸우전
10000 ten thousand 텐 싸우전
10만 one hundred thousand 원 헌드렛 싸우전
100만 one million 원 밀련
1000만 ten million 텐 밀련
1억 one hundred million 원 헌드렛 밀련
10억 one billion 원 빌련
100억 ten billion 텐 빌련
1000억 one hundred billion 원 헌드렛 빌련

■ 숫자 (서수 / 날짜)

하나(일) 1st(first) 훠슷
둘 2nd(second) 쎄컨
셋 3rd(third) 써드
넷 4th(forth) 포스
다섯 fifth 핍쓰
여섯 sixth 씩쓰
일곱 seventh 쎄븐쓰
여덟 eighth 에잇쓰
아홉 ninth 나인쓰
열 tenth 텐쓰
열하나 eleventh 일레븐쓰
열둘 Twelfth 트웰브쓰
열셋 Thirteenth 써틴쓰
열넷 Fourteenth 훠틴쓰
열다섯 fifteenth 핍틴쓰
열여섯 Sixteenth 씩스틴쓰
열일곱 Seventeenth 쎄븐틴쓰
열여덟 eighteenth 에이틴쓰
열아홉 nineteenth 나인틴쓰
스물 twentieth 트웨니쓰
스물하나 21st(twenty-first) 트웨니훠슷
스물둘 22nd(twenty-second) 트웨니쎄컨
스물셋 23rd(twenty-second) 트웨니써드
스물넷 24th(twenty-forth) 트웨니폴쓰
스물다섯 twenty-fifth 트웨니핍쓰
스물여섯 twenty-sixth 트웨니씩쓰
스물일곱 twenty-seventh 트웨니세븐쓰
스물여덟 twenty-eighth 트웨니에이쓰
스물아홉 twenty-ninth 트웨니나인쓰
서른 thirtieth 써리쓰
서른하나 thirty-first 써리훠슷

■ 월 (달)

1월 January 재뉴어리
2월 February 훼뷔어리
3월 March 마취
4월 april 에이프럴
5월 may 메이
6월 june 준
7월 july 줄라이
8월 august 어거스트
9월 september 셉템버
10월 october 악토버
11월 november 노벰버
12월 december 디셈버

■ 요일

일요일 sunday 썬데이
월요일 monday 먼디
화요일 tuesday 튜즈데이
수요일 wednesday 웬즈데이
목요일 thursday 써즈데이
금요일 friday 후라이데이
토요일 saturday 쌔러디

일본어

히라가나 발음 기호

	청음					요음		
	あ단	い단	う단	え단	お단			
あ행	あ 아 a	い 이 i	う 우 u	え 에 e	お 오 o			
か행	か 카 ka	き 키 ki	く 쿠 ku	け 케 ke	こ 코 ko	きゃ 캬 kya	きゅ 큐 kyu	きょ 쿄 kyo
さ행	さ 사 sa	し 시 shi	す 스 su	せ 세 se	そ 소 so	しゃ 샤 shya	しゅ 슈 shyu	しょ 쇼 shyo
た행	た 타 ta	ち 치 chi	つ 츠 tsu	て 테 te	と 토 to	ちゃ 챠 chya	ちゅ 츄 chy	ちょ 쵸 chyo
な행	な 나 na	に 니 ni	ぬ 누 nu	ね 네 ne	の 노 no	にゃ 냐 nya	にゅ 뉴 nyu	にょ 뇨 nyo
は행	は 하 ha	ひ 히 hi	ふ 후 hu	へ 헤 he	ほ 호 ho	ひゃ 햐 hya	ひゅ 휴 hyuu	ひょ 효 hyo
ま행	ま 마 ma	み 미 mi	む 무 mu	め 메 me	も 모 mo	みゃ 먀 mya	みゅ 뮤 myu	みょ 묘 myo
や행	や 야 ya		ゆ 유 yu		よ 요 yo			
ら행	ら 라 ra	り 리 ri	る 루 ru	れ 레 re	ろ 로 ro	りゃ 랴 rya	りゅ 류 ryu	りょ 료 ryo
わ행	わ 와 wa				を 오 o			
					ん 은 n			
	탁음							
が행	が 가 ga	ぎ 기 gi	ぐ 구 gu	げ 게 ge	ご 고 go	ぎゃ 갸 gya	ぎゅ 규 gyu	ぎょ 교 gyo
ざ행	ざ 자 za	じ 지 ji	ず 즈 zu	ぜ 제 ze	ぞ 조 zo	じゃ 쟈 jya	じゅ 쥬 jyu	じょ 죠 jyo
だ행	だ 다 da	ぢ 지 ji	づ 즈 zu	で 데 de	ど 도 do	ぢゃ 쟈 jya	ぢゅ 쥬 jyu	ぢょ 죠 jyo
ば행	ば 바 ba	び 비 bi	ぶ 부 bu	べ 베 be	ぼ 보 bo	びゃ 뱌 bya	びゅ 뷰 byu	びょ 뵤 byo
	반탁음							
ぱ행	ぱ 파 pa	ぴ 피 pi	ぷ 푸 pu	ぺ 페 pe	ぽ 포 po	ぴゃ 퍄 pya	ぴゅ 퓨 pyu	ぴょ 표 pyo

■ 가타카나 발음 기호

	청음					요음		
	ア단	イ단	ウ단	エ단	オ단			
ア행	ア 아 a	イ 이 i	ウ 우 u	エ 에 e	オ 오 o			
カ행	カ 카 ka	キ 키 ki	ク 쿠 ku	ケ 케 ke	コ 코 ko	キャ 캬 kya	キュ 큐 kyu	キョ 쿄 kyo
サ행	サ 사 sa	シ 시 shi	ス 스 su	セ 세 se	ソ 소 so	シャ 샤 shya	シュ 슈 shyu	ショ 쇼 shyo
タ행	タ 타 ta	チ 치 chi	ツ 츠 tsu	テ 테 te	ト 토 to	チャ 챠 chya	チュ 츄 chyu	チョ 쵸 chyo
ナ행	ナ 나 na	ニ 니 ni	ヌ 누 nu	ネ 네 ne	ノ 노 no	ニャ 냐 nya	ニュ 뉴 nyu	ニョ 뇨 nyo
ハ행	ハ 하 ha	ヒ 히 hi	フ 후 hu	ヘ 헤 he	ホ 호 ho	ヒャ 햐 hya	ヒュ 휴 hyu	ヒョ 효 hyo
マ행	マ 마 ma	ミ 미 mi	ム 무 mu	メ 메 me	モ 모 mo	ミャ 먀 mya	ミュ 뮤 myu	ミョ 묘 myo
ヤ행	ヤ 야 ya		ユ 유 yu		ヨ 요 yo			
ラ행	ラ 라 ra	リ 리 ri	ル 루 ru	レ 레 re	ロ 로 ro	リャ 랴 rya	リュ 류 ryu	リョ 료 ryo
ワ행	ワ 와 wa				ヲ 오 o			
					ン 은 n			
	탁음							
ガ행	ガ 가 ga	ギ 기 gi	グ 구 gu	ゲ 게 ge	ゴ 고 go	ギャ 갸 gya	ギュ 규 gyu	ギョ 교 gyo
ザ행	ザ 자 za	ジ 지 ji	ズ 즈 zu	ゼ 제 ze	ゾ 조 zo	ジャ 쟈 jya	ジュ 쥬 jyu	ジョ 죠 jyo
ダ행	ダ 다 da	ヂ 지 ji	ヅ 즈 zu	デ 데 de	ド 도 do	ヂャ 쟈 jya	ヂュ 쥬 jyu	ヂョ 죠 jyo
バ행	バ 바 ba	ビ 비 bi	ブ 부 bu	ベ 베 be	ボ 보 bo	ビャ 뱌 bya	ビュ 뷰 byu	ビョ 뵤 byo
	반탁음							
パ행	パ 파 pa	ピ 피 pi	プ 푸 pu	ペ 페 pe	ポ 포 po	ピャ 퍄 pya	ピュ 퓨 pyu	ピョ 표 pyo

숫자 (기수)

숫자	일본어 읽기	일본어 쓰기	숫자	일본어 읽기	일본어 쓰기
0	레이 (제로)	れい (ゼロ)	50	고쥬—	ごじゅう
1	이찌	いち	60	로꾸쥬—	ろくじゅう
2	니	に	70	나나쥬—	ななじゅう
3	산	さん	80	하찌쮸—	はちじゅう
4	시 (욘)	し (よん)	90	큐—쥬—	きゅうじゅう
5	고	ご	100	햐꾸	ひゃく
6	로꾸	ろく	200	니햐꾸	にひゃく
7	시찌 (나나)	しち (なな)	300	삼바꾸	さんびゃく
8	하찌	はち	400	욘햐꾸	よんひゃく
9	큐—(쿠)	きゅう (く)	500	고햐꾸	ごひゃく
10	쥬—	じゅう	1000	센	せん
11	쥬—이찌	じゅういち	2000	니센	にせん
12	쥬—니	じゅうに	3000	산젠	さんぜん
13	쥬—산	じゅうさん	4000	욘센	よんせん
14	쥬—욘	じゅうよん	5000	고센	ごせん
15	쥬—고	じゅうご	10000	이찌망	いちまん
16	쥬—로꾸	じゅうろく	20000	니찌망	にまん
17	쥬—시찌	じゅうしち	1억	이찌옥	いちおく
18	쥬—하찌	じゅうはち	1/2	니분노.이찌	にぶんのいち
19	쥬—큐—	じゅうきゅう	1/3	산분노.이찌	さんぶんのいち
20	나쥬—	にじゅう	3/4	욘분노.산	よんのさん
30	산쥬—	さんじゅう	0.1	레이노.이찌	れいのいち
40	욘쥬—	よんじゅう	0.27	레이노.나나로꾸	れいのななろく

엔 250円 => 니햐꾸·고쥬—·엔 / 2,250円 => 니센·니햐구·고쥬—·엔
학년 1학년 => 이찌넨·세이 / 2학년 => 니넨·세이 / 3학년 => 산넨·세이
전화번호 123-4563 => 이찌·니·산·노·욘·고·로꾸·산

■ 숫자 (서수 / 날짜)

숫자 (서수/날짜)					
몇 개 (いくつ)			몇 일 (なんにち)		
하나	히또쯔	ひとつ	초하루	쯔이따찌	ついたち
둘	후따쯔	ふたつ	초이틀	후쯔까	ふつか
셋	밋쯔	みっつ	초사흘	밋까	みっか
넷	옷쯔	よっつ	초나흘	욧까	よっか
다섯	이쯔쯔	いつつ	초닷새	이쯔까	いつか
여섯	뭇쯔	むっつ	초엿새	무이까	むいか
일곱	나나쯔	ななつ	초이래	나노까	なのか
여덟	얏쯔	やっつ	초여드래	요-까	ようか
아홉	꼬고노쯔	ここのつ	초아흐레	고꼬노까	ここのか
열	도-	とお	열흘	도-까	とおか
열하나	쥬-이찌	じゅういち	열하루	쥬-이찌니찌	じゅういちにち
열둘	쥬-니	じゅうに	열이틀	쥬-니니찌	じゅうににち
열셋	쥬-산	じゅうさん	열사흘	쥬-산니찌	じゅうさんにち
열넷	쥬-욘	じゅうよん	열나흘	쥬-욧까	じゅうよっか
열다섯	쥬-고	じゅうご	열닷새	쥬-고니찌	じゅうごにち
열여섯	쥬-로꾸	じゅうろく	열엿새	쥬-로꾸니찌	じゅうろくにち
열일곱	쥬-시찌	じゅうしち	열이흘	쥬-시찌니찌	じゅうしちにち
열여덟	쥬-하찌	じゅうはち	열여드래	쥬-하찌니찌	じゅうはちにち
열아홉	쥬-큐	じゅうきゅう	열아흐레	쥬-쿠니찌	じゅうくにち
스물	나-쥬-	にじゅう	이십일	하쯔까	はつか

1995년 7월 20일 =셍 규-햐꾸-.산넹. 시찌가쯔. 하쯔까

숫자 (시간/분)				
시 간 (時間)			분 (分)	
1時	이찌지	いちじ	1分	잇뿐	いっぷん
2時	니지	にじ	2分	니훈	にふん
3時	산지	さんじ	3分	산분	さんぷん
4時	요지	よじ	4分	욘분	よんふん
5時	고지	ごじ	5分	고훈	ごふん
6時	로꾸지	ろくじ	6分	롯뿐	ろっぷん
7時	나나지	ななじ	7分	나나훈	ななふん
8時	하찌지	はちじ	8分	핫뿐	はっぷん
9時	쿠지	くじ	9分	큐-훈	きゅうふん
10時	쥬-지	じゅうじ	10分	쥬뿐	じゅっぷん
11時	쥬-이찌지	じゅういちじ	15分	쥬-고훈	じゅうごふん
12時	쥬니지	じゅうにじ	30分	산쥬뿐	さんじゅっぷん
월 (月)			요일 (曜日)	
1月	이찌가쯔	いちがつ	月曜日	게쯔요-비	げつようび
2月	니가쯔	にがつ	火曜日	카요-비	かようび
3月	산가쯔	さんがつ	水曜日	스이요-비	すいようび
4月	시가쯔	しがつ	木曜日	모꾸요-비	もくようび
5月	고가쯔	ごがつ	金曜日	긴요-비	きんようび
6月	로꾸가쯔	ろくがつ	土曜日	도요-비	どようび
7月	시찌가쯔	しちがつ	日曜日	나찌요-비	にちようび
8月	하찌가쯔	はちがつ	何曜日	난요비	なんようび
9月	쿠가쯔	くがつ			
10月	쥬-가쯔	じゅうがつ			
11月	쥬-이찌가쯔	じゅういちがつ			
12月	쥬-니가쯔	じゅうにがつ			

숫자 (시간/분)					
날 수 (日數)			주간 (週間)		
하루	이찌니찌	いちにち	1주간	잇슈칸	いっしゅうかん
2일	후쯔카	ふつか	2주간	니슈칸	にしゅうかん
3일	밋카	みっか	3주간	산슈칸	さんしゅうかん
4일	욧카	よっか	4주간	욘슈칸	よんしゅうかん
5일	이쯔카	いつか	5주간	고슈칸	ごしゅうかん
6일	무이카	むいか	6주간	로꾸슈칸	ろくしゅうかん
7일	나노카	なのか	7주간	나나슈칸	ななしゅうかん
8일	요유카	ようか	8주간	핫슈칸	はっしゅうかん
9일	코코노카	ここのか	9주간	큐-슈칸	きゅうしゅうかん
10일	도-카	とおか	10주간	쥬슈칸	じゅっしゅうかん

Part 01 기본표현

Basic Expression
基本表現

001. 인사

일상적인 인사
첫 만남
소개
헤어짐
우연한 만남
오랜만의 만남
안부

002. 날씨와 계절

날씨
계절

003. 날짜/요일/시간

날짜
요일
시간

001 인사

>>> 일상적인 인사

■ 안녕하세요!

Hello!
헬로
こんにちは。
곤니찌와

■ 안녕하세요! (아침)

Good morning!
굿 모닝
おはようございます。
오하요-고자이마스

■ 안녕하세요! (낮)

Good afternoon!
굿 앱터눈
こんにちは。
곤니찌와

■ 안녕하세요! (저녁)

Good evening!
굿 이브닝
こんばんは。
곰방와

■ 안녕히 주무세요!

Good night!
굿 나잇
お休みなさい。
오야스미나사이

■ 휴일은 어땠습니까?

How was your holiday?
하우 워즈 유어 할러데이
良い休日はどうでしたか。
요이 큐-지쯔와 도우 데시다까?

■ 휴일 잘 보내셨어요?

Did you have a nice holiday?
디쥬 해버 나이스 할러데이
良い休日を過ごしましたか。
요이 큐-지쯔오 스고시마시따까

■ 날씨가 참 좋죠?

Beautiful weather, isn't it?
뷰리플 웨더 이즌 잇
いいお天気ですね。
이이 오뎅끼 데스네

■ 가족들은 안녕하십니까?

How's your family?
하우즈 유어 훼밀리
ご家族はお元気ですか。
고카죠쿠와 오겡끼데스까

■ 모두 잘 있어요.

They are all very well.
데이 아 얼 베뤼 웰
みんな元気です。
민나 겡끼데스

■ 오늘 재미가 어떠십니까?

How is your day going?
하우 이즈 유어 데이 고잉
今日はどうですか。
쿄오와 도우 데스까

■ 지금까지는 괜찮았어요.

So far so good.
쏘 화 쏘 굿
今までは結構です。
이마마데와 게꼬-데스

■ 어떻게 지냈습니까?

How have you been doing?
하우 해뷰 빈 두잉
最近どうしていますか。
사이킹 도우시떼 이마스까

■ 어떻게 지내십니까?

How are you doing?
하우 아유 두잉
お元気ですか。
오겡끼 데스까

■ 어떻게 지내세요?

How's everything with you?
하우즈 에브리씽 위듀
いかがお過ごしでしょうか。
이까가 오스고시데쇼-까

■ 잘 지냅니다.

I'm fine.
아임 화인
はい´ 元気です。
하이 겡끼 데스

■ 요즘 기분이 어떠십니까?

How are you feeling these days?
하우 아유 휠링 디즈 데이즈
最近どんな感じですか。
사이킹 돈나 칸지 데스까

■ 무슨 좋은 일 있으세요?

Did you hear some good news?
디쥬 히어 썸 굿 뉴스
何かいいことでもありましたか。
나니까 이이고또데모 아리마시따까

■ 별일 없으세요?

Anything new?
애니씽 뉴
お変わりありませんか。
오카와리 아리마셍까

■ 사업은 잘 됩니까?

How is your business going?
하우 이즈 유어 비즈니쓰 고잉
事業はうまくいっていますか。
지교-와 우마꾸 잇떼 이마스까

■ 그냥 그래요.

Nothing much.
나씽 머취
まあまあです。
마ー마ー 데스

まあまあ
불충분하나 참을 수 있는 그저 그런 정도.

■ 음 그저 그렇죠.

Well, about the same.
웰 어바웃 더 쎄임
うん゛ まあまあですね。
웅, 마ー마ー 데스네

■ 저도 잘 지냅니다.

I'm great, too.
아임 그뤠잇 투
私もお変わりなくやっております。
와따시모 오카와리나꾸 얏떼 오리마스

■ (언제나 그랬듯이)항상 바쁩니다.

Busy as always.
비지 애즈 얼웨이즈
いつも忙しいです。
이쯔모 이소가시- 데스

■ 모든게 좋습니다.

Everything's fine.
에브리씽즈 화인
全てが順調です。
스베떼가 준쵸- 데스

順調(じゅんちょう)

순조

■ 수고하세요.

Don't work too hard.
돈 웍 투 하드
お疲れ様です。
오쯔까레사마데스

〉〉〉 첫 만남

■ 처음뵙겠습니다.

How do you do.
하우 두유두
はじめまして。
하지메마시떼

■ 뵙게 되서 반갑습니다.

Nice to meet you.
나이스투 미츄
お会いできて´嬉しいです。
오아이 데끼떼 우레시이 데스

■ 알게 되서 기쁩니다.

I'm glad to meet you.
아임 글랫투 미츄
お会いできて嬉しいです。
오아이 데끼떼 우레시이 데스

■ 저도 만나서 반갑습니다.

I'm pleased to meet you, too.
아임 플리즈 투 미츄 투
私もお会いできて嬉しいです。
와따시모 오아이 데끼떼 우레시이 데스

■ 우리 전에 본 적이 있던가요?

Have we met before?
햅 위 멧 비훠
以前 お会いしたことがありますか。
이젠, 오아이 시따 고또가 아리마스

>>> 소개

■ 제 소개를 하겠습니다.

Let me introduce myself.
렛미 인트로듀쓰 마이쎌프
自己紹介をします。
지꼬쇼-까이오 시마스

■ 얘기 즐거웠습니다.

I enjoyed talking with you.
아이 인죠이드 톡킹 위듀
お話できて楽しかったです。
오하나시 데끼떼 타노시깟따데스

■ 좀 더 자주 만납시다.

Let's meet more often.
렛쯔 밋 모 어픈
もっとしょっちゅう会いましょう。
못또 숏츄- 아이마쇼-

■ 제 친구를 소개할까요?

May I introduce my friend?
메아이 인트로듀쓰 마이 후렌
私の友だちを紹介しましょうか。
와따시노 토모다찌오 쇼-까이 시마쇼-까

■ 이 사람은 제 친구입니다.

This is a friend of mine.
디스 이저 후렌더브 마인
この人は私の友だちです。
고노 히또와 와따시노 토모다찌데스

■ 얘기 많이 들었습니다.

I've heard a lot about you.
아이브 허드 얼랏 어바우츄
おうわさはかねがねうかがっております。
오우와사와 카네가네 우까갓떼 오리마스

■ 전에 뵌 것 같은데요.

I think I've met you before.
아이 씽크 아이브 메츄 비훠
以前お会いしましたよね。
이젠 오아이 시마시따요네

■ 예전에 우리 만난 적 있지 않나요?

Haven't we met before?
해븐 위 멧 비훠
以前　会ったことがありますね。
이젠 앗따 고또가 아리마스네

うわさ
소문, 말

かねがね
전부터, 진작부터

うかがう
듣다(聞く)의 겸양어

■ 존슨(키무라)씨 미스터 황하고 인사하세요.

Mr. Johnson, meet Mr.Hwang.
미스터 존쓴 밋 미스터 황
木村さん′フアンさんと挨拶してください。
키무라상 황상또 아이사쯔 시떼 쿠다사이

■ 두 분 서로 인사했던가요?

Have you two met each other yet?
해뷰 투 멧 이취 아더 옛
お二人はお互いにあいさつしましたか。
오후따리와 오다가이니 아이사쯔 시마시따까

■ 저의 친구가 당신의 이야기를 자주 합니다.

My friend often speaks of you.
마이 후렌 어픈 스피크써브 유
私の友だちはあなたの話をしょっちゅうロしています。
와따시노 토모다찌와 아나따노 하나시오 숏츄- 시떼이마스

■ 명함 한 장 주시겠어요?

May I have your name card?
메아이 햅 유어 네임 카드
名刺一枚いただけますか。
메-시 이찌마이 이따다케마스까

■ 이것은 저의 명함입니다.

This is my business card.
디스이즈 마이 비즈니쓰 카드
これは私の名刺です。
고레와 와따시노 메-시데스

■ 당신을 만나고 싶었습니다.

I wanted to see you.
아이 원팃 투 씨 유
お会いしたかったです。
오아이 시따깟따데스

Let me / I'd like to

뭔가를 하겠다고 할 때 Let me ... 또는 I'd like to ...로 시작한다.

>>> 헤어짐

■ 안녕

Bye.
바이
じゃあね。
쟈-네

■ 안녕히 가세요.

Good bye.
굿 바이
さようなら。
사요-나라

■ 즐거운 하루 보내세요.

Have a good day!
해버 굿 데이
楽しい一日を過ごしてください。
타노시이 이찌니찌오 스고시떼 쿠다사이

■ 즐겁게 보내!

Enjoy yourself!
인죠이 유어쎌프
楽しんでね。
타노신데네

■ 다시 만날 수 있게 되기를 바랍니다.

I hope I can see you again.
아이 홉 아이 큰 씨유 어겐
またお会いできる日をお待ちしております。
마따 오아이데끼루 히오 오마찌시떼오리마스

じゃあ

またね(그럼 또 봐)의 줄임말로 친구들끼리 헤어질 때 쓰는 인사말이다.

001 인사

■ 나중에 뵙겠습니다.

See you later.
씨 유 레이러
後ほどうかがいます。
노찌호도 우까가이마스

後ほど
나중에, 뒤에

うかがう
묻다. 듣다.의 겸양어

■ 또 봅시다.

I'll be seeing you!
아일 비 씽 유
また会いましょう。
마따 아이마쇼-

■ 언제 만나면 될까요?

When can we meet?
웬 캔위 밋
いつお会いしたらいいですか。
이쯔 오아이시따라 이이데스까

■ 곧 만납시다.

Let's get together soon.
렛쯔 겟 투게더 쑨
すぐ会いましょう。
스그 아이마쇼-

■ 살펴가세요. (조심히 가세요.)

Take it easy.
테이킷 이지
お気を付けてお帰りなさい。
오키오 쯔께떼 오카에리나사이

気をつける
조심하다. 주의하다.

■ 언제든 들러주세요.

Please drop by anytime.
플리즈 드랍바이 애니타임
いつでも寄ってください。
이쯔데모 욧떼 쿠다사이

PART01 기본 표현

■ 빨리 오세요.

Please be back soon.
플리즈 비 백 쑨
早く来てください。
하야꾸 키떼 쿠다사이

〉〉〉 우연한 만남

■ 이게 누구야!

What a pleasant surprise!
와러 플레즌트 써프라이즈
これは偶然だね。
고레와 구-젠다네

우연한 만남에서...
또다른 표현으로는 Look who's here.가 사용된다.

これは偶然だね
한국말로 번역하면 **이거 우연이네**란 의미로 사용된다.

■ 세상 참 좁네요.

What a small world!
와라 스몰 월드
世の中狭いですね。
요노나까 세마이데스네

■ 여기서 당신을 만나다니!

Fancy meeting you here!
훼씨 미링 유 히어
こんなところであなたに会えるなって。
곤나 도꼬로데 아나따니 아에루난떼

なんて
놀람의 뜻 (~이라니, ~하다니)

■ 여기서 만나리라곤 생각도 못했어요.

I didn't expect to see you here.
아이 디든 익스펙투 씨유 히어
こんなところであなたに会えるなんて 思ってなかったです。
콘나 도꼬로데 아니따니 아에루난떼 오못떼나깟따데스

001 인사

■ 서울에서 당신을 만나다니 정말 우연의 일치로군요.

What a coincidence meeting you in SEOUL!
와러 코인씨던쓰 미링 유 인 써울
ソウルであなたに会えるなんて本当に偶然ですね。
소우루데 아나따니 아에루 난떼 혼또-니 구-젠 데스네

What a coincidence!

무엇인가가 우연히 일치하게 될 때 쓰는 유용한 표현이다.

■ 무슨 일로 오셨나요?

What brings you here?
왓 브링 쥬 히어
どのようなご用でいらっしゃいましたか?
도노 요우나 고요-데 이랏샤이먀시따까

〉〉〉 오랜만의 만남

■ 오랜만입니다.

Long time no see.
롱 타임 노 씨
お久しぶりです。
오히사시부리 데스

■ 정말 오랜만입니다.

I haven't seen you for ages.
아이 해븐 씬 유 훠 에이쥐스
本当にお久しぶりです。
혼또-니 오히사시부리데스

久しぶり(ひさしぶり)

오래간만

■ 만난지 오래되었습니다.

It's been a long time since saw you last.
잇쯔빈어 롱 타임 씬쓰 쏘 유 래슷
しばらくでございます。
시바라꼬떼 고자이마스

しばらく

오래간만, 오랜만

027

■ 어떻게 지내셨어요?

What have you been up to lately?
왓 해뷰 빈 업투 레이틀리
いかがお過ごしでしょうか。
이까가 오스고시데쇼-까

■ 여전하군요.

You haven't changed at all.
유 해븐 췌인쥐드 애롤
相変わらずですね。
아이카와라즈 데스네

相変わらず
전과 다름없이, 변함없이, 여전히

■ 몰라보게 변했군요.

You've changed beyond all recognition.
유브 췌인쥐드 비얀드 얼 뤠컥니션
見違えるほど変ったですね。
미찌가에루 호도 카왓따 데스네

見違える
몰라보다.

■ 가족은 어떠세요?

How's your family?
하우즈 유어 훼밀리
ご家族の方はいかがですか。
고카죠꾸노 가따와 이까가데스까

■ 모두 잘 있어요.

They are all very well.
데이 아 얼 베리 웰
みんな元気です。
민나 겡끼데스

■ 보고 싶었어요.

I missed you.
아이 미스트 유
会いたかったです。
아이따깟따 데스

■ 세월 참 빠르군요.

Time flies.
타임 훌라이즈
歳月が経つのが早いですね。
사이게쯔가 타쯔노가 하야이데스네

■ 무엇때문에 그리 바쁩니까?

What's keeping you so busy?
왓쯔 키핑 유 쏘 비지
どうしてそのようにお忙しいですか。
도우시떼 소노요-니 오이소가시-데스까

>>> 안부

■ 모두들 잘 지내십니까?

How's everyone getting along?
하우즈 에브리원 게링 얼롱
皆様お元気ですか。
미나사마 오겡끼데스까

■ 얼마나 자주 그의 소식을 듣습니까?

How often do you hear from him?
하우 어픈 두유 히어 후럼 힘
どれくらいよく彼の便りを聞きますか。
도레그라이 요꾸 카레노 타요리오 키키마스까

■ 가족에게 안부전해주세요.

Say hello to your family.
쎄이 헬로 투 유어 훼밀리
ご家族の皆様によろしく伝えてください。
고카죠꼬노 미나사마니 요로시꾸 쯔따에떼 쿠다사이

Hear from / Hear of

hear from은 직접 소식을 듣는 경우이며 hear of는 간접적으로 소식을 때 사용된다.

よろしく

잘 전해 주십시오.의 뜻으로 쓰는 말.

PART01 기본 표현

■ **가족에게 저의 안부 좀 전해주세요.**

Please give my regards to your family.
플리즈 깁 마이 뤼가즈 투 유어 훼밀리
ご家族の皆様によろしく伝えてください。
고카죠꾸노 미나사마니 요로시꾸 쯔따에떼 쿠다사이

■ **가족의 안녕을 바랍니다.**

I hope your family are well.
아이 홉 유어 훼밀리 아 웰
ご家族の皆様のご健勝を祈ります。
고카죠끄노 미나사마노 고켄쇼-오 이노리마스

■ **헨리(타나까)씨가 안부 전하라고 하더군요.**

Mr. Henry sends his regards.
미스터 헨리 쎈즈 히즈 뤼가즈
田中さんがよろしく伝えてくだっさいと言っていました。
타나까상가 요로시꾸 쯔따에떼 쿠다사이또 잇떼이마시따

皆様(みなさま)

상대편의 가족에 대한 높임말.

健勝(けんしょう)

건승

祈る(いのる)

간절히 바라다. 기원하다.

02 날씨와 계절

>>> 날씨

■ 오늘 날씨가 어떻습니까?

How's the weather today?
하우즈더 웨더 투데이
今日のお天気はどうですか。
쿄오노 오뎅끼와 도우 데스까

■ 그곳 날씨는 어떻습니까?

What's the weather like there?
왓쯔 더 웨더 라익 데어
そちらのお天気はどうですか。
소찌라노 오뎅끼와 도우 데스까

■ 무척 덥죠?

Muggy, isn't it?
머기, 이즌 잇
大変暑いですね。
타이헹 아쯔이 데스네

■ 날씨가 정말 덥습니다.

It's terribly hot.
잇쯔 테러블리 핫
本当に暑いお天気です。
혼또–니 아쯔이 오뎅끼데스

■ 일기예보, 어떤가요?

What's the weather forecast?
왓쯔 더 웨더 훠캐스트
天気予報はどうですか。
텐키요호우 와 도우 데스까

天気予報

일기 예보

031

■ 일기 예보를 확인해 보세요.

Check the weather report.
첵더 웨더 리포트
天気予報を確認してみてください。
텐끼요호우오 카꾸닝 시떼미떼 쿠다사이

■ 폭풍이 일 것 같습니다.

It'll be stormy.
이럴 비 스토미
爆風が起こるでしょう。
바꾸후-가 오꼬루데쇼-

> **でしょう**
> ~일 것이다.

■ 밖의 눈이 내립니까?

Is it snowing outside?
이짓 스노잉 아웃싸이드
外は**雪**が**降**っていますか。
소또와 유끼가 훗떼 이마스까

■ 밖에 여전히 바람이 붑니까?

Is it still windy outside?
이짓 스틸 윈디 아웃싸이드
外は**相変**わらず**風**が**吹**いていますか。
소또와 아이카와라즈 카제가 후이떼 이마스까

> **風が吹く**
> 바람이 불다.

■ 기온은 어떻게 됩니까?

What's the temperature?
왓쯔 더 템퍼러춰
気温は**何度**ですか。
키온와 난도 데스까

■ 어제는 온종일 비가 왔어요.

It rained all day yesterday.
잇 뢰인드 얼데이 예스터데이
昨日は**一日中雨**でした。
키노-와 이찌니찌쥬- 아메 데시따

■ 오늘은 흐리겠군요.

It seems to be cloudy today.
잇 씸스 투비 클라우디 투데이
今日は曇りそうです。
쿄오와 크모리소우 데스

■ 오늘 날씨가 아주 좋습니다.

It's very fine today.
잇쯔 베뤼 화인 투데이
いいお天気ですね。
이이 오뎅끼 데스네

■ 따뜻해요.

It's warm.
잇쯔 웜
暖かいですね。
아따따까이 데스네

■ 푹푹 찌는군요.

What a scorcher!
와러 스코쳐
蒸し暑いですね。
무시 아쯔이 데스네

蒸し暑い(むしあつい)
찌는 듯이 무덥다.

■ 오늘도 푹푹 찌겠군요!

Looks like another scorcher today.
룩쓰 라익 어나더 투데이
今日も蒸し暑いでしょうね。
쿄오모 무시아쯔이 데쇼-네

■ 찌는 듯해요.

It's boiling.
잇쯔 보일링
蒸し暑いですね。
무시 아쯔이 데스네

PART 01 기본 표현

■ 눈이 펑펑 쏟아져요.

The snow falls fast.
더 스노우 훨즈 훼슷
雪かこんこんと降っていますよ。

こんこん
펑펑

■ 함박눈이 내려요.

It snows in large flakes.
잇 스노우진 라아쥐 훌레익스
ぼたん雪が降っていますよ。
보탄유끼가 훗떼 이마스요

ぼたん雪(=ぼた雪)
함박눈

■ 비가 오네요.

It's raining.
잇쯔 레이닝
雨ですよ。
아메 데스요

■ 비가 퍼붓고 있습니다.

It's pouring
잇쯔 푸어링
どしゃ降りの雨です。
도샤부리노 아메 데스

どしゃ降り
비가 억수같이 쏟아짐 또는 그 비를 말한다.

■ 이슬비가 내리고 있어요.

It's drizzling.
잇쯔 드리즐링
霧雨が降っていますね。
키리사메가 훗떼 이마스네

霧雨(きりさめ)
이슬비

■ 무덥고 습도도 높습니다.

It's muggy and humid
잇쯔 머기 앤 휴미드
蒸し暑くて’湿度も高いです。
무시아쯔끄떼 시쯔도모 다까이 데스

立ち込める

(연기, 안개 등이) 자욱하다.

■ 안개가 꼈어요.

It's foggy.
잇쯔 훠기
霧が立ち込めていますよ。
키리가 타찌고메떼 이마스요

■ 안개가 걷혔어요.

The fog lifted.
더 훠그 리프티드
霧が晴れましたね。
키리가 하레마시따네

■ 눅눅해요.

It's humid.
잇쯔 휴미드
湿っぽいです。
시멧뽀이 데스

■ 시원해요.

It's cool
잇쯔 쿨
涼しいですね。
스즈시- 데스네

■ 쌀쌀해요.

It's chilly.
잇쯔 췰리
冷えますね。
히에마스네

■ 추워졌네요.

It got cold.
잇 갓 콜드
寒くなりましたね。
사무꾸 나리마시따네

■ 얼어붙듯이 추워요.

It's freezing.
잇쯔 후리징
凍りつくように寒いですね。
코-리 쯔끄 요-니 사무이 데스네

■ 지금은 영하 6도입니다.

It's six below zero right now.
잇쯔 씩스 빌로 지로 롸잇 나우
今' マイナス6度です。
이마 마이나스 로꾸도 데스

〉〉〉 계절

■ 우리나라는 사계절이 뚜렷합니다.

We have four distinct seasons in Korea.
위 햅 훠 디스팅트 씨즌즈 인 코뤼아
わが国は四季がはっきりしています。
와가쿠니와 시키가 핫끼리 시떼 이마스

■ 봄이 왔어요.

Spring's here.
스프링스 히어
春が来ましたね。
하루가 키마시따네

■ 여름이 갔어요.

Summer is gone.
써머 이즈 건
夏が過ぎましたね。
나쯔가 스기마시따네

■ 가을이 오는 것 같습니다.

Fall is likely to be on it's way.
휠 이즈 라이클리 투비 언 잇쯔 웨이
秋が来たようです。
아끼가 키따 요우데스

003 날짜/요일/시간

>>> 날짜

■ 오늘은 몇일입니까?

What's today's date?
왓쯔 투데이즈 데이트
今日は何日ですか。
쿄오와 난니찌데스까

■ 오늘은 2일입니다.

It's the 2nd(second).
잇쯔 더 쎄컨
今日は2日です。
쿄오와 후쯔까데스

2日(ふつか)
2일

■ 오늘은 10월 9일입니다.

It's October 9th.
잇쯔 악토버 나인쓰
今日は10月9日です。
쿄오와 쥬-가쯔 고꼬노까데스

9日(ここのか)
9일

■ 이번 월요일은 며칠입니까?

What date is this Monday?
왓 데이티즈 디스 먼데이
今週の月曜日は何日ですか。
콘슈-노 게쯔요-비와 난니찌데스까

■ 이번달이 몇 월입니까?

What month is it today?
왓 먼쓰 이짓 투데이
何月ですか。
난가쯔데스까

■ 오늘이 무슨 특별한 날입니까?

Is today a special day?
이즈 투데이 어 스페셜 데이
今日はなにか特別な日ですか。
쿄오와 나니까 토끄베쯔나 히데스까

■ 오늘은 우리 결혼기념일입니다.

Today is our wedding anniversary.
투데이 이즈 아워 웨딩 애너버써리
今日は私の結婚記念日です。
쿄오와 와따시노 걔꼰키넨비데스

■ 오늘이 당신 생일이지요?

Today is your birthday, right?
투데 이 쥬어 버쓰데이, 롸잇
今日はあなたの誕生日ですよね。
쿄오와 아나따노 탄죠-비데스요네

■ 당신 생일은 언제입니까?

When is your birthday?
웨니쥬어 버쓰데이
あなたの誕生日はいつですか。
아나따오 탄죠-비와 이쯔데스까

■ 저의 생일은 7월 15일입니다.

My birthday is July 15th.
마이 버쓰데 이즈 줄라이 핏틴
私の誕生日は7月15日です。
와따시노 탄죠-비와 시찌가쯔 쥬-고니찌 데스

■ 현충일은 법정 공휴일입니다.

Memorial Day is a legal holiday.
머모리얼 데이 이저 리걸 할러데이
顕忠日は法定休日です。
켄츄-비와 호우떼- 큐-지쯔데스

■ 오늘은 그가 사망 1주년이 되는 날입니다.

Today is the first anniversary of his death.
투데이 이즈 더 훨숫 애너버써리 어브 히즈 데쓰
今日は彼が死亡して1周年になる日です。
쿄오와 카레가 시보-시떼 잇슈-넹니 나루 히데스

>>> 요일

■ 오늘이 무슨 요일입니까?

What day is it today?
왓 데이 이짓 투데이
今日は何曜日ですか。
쿄오와 난요우비 데스까

何曜日(なんようび)

무슨 요일

■ 오늘은 토요일입니다.

It's Saturday.
잇쯔 쎄러데이
今日は土曜日です。
쿄오와 도요-비 데스

■ 8월 15일은 무슨 요일입니까?

What day is August 15th?
왓 데이 이즈 오거스트 핏틴
8月15日は何曜日ですか。
하찌가쯔 쥬-고니찌와 난요-비 데스까

■ 오늘은 흐리겠군요.

It seems to be cloudy today.
잇 씸스 투비 클라우디 투데이
今日は曇りそうです。
쿄오와 크모리소우 데스

■ **오늘 날씨가 아주 좋습니다.**

It's very fine today.
잇쯔 베뤼 화인 투데이
いいお天気ですね。
이이 오뎅끼 데스네

■ **따뜻해요.**

It's warm.
잇쯔 웜
暖かいですね。
아따따까이 데스네

■ **푹푹 찌는군요.**

What a scorcher!
와러 스코쳐
蒸し暑いですね。
무시 아쯔이 데스네

■ **오늘도 푹푹 찌겠군요!**

Looks like another scorcher today.
룩쓰 라익 어나더 투데이
今日も蒸し暑いでしょうね。
쿄오모 무시아쯔이 데쇼-네

■ **찌는 듯해요.**

It's boiling.
잇쯔 보일링
蒸し暑いですね。
무시 아쯔이 데스네

蒸し暑い(むしあつい)

찌는 듯이 무덥다.

>>> 시간

■ 지금 몇 시입니까?

What time is it now?
왓 타임 이짓 나우
今´何時ですか。
이마 난지데스까

■ 몇 시라고 생각하십니까?

What time do you think it is?
왓 타임 두유 씽크 이리즈
何時だと思いますか。
난지다또 오모이마스까

■ 오전 7시입니다.

It's 7 o'clock in the morning.
잇쯔 쎄븐 어클락 인더 모닝
午前 7 時です。
고젠 시찌지 데스

■ 3시 15분전입니다.

It's a quarter to 3.
잇쯔어 쿼러 투 쓰리
今は3時15分前です。
이마와 산지 쥬-고훙 마에데스

■ 5시 입니다.

It's 5 o'clock.
잇쯔 화이브 어클락
5時です。
고지데스

■ 5시 반입니다.

It's a half past five.
잇쯔어 해프 패스트 화이브
今は5時半です。
이마와 고지항데스

■ 이 시계 정확합니까?

Is this clock correct?
이즈 디스 클락 코렉트
この時計は正確ですか。
고노 토께-와 세-까꼬 데스까

■ 아니오. 5분 빠릅니다.

No, it's 5 minutes fast.
노 잇쯔 화이브 미닛 훼슷
いいえ ́ 5分早いです。
이이에 고홍 하야이데스

■ 예, 그것은 정확합니다.

Yes, it's correct.
예스 잇쯔 코렉트
はい ́ それは正確です。
하이 소레와 세-까꼬 데스

■ 저의 시계는 정확합니다.

My watch keeps good time.
마이 와치 킵스 굿 타임
私の時計は正確です。
와따시노 토께-와 세-까꼬 데스

■ 시간이 있으세요?

Do you have time?
두유 햅 타임
時間ありますか。
지깐 아리마스까

■ 시간이 아까워요.

It is a waste of time.
이리저 웨이스터브 타임
時間のむだです。
지깐노 무다데스

■ 벌써 시간이 이렇게 된 줄 몰랐네.

I wasn't aware of the time.
아이 워즌 어웨럽 더 타임
もうこんな時間だよね。
모우 콘나 지깐 다요네

■ 시간이 정말 빨리 가는구요.

Time is going very fast.
타임 이즈 고잉 베뤼 훼슷
時経つのが早いですね。
지깐 타쯔노가 하야이 데스네

■ 시간 참 안 가는군!

How time drags!
하우 타임 드래그즈
時間経つのが遅い。
지깐 따쯔노가 오소이

■ 그 곳에 가는데 얼마나 걸립니까?

How long does it take to get there?
하우롱 더짓 테익투 겟 데어
あそこまで行くのにどれくらいかかりますか。
아소꼬마데 이끄노니 도레그라이 카카리마스까

■ 한국까지 [얼마나/몇 시간이] 걸립니까?

How[long] many hours does it take to Korea?
하우[롱]매니 아우어즈 더짓 테익투 코뤼아
韓国までどれくらいかかりますか。
캉꼬꾸 마데 도레구라이 카카리마스까

経つ(たつ)

시간이 지나다. 흐르다.

It takes

It takes는 시간 혹은 기간이 걸린다고 표현할 때 사용된다.

■ 걸어서 10분 걸립니다.

It takes 10 minutes on foot.
잇 테익스 텐 미니츠 언 훗
歩いて10分かかります。
아루이떼 쥬뿐 카카리마스

■ 비행기로 2시간 걸립니다.

It takes two hours by plane.
잇 테익스 투 아우어즈 바이 플레인
飛行機で2時間かかります。
히꼬-끼데 니지깐 카카리마스

■ 이제 잘 시간입니다.

It's time to go to sleep.
잇쯔 타임 투 고 투 슬립
そろそろ寝る時間です。
소로소로 네루 지깐데스

■ 시원해요.

It's cool
잇쯔 쿨
涼しいですね。
스즈시- 데스네

そろそろ

이제 곧, 슬슬

045

Part 02 개인사

Personal things
個人事

001. 개인 신상

이름
호칭
나이
취미
종교
주거
출신
가족

002. 사람

성격
태도
신체
외모
복장

003. 건강과 위생

건강관리
건강상태
목욕탕
화장실

001 개인 신상

>>> 이름

■ 당신의 이름은 무엇입니까?

What's your name?
왓쯔 유어 네임
お名前はなんですか。
오나마에와 난데스까

■ 이름을 여쭤봐도 되겠습니까?

May I ask your name?
메아이 애스크 유어 네임
お名前を伺ってもよろしいですか。
오나마에오 우까갓떼모 요로시이데스까

■ 성함이 어떻게 되십니까?

May I have your name, please?
메아이 햅 유어 네임 플리즈
お名前はなんですか。
오나마에와 난 데스까

■ 성함이 어떻게 되는지 모르는데요.

I don't know what your name is.
아이 돈 노 왓츄어 네임 이즈
お名前はよく分からないのですか。
오나마에와 요꾸 와까라나이노 데스가

■ 토미라고 불러주세요.

Please just call me Tommy.
플리즈 저슷 콜미 토미
トミと呼んでください。
토미또 욘데 쿠다사이

いただく

もらう(받다)의 겸양어

■ 별명이 있나요?

Do you have a nickname?
두유 해버 닉네임
あだなはありますか。
아다나와 아리마스까

별명에 관한 표현

별명 : nickname
가명 : false name
필명 : penname

〉〉〉 호칭

■ 이봐!

Hey!
헤이
ちょっと！
쫏또

■ 저, 여보세요.

Sir? / Excuse me, sir.
써 / 익스큐즈미, 써
あの゛すみません。
아노 스미마셍

■ 실례합니다, 부인.

Excuse me, ma'am.
잇스큐즈미 매임
失礼します。奥さま
시쯔레이시마스 옥사마

■ 신사 숙녀 여러분!

Ladies and gentlemen!
레이디샌 젠틀맨
紳士淑女のみなさん．
신시 슈꼬죠노 미나상

■ 어머니

mommy / ma / mom / mama / mother
마미 / 마 / 맘 / 마마 / 마더
ママ/お母さん
마마 오까―상

■ 아버지

daddy / dad / papa / father
데디 / 댓 / 파파 / 화더
パパ/お父さん
파파 오또―상

■ 의사

Doctor!
닥터
お医者先生！
오이사센세―

■ 경관

Officer!
오휘써
お巡りさん！
오마와리상

■ 교수(선생)

Professor!
프로훼써
先生。
센세―

■ 거기 너!

You over there!
유 오버 데어
おい'おまえ！
오이 오마에

001 개인 신상

■ 웨이터

Waiter!
웨이러
ウエイター
우에이타-

■ 아저씨/아가씨

Mister/Miss!
미스터/미쓰
あじさん/おじょうさん。
오지상 /오죠-상

이름을 모르고 부를 때

이름을 모를 때는 ma'am(부인) sir(남자-선생님) Mr(남자-선생님) Miss(아가씨)라고 한다.

〉〉〉 나이

■ 나이가 어떻게 어떻게 되십니까?

What's your age?
왓쯔 유어 에이쥐
おいくつですか。
오이꾸쯔 데스까

■ 나이를 여쭤봐도 되겠습니까?

May I ask how old you are?
메아이 애스크 하우 올드 유아
お年を伺ってもよろしいですか。
오토시오 우까갓떼모 요로시이데스까

■ 스물 일곱살입니다.

I'm twenty-seven.
아임 트웨니 쎄븐
２７歳です。
니쥬- 나나사이 데스

051

■ 추측해보세요.

Guess.
게쓰
当ててみてください。
아떼떼미떼 쿠다사이

■ 30대 초반[후반]입니다.

I'm in my early [late] thirties.
아임 인 마이 얼리[레잇] 써리즈
３０代前半[後半]です。
산쥬-다이 젠한[코-한]데스

■ 40대입니다.

I'm in my forties.
아임 인 마이 훠티즈
４０代です。
욘쥬-다이 데스

■ 동갑입니다.

I'm your age.
아임 유어 에이쥐
同じ年です。
오나지토시 데스

■ 저보다 세살 위시군요.

You're three years older than me.
유어 쓰리 이어즈 올더 댄 미
私より３歳上ですね。
와따시 요리 산사이 우에 데스네

■ 저보다 두 살 아래군요.

You're two years younger than me.
유어 투 이어즈 영거 댄 미
私より２歳下ですね。
와따시 요리 니사이 시따 데스네

■ 나이에 비해 젊어 보이는군요.

You look young for your age.
유 룩 영 훠유어 에이쥐
年より若くみえますね。
토시요리 와까꾸 미에마스네

■ 언제 태어나셨습니까?

When were you born?
웬 워 유 본
いつ生まれましたか。
이쯔 우마레마시따까

■ 몇 년도에 태어나셨습니까?

What year were you born?
왓 이어 워 유 본
何年生まれなしたか?
난넹 우마레 데스까

■ 1982에 태어났습니다.

I was born in 1982.
아이워즈 본 인 나인틴 에이리 투
１９８２年に生まれました。
생큐-햐꾸 하찌쥬-니넨 니 우마레마시따

>>> 생일

■ 당신의 생일은 언제입니까?

When's your birthday?
웬즈 유어 버쓰데이
お誕生日はいつですか?
오탄죠-비와 이쯔 데스까

■ 며칠에 태어나셨어요?

What date were you born?
왓 데잇 워 유 본
何日に生まれましたか?
난니찌니 우마레마시따까

■ 5월 4일입니다.

It's May fourth.
잇쯔 메이 훠쓰
5月4日です。
고가쯔 욧까데스

■ 내일 모레입니다.

It's the day after tomorrow.
잇쯔 더 데이 앱터 투머로우
あさってです。
아삿떼 데스

■ 몇 월에 태어나셨나요?

In what month were you born?
인 왓 먼쓰 워 유 본
何月に生まれましたか。
난가쯔니 우마레마시따까

001 개인 신상

- **12월에 태어났습니다.**

    I was born in December.
    아이워즈 본 인 디셈버
    １２月に生まれました。
    쥬-니가쯔니 우마레미시따

- **며칠 후면 내 생일입니다.**

    It will be my birthday in a few days.
    잇윌 비 마이 버쓰데이 인어 휴 데이즈
    もうすぐ私の誕生日です。
    모우 스구 와따시노 탄죠-비 데스

- **늦었지만 생일 축하합니다.**

    Happy belated birthday.
    해피 빌레이릿 버쓰데이
    遅くなりましたが お誕生日おめでとうございます。
    오소꾸 나리마시따가 오탄죠-비 오메데또- 고자이마스

- **생일에 뭘 갖고 싶나요?**

    What do you want for your birthday?
    왓 두유 원트 훠 유어 버쓰데이
    お誕生日に何かほしいものがありますか。
    오탄죠-비니 나니까 호시이모노가 아리마스까

- **우리는 음력으로 생일을 보냅니다.**

    We celebrate my birthday according to the lunar calendar.
    위 쎌러브레잇 마이 버쓰데이 어코딩 투더 루너 캘린더
    私たちは旧暦の誕生日を過ごします。
    와따시다찌와 큐-레끼노 탄죠-비오 스고시마스

- **당신의 별자리는 무엇입니까?**

    What sign are you?
    왓 싸인 아유
    あなたの星座は何ですか。
    아나따노 세-자와 난데스까

055

>>> 취미

■ 당신의 취미가 무엇입니까?

What's your hobby?
왓쯔 유어 하비
ご趣味は何ですか。
고슈미와 난 데스까

■ 특별한 취미가 있습니까?

Do you have any particular hobbies?
두유 햅 애니 파티큘러 하비즈
特別な趣味はありますか。
토끄베쯔나 슈미와 아리마스까

■ 당신의 취미를 물어봐도 됩니까?

May I ask your hobby?
메아이 애스크 유어 하비
あなたの趣味を伺ってもいいですか。
아나따노 슈미오 우까갓떼모 이이데스까

■ 저의 취미는 음악 Cd를 수집하는 것입니다.

My hobby is collecting music CDs.
마이 하비즈 콜렉팅 뮤직 씨디즈
私の趣味は音楽CDを集めることです。
와따시노 슈미와 온가꾸씨-디오 아쯔메루 코또 데스

■ 저는 음악 듣는 것을 즐깁니다.

I enjoy listening to music.
아 인조이 리쓰닝투 뮤직
私はよく音楽を聞きます。
와따시와 요쿠 온가쿠오 키키마스

■ 저는 낚시를 좋아합니다.

I like fishing.
아이 라익 휘씽
私は釣りが好きです。
와따시와 쯔리가 스끼데스

■ 저는 주말마다 낚시하러 갑니다.

I go fishing every weekend.
아이 고 휘씽 에브리 위켄드
私は週末には釣りに行きます。
와따시와 슈―마쯔니와 쯔리니 이끼마스

■ 내 취미는 우표를 모으는 것입니다.

My hobby is collecting stamps.
마이 하비 이즈 콜렉팅 스템프스
私の趣味は切手を集めることです。
와따시노 슈미와 킷떼오 아쯔메루 고또데스

■ 내 취미는 여행하는 것입니다.

My hobby is traveling.
마이 하비 이즈 트래블링
私の趣味は旅行することです。
와따시노 슈미와 료꼬― 스루고또 데스

■ 내 취미는 음악을 듣는 것입니다.

My hobby is listening to music.
마이 하비 이즈 리쓰닝 투 뮤직
私の趣味は音楽を聞くことです。
와따시노 슈미와 온가꾸오 키쿠 고또데스

■ 저는 강가를 걷는 것을 좋아합니다.

I love walking by the river.
아이 럽 워킹 바이더 리버
私は川辺を歩くことが好きです。
와따시와 카와베오 아루꾸 고또가 스끼데스

釣りに行く

낚시하러 가다.

■ 주말에는 텔레비전을 보면서 지냅니다.

I spend time watching TV on weekends.
아이 스펜드 타임 와칭 티뷔 언 위켄즈
週末にはテレビを見ながら過ごします。
슈-마쯔니와 테레비오 미나가라 스고시마스

■ 좋은 취미를 가지셨군요.

You have good taste.
유 햅 굿 테이스트
いいご趣味ですね。
이이 고슈미 데스네

■ 별로 없습니다.

Nothing in particular.
나씽 인 파티귤러
別にありません。
베쯔니 아리마생

■ 무엇에 관심이 있습니까?

What are you interested in?
와라유 인터뢰스티딘
何にご興味をお持ちですか。
나니니 고쿄-미오 오모찌데스까

■ 기분전환으로 무엇을 하십니까?

What do you do in your spare time?
왓 두유두 인 유어 스페어 타임
気分転換として何をしますか。
키훈텐깐 또시떼 나니오 시마스까

■ PC게임 방에 갑니다.

I go to an internet cafe.
아이 고 투 언 인터넷 카페
インターネットカフェに行きます。
인타-넷또 까훼니 이끼마스

インターネットカフェ

PC 게임방을 미국이나 일본에서는 인터넷 카페라고 부른다.

001 개인 신상

■ 골프를 좋아하신다던데?

I hear you like golf?
아이 히어 유 라익 골프
ゴルフが好きですか。
고르흐가 스끼데스까

■ 저는 밖에서 노는 것보다는 독서하는 것을 좋아합니다.

I prefer reading books to outdoor activeties.
아이프리풔 - 뤼딩북스투 아웃도어 액티비티즈
私は外で遊ぶより本を読んだほうが好きです。
와따시와 소또데 아소부요리 홍오 욘다호우가 스끼데스

■ 재미삼아 하시는 일이 무엇입니까?

What do you do for fun?
왓 두유두 훠 훤
楽しみとして何をしますか。
타노시미또시떼 나니오 시마스까

■ 재미삼아 노래를 부릅니다.

I sing for fun.
아이 씽 훠 훤
楽しみとして歌を歌います。
타노시미또시떼 우따오 우따이마스

歌を歌う

노래를 부르다.

■ 내 관심은 다양합니다.

My interests are varied.
마이 인터뢰스츠 아 베뤼드
私の興味はいろいろです。
와따시노 쿄-미와 이로이로 데스

いろいろ

여러 가지

■ 저는 그런 일에 취미가 없습니다.

I have little interest in those things.
아이 햅 리를 인터뢰스틴 도우즈 씽즈
私はそういう趣味はありません。
와따시와 소우이우 슈미와 아리마생

059

■ 나는 어떤 것에도 별 관심이 없습니다.

I don't have interest in anything.
아이 돈 햅 인터뢰스틴 애니씽
私はどんなことにも別に興味がありません。
와따시와 돈나 고또니모 베쯔니 쿄-미가 아리마생

>>> 종교

■ 무슨 종교를 믿으십니까?

What religion do you profess?
왓 릴리젼 두유 프러훼쓰
どの宗教を信じていますか。
도노 슈-쿄-오 신지떼 이마스까

■ 종교를 가지고 있나요?

Do you have a religion?
두유 해버 릴리젼
宗教をお持ちですか。
슈-쿄오 오모찌데스까

■ 저는 기독교 신도입니다.

Im' a christian.
아임어 크리스쳔
私はクリスチャンです。
와따시와 크리스쨩 데스

■ 저는 천주교를 믿습니다.

I am catholic.
아이 앰 캐톨릭
私はカトリックを信じています。
와따시와 카토릭크오 신지떼 이마스

■ 저는 불교 신자입니다.

I'm Buddhist.
아임 부디스트
私は仏教の信者です。
와따시와 붓꾜-노 신자데스

■ 저는 모태 신앙을 가지고 있습니다.

I have a born religion
아이 해버 본 릴리전
私は母胎信仰を持っています。
와따시와 보타이신꼬-오 못떼 이마스

■ 신이 있다고 믿으세요?

Do you believe in God?
두유 빌리빈 갓
神様がいると信じていますか。
카미사마가 이루또 신지떼 이마스까

■ 미신을 믿으세요?

Are you superstitious?
아유 수퍼스티셔스
迷信を信じていますか。
메-신오 신지떼 이마스까

>>> 주거

■ 어디서 살고 계세요?

Where do you live?
웨어 두유 리브
どちらにお住まいですか。
도찌라니 오스마이 데스까

PART02 개인사

■ 워싱턴(도쿄) 교외에서 살고 있어요.

I live in the suburbs of Washington.
아이 리뷘더 써버브저브 워싱톤
東京の郊外に住んでいます。
토-쿄-노 코-가이니 슨데이마스

■ 그곳에서 얼마동안 살았습니까?

How long have you lived there?
하우롱 해뷰 리브드 데어
そちらで何年住んでいますか。
소찌라데 난넹 슨데이마스까

■ 2년 동안 살았습니다.

I have lived there for 2 years.
아이 햅 리브드 데어 휙 투 이어즈
2年間住みました。
니넹깐 스미마시따

■ 지금은 어디서 살고 있습니까?

Where are you living now?
웨어 아유 리빙 나우
いま、どちらに住んでいますか。
이마 도찌라니 슨데이마스까

■ 이 근처에서 살고 있어요.

I live near here.
아이 리브 니어 히어
この近所に住んでいます。
고노 킨죠니 슨데이마스

■ 주소가 어떻게 됩니까?

Could I have your address?
쿠드 아이 햅 유어 어드뢰쓰
住所はどこですか。
쥬-쇼와 도꼬데스까

지역명

도시 지역 :
city area/urban area
교외 : suburbs
소도시 : small town
시골 혹은 전원지역 :
 country/rural area

- 주거 환경은 어떠세요?

    How's your living conditions?
    하우즈 유어 리빙 컨디션스
    住まいの環境はどうですか。
    스마이노 캉쿄-와 도우데스까

- 저는 하숙(세)하고 있습니다.

    I live in lodgings[rent].
    아이 리뷘 라징스[렌트]
    私は下宿をしています。
    와따시와 케슈꾸오 시떼 이마스

- 새로운 이웃들은 어떠세요?

    What are your new neighbors like?
    와라유어 뉴 네이버즈 라익
    新しいお隣はどうですか。
    아따라시- 오토나리와 도우데스까

〉〉〉 출신

- 당신의 고향은 어딘가요?

    Where are you from?
    웨어 아유 후럼
    ふるさとはどちらですか。
    후루사또와 도찌라 데스까

- 샌프란시스코(오사카)입니다.

    I'm from SanFrancisco.
    아임 후럼 샌프란시스코
    大阪です。
    오-사카 데스

■ 어디서 자랐습니까?

Where were you born and raised?
웨어 워유 본 앤 뢰이즈드
どちらで育ちましたか。
도찌라데 소다찌마시따까

■ 본적이 어떻게 됩니까?

What's your permanent address?
왓쯔 유어 퍼머넌트 어드뢰쓰
本籍はどちらですか。
혼세끼와 도찌라 데스까

■ 이곳으로 오기 전에는 어디에서 살았습니까?

Where did you live before you came here?
웨어 디쥬 리브 비훠 유 케임 히어
こちらに来る前はどちらで住みましたか。
고찌라니 크루마에와 도찌라데 스미마시따까

■ 국적이 어디입니까?

What's your nationality?
왓쯔 유어 내셔낼리티
国籍はどちらですか。
코쿠세끼와 도찌라 데스까

〉〉〉 가족

■ 가족이 있습니까?

Do you have a family?
두유 해버 훼밀리
ご家族はいらっしゃいますか。
고카죠꾸와 이랏샤이마스까

001 개인 신상

■ 가족이 있습니다.

I have a family
아이 해버 훼밀리
います。
이마스

■ 가족은 몇 분이나 됩니까?

How many people are there in your family?
하우매니 피플 아 데어 인 유어 훼밀리
ご家族は何人ですか。
고카죠쿠와 난닝 데스까

■ 우리 식구는 네 명입니다.

There are four in my family
데어 아 훠 인 마이 훼밀리
私の家族は四人です。
와따시노 카죠쿠와 요닝데스

■ 형제 자매가 있습니까?

Do you have any brothers and sisters?
두유 햅 애니 브라더잰 씨스터즈
ご兄弟はいらっしゃいますか。
고꾜-다이와 이랏샤이마스까

■ 형제자매가 몇 명이나 됩니까?

How many brothers and sisters do you have?
하우매니 브라더잰 씨스터즈 두유 햅
ご兄弟は何人ですか。
고쿄-다이와 난닝 데스까

■ 나는 독자예요. 당신은요?

I'm an only child. How about you?
아임언 온리 촤일드 하우 어바우츄
私は一人っ子です。あなたは
와따시와 히또릿꼬 데스. 아나따와

065

■ 저는 집에서 맏이입니다.

I'm the oldest child in my family.
아임디 올디숫 촤일드 인마이 훼밀리
私は長男[長女]です。
와따시와 쵸우난[쵸우죠] 데스

■ 저는 집에서 막내입니다.

I'm the last[youngest] in my family.
아임더 래슷[영게슷] 촤일드 인마이 훼밀리
私は家で末っ子です。
와따시와 이에데 스엣코 데스

■ 대가족입니까?

Do you have a large family?
두유 해버 라쥐 훼밀리
大家族ですか。
다이카죠쿠 데스까

■ 우리는 대가족입니다.

We have a large family.
위 해버 라쥐 훼밀리
私の家族は大家族です。
와따시노 카죠쿠와 다이카죠쿠 데스

■ 남편의 직업은 무엇입니까?

What does your husband do for a living?
왓 두유 허즈번드 두 훠러 리빙
ご主人の職業は何ですか。
고슈징노 쇼꾸교-와 난데스까

맏이

또다른 표현으로는 oldist 혹은 eldest가 있다.

002 사람

>>> 성격

■ 당신의 성격은 어때요?

What's your character like?
왓쯔 유어 캐릭터 라잌
あなたの性格はどうですか。
아나따노 세-까꾸와 도우데스까

■ 저는 낙천적입니다.

I'm sort of an optimist.
아임 쏘러브 언 업티미스트
楽天的です。
락텐떼끼 데스

■ 저는 활동적입니다.

I'm active.
아임 액티브
私は活動的です。
와따시와 카쯔도-떼끼 데스

■ 저는 늘 활동적입니다.

I'm always on the move
아임 얼웨이전더 무브
私はいつも活動的です。
와따시와 이쯔모 카쯔도-떼끼 데스

■ 저는 결단력이 있습니다.

I'm decisive.
아임 디싸이씨브
私は決断力があります。
와따시와 케쯔단료쿠가 아리마스

- 저는 사교적입니다.

    I'm decisive.
    아임 디싸이씨브
    私は決断力があります。
    와따시와 케쯔단료쿠가 아리마스

- 저는 사교적입니다.

    I am sociable
    아임 쏘셔블
    私は社交的です。
    와따시와 샤꼬-떼끼 데스

- 저는 내성적이라고 생각합니다.

    I think I'm introverted.
    아이 씽카임 인트로버팃
    内気な方だと思います。
    우찌키나 호우다또 오모이마스

- 저는 유머감각이 없습니다.

    I have no sense of humor.
    아이 햅 노 쎈써브 휴머
    私はユーモアセンスがないです。
    와따시와 뉴-모아 센스가 나이데스

- 저는 별로 사교적이지 않습니다.

    I'm not really sociable.
    아임 낫 뤼얼리 쏘셔블
    私はあまり社交的ではありません。
    와따시와 아마리 샤꼬-떼끼데와 아리마셍

- 저는 다혈질입니다.

    I'm hot tempered
    아임 핫 템퍼드
    私は多血質です。
    와따시와 타케쯔시쯔 데스

수줍어하는

withdrawn

■ 그는 다혈질적입니다.

He has a short fuse
히 해저 숏 퓨즈
彼は多血質です。
카레와 타케쯔시쯔 데스

■ 저는 비관적입니다.

I'm pessimistic
아임 페써미스틱
私は悲観的です。
와따시와 히깐떼끼 데스

■ 저는 성미가 급합니다.

I tend to be short-tempered.
아이 텐 투비 숏템퍼드
私は気が短いです。
와따시와 키가 미지까이 데스

■ 저는 형과 성격이 매우 달라요.

I am quite different from my brother in character.
아이 엠 콰잇 디훠런트 후럼 마이 브라더 인 캐릭터
私は兄と性格がとても違います。
와따시와 아니또 세-까꾸가 도떼모 치가이마스

■ 그녀는 매우 쌀쌀 맞습니다.

She is a cold fish.
쉬이저 콜드 휘쉬
彼女はよても冷たいです。
카노죠와 도떼모 쯔메따이 데스

>>> 태도

■ 저는 주위가 산만합니다.

I am inattentive.
아이 엠 인어텐티브
私は注意力が散漫です。
와따시와 츄-이료꾸가 산만데스

■ 저는 건망증이 있습니다.

I am forgetful.
아이 엠 포겟흘
私は健忘症があります。
와따시와 켄보-쇼-가 아리마스

■ 나는 약속을 잘 지킨다.

I am as good as my word
아이 엠 애즈굿애즈 마이 워드
私は約束をよく守ります。
와따시와 야꾸소꾸오 요꾸 마모리마스

■ 그는 어떤 사람입니까?

What is he like?
와리즈 히 라익
彼はどんな人ですか。
카레와 돈나 히또데스까

■ 그는 믿을 만한 사람입니다.

He's a reliable person.
히저 릐라이어블 퍼쓴
彼はたのもしい人です。
카레와 타노모시- 히또데스

■ 그는 믿을 만한 사람이 아닙니다.

He's not a man to be trusted.
히즈 나러 맨 투비 트러숫티드
彼は信用できる人じゃありません。
카레와 신요-데끼루 히또쟈 아리마셍

■ 그는 유머감각이 뛰어납니다.

He has a good sense of humor.
히 해저 굿 쎈써브 휴머
彼はユーモアセンスが溢れます。
카레와 유-모아센스가 아후레마스

■ 그는 무엇이든지 잘 합니다.

He is good at everything.
히 이즈 그렛 에브리씽
彼は何でもできます。
카레와 난데모 데끼마스

■ 그는 다재다능한 사람입니다.

He is a well rounded person.
히 이저 웰 롸운디드 퍼쓴
彼は多彩多能な人です。
카레와 타사이타노-나 히또데스

■ 그는 누구나 좋아해요.

He is everyone's favorite guy.
히 이즈 에브리원즈 훼이버릿 가이
彼はだれでも好きです。
카레와 다레데모 스끼데스

■ 당신은 참 친절하군요.

It's very nice of you.
잇쯔 베뤼 나이써브 유
あなたは本当に親切ですね。
아나따와 혼또-니 신세쯔 데스네

- 당신은 정말 상냥하군요.

    You are so sweet.
    유아 쏘 스윗
    本当にやさしいですね。
    혼또-니 야사시이 데스네

- 당신은 정말 순진하군요.

    You are so innocent.
    유아 쏘 이노쎈트
    本当に素直ですね。
    혼또-니 스나오 데스네

素直(すなお)

순진함, 솔직함

- 그녀는 다정합니다.

    She's friendly
    쉬즈 후렌들리
    彼女は優しいです。
    카노죠와 야사이시 데스

- 그녀는 수다스럽습니다.

    She has a big mouth.
    쉬 해저 빅 마우쓰
    彼女はおしゃべりです。
    카노죠와 오샤베리 데스

>>> 신체

- 당신은 키가 얼마입니까?

    How tall are you?
    하우 톨 아유
    身長はいくらですか。
    신쵸-와 이꾸라 데스까

■ 저는 좀 작습니다.

I'm a little short.
아임 어 리를 숏
私は背が低いほうです。
와따시와 세가 히끄이 호우 데스

■ 체중이 얼마나 됩니까?

How much do you weigh?
하우머취 두유 웨이
体重はいくらですか。
타이쥬-와 이꾸라 데스까

■ 저는 키에 비해 체중이 많이 나갑니다.

I'm overweight for my height.
아임 오버웨잇 휘 마이 하잇
背のわりに´体重が重いです。
세노 와리니 타이쥬-가 오모이데스

■ 체중이 좀 늘었습니다.

I've gained some weight.
아이브 게인드 썸 웨잇
体重がすこし増えました。
타이쥬-가 스꼬시 후에마시따

■ 체중 좀 줄여야겠어요.

You need to lose your weight.
유 니투 루즈 유어 웨잇
体重を減らさなければなりませんね。
타이쥬-오 헤라사나케레바 나리마셍이네

■ 당신은 왼손잡이군요.

You are left handed.
유아 렢트 핸딧
あなたは左利きですね。
아나따와 히다리키키 데스네

体重が重い

몸무게가 나가다.

〉〉〉 외모

■ 저 어때요?

How do I look?
하우 두 아이 룩
私´ どう?
와따시, 도오

■ 정말 매력적입니다.

You are really attractive.
유아 뤼얼리 어트랙티브
本当に魅力的です。
혼또-니 미료끄떼끼 데스

■ 체격이 좋습니다.

You are well built.
유아 웰 빌트
体格が良さそうです。
타이가꾸가 요사소우 데스

■ 젊어 보이십니다.

You look so young.
유 룩 쏘 영
若く見えます。
와까구 미에마스

■ 나이에 비해 젊어 보이네요.

You look young for your age.
유 룩 영 훠 유어 에이쥐
年より若く見えますね。
토시요리 와까꾸 미에마스네

002 사람

■ **귀엽습니다.**

You are so cute.
유아 쏘 큐트
あなたはかわいいです。
아나따와 카와이- 데스

■ **눈이 정말 예쁘군요.**

What beautiful eyes you have.
왓 뷰리플 아이즈 유 햅
目が本当にきれいですね。
메가 혼또-니 키레이 데스네

■ **코 성형 수술 했나요?**

Did you get a nose job?
디쥬 게러 노우즈 좝
鼻を整形手術しましたか。
하나오 세-케-슈즈쯔 시마시따까

■ **저는 화장을 약간 합니다.**

I put on a little make up.
아이 푸런어 리를 메이컵
私は化粧を薄くします。
와따시와 케쇼-오 우스꾸 시마스

薄い(うすい)

얇다. 연하다.

■ **와, 당신 멋져 보입니다.**

Wow, you look great.
와우, 유 룩 그뢰잇
わー素敵ですね。
와- 스떼기 데스네

素敵(すてき)

매우 근사함, 매우 멋짐

■ **당신은 잘 생겼습니다.**

You are handsome.
유아 핸썸
あなたはかっこういいです。
아나따와 각꼬이- 데스

かっこういい

멋지다. 잘생기다.

075

PART02 개인사

- 그는 남자다워요.

    You are manly.
    유아 맨리
    彼は男らしいです。
    카레와 오또꼬라시이데스

- 당신은 아버지를 닮았어요.

    You take after your father.
    유 테익 앱터 유어 화더
    あなたは父親に似てますね。
    아나따와 찌찌오야니 니떼마스네

- 당신은 날씬합니다.

    You are slender.
    유아 슬렌더
    あなたはすんなりしています。
    아나따와 슨나리 시떼이마스

- 당신은 뚱뚱합니다.

    You're fat.
    유아 팻
    あなたは太っています。
    아나따와 후또떼 이마스

- 살이 빠진 것 같아요.

    You seem to have lose some weight.
    유 씸투 햅 로스트 썸 웨잇
    やせたみたいですね。
    야세따미따이 데스네

- 저는 지금 다이어트 중입니다.

    I'm on a diet now.
    아임언어 다이엇 나우.
    私は今ダイエット中です。
    와따시와 이마 다이엣또츄- 데스

男らしい
남자답다. 사내답다.

みたい
~인 것 같다.

〉〉〉 복장

■ 아주 멋쟁이시군요.

You are very stylish.
유아 베뤼 스따일리쉬
とてもおしゃれですね。
도떼모 오샤레 데스네

■ 당신은 패션 감각이 있으시군요.

You are very fashionable.
유아 베뤼 훼셔너블
ファッションセンスがありますね。
팟숀센스가 아리마스네

■ 이 옷은 맞춤복입니다.

This dress is custom tailored.
디스 드뢰쓰 이즈 커스텀 테일러드
この服はあつらえ服です。
고노 후끄와 아쯔라에 후끄데스

あつらえ

맞춤

■ 저는 캐쥬얼 입는 것을 좋아합니다.

I enjoyed wearing casual clothes.
아이 인죠이드 웨어링 캐쥬얼 클로쓰
私はカジュアルが好きです。
와따시와 캬쥬아루가 스끼데스

■ 그 옷이 당신에게 잘 어울립니다.

That dress looks good on you.
댓 드뢰쓰 룩쓰 그런유
その服はあなたにお似合いですね。
고노 후끄와 아나따니 오니아이 데스네

お似合い(おにあい)

어울림, 걸맞음

077

■ 옷에 대한 센스가 있군요.

You have good taste in clothes.
유 햅 굿 테이스틴 클로쓰
服に対するセンスがあります。
후끄니 타이스루 센스가 아리마스

■ 당신은 패션에 대한 안목이 있군요.

You have an eye for fashion.
유 해번 아이 훠 훼션
あなたはファッションに対する目が高いです。
아나따와 팟숀니 타이스루 메가 다까이데스

目が高い
안목이 있다. 보는 눈이 있다.

■ 당신은 패션에 아주 민감하군요.

You're very Fashionalbe.
유어 베뤼 쎤쎄티브 투 훼션
あなたはファッションによても敏感ですね。
아나따와 팟숀니 도떼모 빈깐데스네

■ 저는 옷에 신경 안써요.

I don't care about how I dress.
아이 돈 캐어바웃 하우 아이 드뢰쓰
私は服を気にしないです。
와따시와 후끄오 키니 시나이데스

気にする
신경 쓰다.

■ 그 신사복은 넥타이와 잘 어울립니다.

That suit goes well with the tie.
댓 숫 고우즈 웰 위더 타이
その紳士服はネクタイとお似合いです。
소노 신시후끄와 네크타이또 오니아이데스

■ 복장 규정때문에 정장을 해야 합니다.

I have to dress up formally because of the dress code.
아이 햅 투 드레썹 훠멀리 비카저브더 드레스 코드
服装規定のために正装をしなければなりません。
후끄소우 기떼이노 타메니 세-소우 시나케레바 나리마셍

03 건강과 위생

>>> 건강관리

■ 건강 관리는 어떻게 하십니까?

How do you keep in shape?
하우 두유 키핀 쉐입
健康管理はどうなさいますか。
켕꼬-칸리와 도우 나사이마스까

■ 운동을 많이 합니까?

Do you Exercise a lot?
두유 엑써싸이즈 어랏
運動はたくさんしますか。
운도-와 닥상 시마스까

■ 건강 유지를 위해 무엇을 하세요?

What do you do to stay healthy?
왓 두유두 투 스테이 헬씨
健康維持のために何をなさいますか。
켕꼬-이지노 타메니 나니오 나사이마스까

■ 규칙적으로 운동을 합니다.

I exercise regularly.
아이 엑써싸이즈 뢰귤러리
規則的に運動をします。
키소꾸떼끼니 운도-오 시마스

■ 전 매일 체육관에서 운동을 합니다.

I work out at the gym everyday.
아이 워카웃 앳더 짐 에브리데이
私は毎日ジムで運動をします。
와따시와 마이니찌 지무데 운도-오 시마스

■ 전 건강을 위해 수영하러 다닙니다.

I go swimming for my health.
아이 고 스위밍 풔 마이 헬쓰
私は健康のために水泳をします。
와따시와 켕꼬-노 타메니 스이에-오 시마스

■ 조깅을 할까 생각중입니다.

I'm thinking about jogging.
아임 씽킹 어바웃 조깅
ジョギングをするつもりです。
조깅그오 스루 쯔모리데스

■ 헬스클럽에 다닐까 생각하고 있습니다.

I'm thinking about joining a health club.
아임 씽킹 어바웃 조이닝어 헬쓰클럽
ジムに通おうと思っています。
지무니 카요오-또 오못떼 이마스

■ 당신은 쉬는 것이 좋겠군요.

You'd better relax.
유드 베러 륄랙쓰
あなたは休んだ方がいいですね。
아나따와 야슨다 호우가 이이데스네

■ 당신은 다이어트를 해야겠군요.

You need to go on a diet.
유 니투고 언어 다이엇
あなたはダイエットをしなければなりません。
아나따와 다이엣또오 시나케레바 나리마셍

정기검진

매년 한 번씩 받는 정기 검진을 yearly check up 혹은 annual check up이라고 한다.

헬스클럽

fitness club 또는 fitness center를 사용해도 된다.

ジム

헬스클럽

>>> 건강상태

■ 어디가 아픈가요?

　Where does it hurt?
　웨어 더짓 헛
　どこが痛いますか?
　도꼬가 이따이데스까

■ 건강은 어떠세요?

　How do you feel?
　하우 두유 휠
　健康はいかがですか。
　켕꼬-와 이까가데스까

■ 저는 건강합니다.

　I'm in the best of health
　아임 인더 베스터브 헬쓰
　私はとても健康です。
　와따시와 도떼모 켕꼬- 데스

■ 상태가 좋습니다.

　I'm feeling well.
　아임 휠링 웰
　状態がよくないです。
　죠-따이가 요꾸 나이데스

■ 요즘 몸이 안좋아서요.

　These days I don't feel very well.
　디즈 데이즈 아이 돈 휠 베리 웰
　最近´体の調子が悪いです。
　사이낑 카라다노 쵸-시가 와루이데스

PART02 개인사

■ 분명 몸에 이상이 있어요.

Something must be wrong with me.
썸씽 머슷비 렁웟미
確かに体に異常があります。
타시까니 카라다니 이죠-가 아리마스

■ 쉽게 피곤해져요.

I easily get tired.
아이 이질리겟 타이어드
疲れやすいです。
쯔까레 야스이데스

■ 안색이 창백해요.

You look pale.
유 룩 페일
顔色が悪いです。
카오이로가 와루이데스

■ 몸이 아주 안좋아요.

I feel terrible.
아이 휠 테러블
体の調子がとても悪いです。
카라다노 쵸-시가 도떼모 와루이데스

■ 기운이 없습니다.

I feel so weak.
아이 휠 쏘 웍
元気がないです。
겡끼가 나이데스

■ 건강 상태가 좋지 않아요.

I'm in bad health.
아임 인 뱃 헬쓰
健康状態がよくないです。
켕꼬-죠-따이가 요꾸 나이데스

■ 좋아지셨습니까?

Do you feel better?
두유 휠 베러
よくなりましたか？
요꾸 나리마시따까

■ 건강해 보이십니다.

You are in good shape.
유아 인 굿 쉐입
健康そうに見えます。
켕꼬-소우니 미에마스

■ 별로 좋지 않습니다.

I don't feel very well.
아이 돈 휠 베리 웰
あまりよくないです。
아마리 요꾸나이 데스

■ 건강이 좋지 않습니다.

My health is not so good.
마이 헬씨즈 낫 쏘 굿
健康がすぐれないです。
켕꼬-가 스그레나이데스

■ 그리 좋아보이지 않는군요.

You don't look so good.
유 돈 룩 쏘 굿
そんなによくみえないですね。
손나니 요꾸 미에나이 데스데

■ 저는 자주 앓습니다.

I often get sick.
아이 어픈 겟 씩
私はよくわずらいます。
와따시와 요꾸 와즈라이마스

■ 저는 잘 앓지 않습니다.

I rarely get sick.
아이 뢰얼리 겟 씩
わたしはあまりわずらう方ではありません。
와따시와 아마리 와즈라우 호-데와 아리마셍

■ 조심하세요. 요즘 독감이 유행하고 있어요.

Take care of yourself. There's a flu going around.
테익 캐어럽 유어셀프 데어저 훌루 고잉 어롸운드
気を付けてください。最近インフルエンザが流行っています。
키오 쯔께떼 쿠다사이 사이낑 인후루엔자가 하얏떼 이마스

■ 요즘 몸이 좋지 않습니다.

I'm under the weather today.
아임 언더더 웨더 투데이
最近′体の調子がよくないです。
사이낑 카라다노 쵸-시가 요꾸 나이데스

건강 상태

건강이 좋다고 할 때는 be in good shape라고 하고 나쁘다고 할 때는 be in bad shape라고 한다. 이 때 shape 대신 health나 condition을 쓰기도 한다.

》》 목욕탕

■ 목욕하자.

Let's take a bath.
렛쯔 테이커 배쓰
お風呂入りましょう。
오후로 하이리마쇼-

■ 욕조에 물을 채우자.

Let's fill the tub with water.
렛쯔 휠더 텁 윗 워러
風呂に水を入れましょう。
후로니 미즈오 이레마쇼-

003 건강과 위생

■ 옷을 벗고 욕조에 들어가요.

Take your clothes off and get in the tub.
테이 큐어 클로쓰 어팬 게린더 텁
服を脱いでお風呂に入ってください。
후끄오 누이데 오후로니 하잇떼 쿠다사이

■ 머리 감자.

Let's wash your hair.
렛쯔 워시 유어 헤어
髪を洗おう。
키미오 아라오-

■ 머리 숙여요.

Put your head down.
풋츄어 헷 다운
頭を下げてください。
아따마오 사게떼 쿠다사이

■ 샴푸 좀 집어줄래?

Can you pass me the shampoo?
캔유 패스미더 샴푸
シャンプーをちょっと取ってくれる?
샴푸-오 좃또 톳떼 쿠레루

■ 샴푸로 먼저 씻고 씻어내라.

Shampoo your hair first and then rinse it off.
샴푸 유어 헤어 훠스탠 앤 덴 린스 잇 어프
シャンプーで先に洗ってから洗い流しなさい。
샴푸-데 사끼니 아랏떼까라 아라이나가시나사이

■ 비누질 하고 서로 때를 밀어주자.

Let's wash with soap and then scrub each other.
렛쯔 워시 쏩엔덴 스크럽 이취 아더
石けんを塗りつけてからお互いあかすリをしてあげましょう。
섹껭오 누리쯔께떼까라 오다가이 아카스리오 시떼 아게마쇼-

컨디셔너와 린스

우리가 말하는 린스는 conditioner를 말하는데 rinse의 본 뜻은 **헹구다** 이다.

PART02 개인사

■ 위 아래 구석구석 닦아라.

Brush up and down and get all the corners of your mouth.
브러쉬 업팬 다운 앤 겟 얼더 코너써브 유어 마우쓰
上と下をすみずみきれいに洗いなさい。
우에또 시따오 스미즈미 키레이니 아라이나사이

■ 너무 세게 밀지 마세요.

Don't scrub too hard.
돈 스크럽 투 하드
あまり強くしないでください。
아마리 쯔요꾸 시나이데 쿠다사이

■ 이제 양치질 하자.

Let's brush our teeth now
렛쯔 버러쉬 아워 티쓰 나우
これから歯磨きしよう。
코레까라 하미가끼 시요-

■ 목욕은 위생에 좋다.

Taking a bath is good for your health.
테이킹 어 배쓰 이즈 굿 훠 유어 헬쓰
お風呂に入るのは衛生的にいい。
오후로니 하이루노와 에-세-떼끼니 이이

>>> 화장실

■ 화장실 가고 싶니?

Do you want to go to the bathroom?
두유 원투 고 투더 배쓰룸
トイレ行きたい？
토이레니 이끼따이

욕실, 화장실

restroom, toilet, bathroom은 약간의 차이는 있지만 모두 욕실과 화장실이라는 공통적인 뜻으로 사용한다.

003 건강과 위생

■ 같이 가줄까?

Do you want me to come?
두유 원미 투 컴
一緒に行ってあげようか。
잇쇼니 잇떼 아게요-까

■ 소변 볼래? 대변 볼래?

Do you want to pee or poop?
두유 원투 피 오 풉
おしっこする' うんこする?
오싯꼬스루 운꼬스루

Poop

대변본다는 poop으로 사용되고 속어는 go to stool 이라 한다.

■ 휴지가 없네요.

We are out of toilet paper.
위아 아우럽 토일릿 페이퍼
トイレットペーパーがありません。
토이렛또 페-파-가 아리마셍

■ 비누로 손 닦아라.

Wash your hands with soap.
워쉬 유어 핸즈 윗 쏩
石けんで手を洗いならい。
섹껭데 테오 아라이나사이

■ 타월 좀 주세요.

Give me a towel, please.
김미어 타올 플리즈
タオルをください。
타오루오 쿠다사이

Part 03 생활
Life 生活

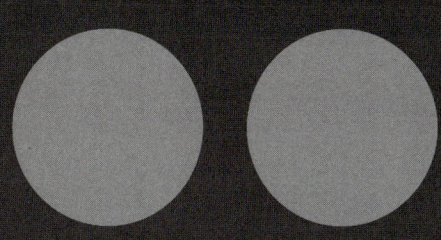

001. 학교 생활

지원(학교)
학교
전공
시험
성적

002. 직장 생활

구직
지원(회사)
면접
수입
복리후생
직업
승진
통근
사직
실직

003. 여가 생활

여가생활
TV
영화
연극
음악
도서
신문
잡지
그림
스포츠
스포츠(야구)
스포츠(농구)
스포츠(골프)
스포츠(수영)
스포츠(볼링)
스포츠(스키)
스포츠(테니스)
스포츠(등산)
스포츠(낚시)

001 학교 생활

>>> 지원(학교)

■ 전공은 결정했습니까?

Have you decided what you will major in?
해뷰 디싸이딧 와류윌 메이줘 인
専攻は決めましたか。
센꼬-와 키메마시따까

■ 어느 대학에 지원할 예정입니까?

Which college are you going to apply for?
위치 칼리쥐 아유 고잉투 어플라이 훠
どの大学を志望する予定ですか。
도노 다이가끄오 시보-스루 요떼- 데스까

■ 본 대학교에 대한 정보를 얻고 싶습니다.

I'd like to get information about your university.
아이드 라익 투겟 인훠메이션 어바우츄어 유니버써티
この学校について情報が知りたいです。
고노 각꼬-니 쯔이떼 죠-호우가 시리따이 데스

■ 장학금 조건은 어떻습니까?

What are the conditions for getting a scholarship?
와라더 컨디션스 훠 게링어 스칼라쉽
奨学金の条件はどうですか。
쇼-각킹노 죠-켄와 도우 데스까

■ 토익(일본어)는 몇 점이 요구됩니까?

What is the required score for the TOEIC?
와리즈더 뤼콰이어드 스코어 훠더 토익
日本語は何点が要求されますか。
니혼고와 난뗑가 요큐- 사레마스까

■ 기숙사가 있습니까?

Does your school have dormitories?
더즈 유어 스쿠울 햅 도미토리즈
寮はありますか。
료-와 아리마스까

■ 학기당 기숙사비는 얼마입니까?

What is the dorm fee per semester?
와리즈더 돔 휘 퍼 씨메스터
学期毎の寮費用はいくらですか。
각끼고또노 료-히요-와 이꾸라데스까

■ 입학허가서는 언제 나옵니까?

When will the college acceptance letter arrive?
웬 윌 더 칼리쥐 억셉턴스 레러 어라이브
入学許可書はいつ出ますか。
뉴-가꾸 쿄까쇼와 이쯔 데마스까

■ 지원 마감일은 언제입니까?

When is the deadline for applications?
웨니즈더 데드라인 훠 애플리케이션
申込み締切日はいつですか。
모우시코미 시메키리비와 이쯔 데스까

■ 유학에 대한 지원이 있나요?

Are there any support to study abroad.
아데어 애니 써포투 스타디 어브러드
留学に対する支援はありますか。
류-가꾸니 타이스루 시엔와 아리마스까

>>> 학교

■ 어느 학교에 다닙니까?

Where do you go to school?
웨어 두유 고투 스쿨
どの学校を通っていますか。
도노 각꼬-오 카욧떼 이마스까

■ 나는 하버드(동경)대학에 다니고 있습니다.

I'm attending Harvard.
아임 어텐딩 하버드
私は東京大学に通っています。
와따시와 토-쿄- 다이가꾸니 카욧떼 이마스

■ 학교는 어디에 있습니까?

Where is the school?
웨어리즈더 스쿨
学校はどこですか。
각꼬-와 도꼬 데스까

■ 어느 학교를 졸업했습니까?

Which school did you graduate from?
위치 스쿨 디쥬 그래쥬에잇 후럼
どの学校を卒業しましたか。
도노 각꼬-오 소쯔교- 시마시따까

■ 몇 학년입니까?

What year are you in?
왓 이어 아유 인
何年生ですか。
난넨세- 데스까

001 학교 생활

학년
1학년 : freshman
2학년 : sophomore
3학년 : junior
4학년 : senior

■ 1학년생입니다.

I'm a freshman.
아임 어 후레쉬맨
1年生です。
이찌넨세- 데스

■ 우리는 동문입니다.

We attended the same school
위 어텐디더 쎄임 스쿠울
私たちは同門です。
와따시다찌와 도-몽 데스

■ 그는 저의 학교 선배입니다.

He is ahead of me in school.
히 이저해더브 미 인 스쿠울
彼は学校の先輩です。
카레와 각꼬-노 센빠이 데스

■ 그는 대학을 중퇴했습니다.

He is a college dropout.
히 이저 칼리쥐 드롭아웃
彼は大学中退者です。
카레와 다이가꾸 츄-타이샤 데스

■ 그는 퇴학 당했습니다.

He was kicked out of the school.
히 워즈 킥트 아우러브더 스쿠울
彼は退学になりました。
카레와 타이가꾸니 나리마시따

■ 그는 고학했습니다.

He worked his way through college.
히 웍트 히즈 웨이 쓰루 칼리쥐
彼は苦学しました。
카레와 쿠가꾸 시마시따

PART03 생활

■ 이번 학기에 몇 과목이나 수강신청을 했습니까?

How many courses are you taking this semester?
하우 매니 코씨 유 테이킹 디씨메스터
この学期に何科目も受講申請しましたか。
고노 각끼니 난 카모쿠모 쥬꼬- 신세- 시마시따까

■ 수강신청 마감일이 언제입니까?

When is the deadline for choosing courses?
웨니즈더 데드라인 훠 츄징 코쓰
受講の申込み締切日はいつですか。
쥬꼬-노 모우시코미 시메키리비와 이쯔 데스까

■ 학비 납부 마감일이 언제입니까?

When is the deadline for tuition?
웨니즈더 데드라인 훠 튜이션
学費の払込み締切日はいつですか。
가꾸히노 하라이코미 시메키리비와 이쯔 데스까

■ 그 과목은 마감되었습니다.

The subject is closed.
더 써브젝티즈 클로즈드
その科目は締切りました。
소노 카모쿠와 시메키리마시따

■ 성적 증명서가 필요합니다.

I need a copy of my transcript, please.
아이 니더 카피 어브 마이 트랜스크립트 플리즈
成績証明書が必要です。
세-세끼 쇼-메-쇼가 히쯔요- 데스

■ 아르바이트 좀 주선해 주세요.

Would you help me find a part-time job.
우쥬 헬프 미 화인더 파타임 좝
アルバイトを紹介してもらえます。
아르바이또오 쇼-까이 시떼 모라에마스까

001 학교 생활

■ 많은 학생들이 아르바이트를 하고 있습니다.

Many students have part - time jobs.
매니 스튜던트 햅 파타임 좝스
多くの学生だちはアルバイトをする。
오오꼬노 각세-다찌와 아루바이또오 스루

>>> 전공

■ 전공이 무엇입니까?

What are you majoring in?
와라유 메이저링 인
何を専攻してますか。
나니오 센꼬- 시떼마스까

■ 대학에서 무엇을 공부했습니까?

What did you study in college?
왓 디쥬 스따디 인 칼리쥐
大学で何を勉強しましたか。
다이가꾸데 나니오 뱅꾜- 시마시따까

■ 교육학을 전공하고 있습니다.

I'm majoring in education.
아임 메이저링 인 에쥬케이션
教育学を専攻しています。
쿄-이쿠가꾸오 센꼬- 시떼이마스

■ 어떤 학위를 가지고 있습니까?

What degree do you have?
왓 디그리 두유 햅
どんな学位を持っていますか。
돈나 가꾸이오 못떼 이마스까

■ 저는 전자공학 석사 학위를 가지고 있습니다.

I have a M.S. in electronic science.
아이 해버 엠 에스 인 일랙트로닉 싸이언쓰
私は電子工学の修士を持っています。
와따시와 덴시고-가꾸노 슈-시오 못떼 이마스

>>> 시험

■ 대학 입시 시험은 언제봅니까?

When will you take your college admission test?
웬 윌유 테익 유어 칼리쥐 어드미션 테스트
大学の入試試験はいつ受けますか。
다이가꾸노 뉴-시 시켕와 이쯔 우케마스까

■ 다음주부터 기말 시험을 봐요.

The term exam starts next week.
더 텀 익잼 스타츠 넥쓰트 윅
来週から期末試験なの。
라이슈-까라 키마쯔 시껭나노

■ 저는 시험 준비로 바쁩니다.

I'm busy preparing for the test.
아임 비지 프리페어링 훠더 테스트
試験準備で忙しい。
시껭 준비데 이소가시이

■ 시험 결과가 어떻게 나왔습니까?

How did your exam turn out?
하우 디쥬어 이그잼 턴 아웃
試験の結果はどうですか。
시껭노 게까와 도우 데스까

■ 시험을 잘 못봤어요.

I didn't do well on my exam.
아이 디든 두 웰 언 마이 이그잼
試験を失敗しました。
시껭오 싯빠이 시마시따

>>> 성적

■ 그는 반에서 1등입니다.

He is at the top of his class.
히 이잿더 탑어브 히즈 클래쓰
彼はクラスで1番ですよ。
카레와 크라스데 이찌방 데스요

■ 그는 학교에서 두드러집니다.

He's a cut above his school.
히저 컷 어보브 히즈 스쿠울
彼は学校で目立ちます。
카레와 각꼬-데 메다찌마스

■ 그는 학교 성적이 좋아지고 있어요.

He's getting on well at school.
히즈 게링언 웰 앳 스쿠울
彼の学校成績がよくなっている。
카레노 각꼬- 세-세끼와 요꾸낫떼이루

■ 그는 수학적 머리가 있다.

He has a mathematic brain.
히 해저 매쓰매릭 브레인
彼は数学に才能がある。
카레와 스-가꾸니 사이노-가 아루

■ 그는 동급생 중에서 뒤쳐진다.

She's far behind her classmates.
쉬즈 화 비하인드 허 클래쓰매잇츠
彼女は同級生より劣る。
카노죠와 도-큐-세- 요리 오또루

■ 저는 이번학기에 장학금 탔습니다.

I got a scholarship this semester.
아이가러 스칼러쉽 디씨메스터
私'今学期に奨学金もらったの。
와따시, 콘각끼니 쇼-각킹 모랏따노

■ 성적을 확인하고 싶습니다.

I want to confirm my grades.
아이원투 컴훰 마이 그레이즈
成績を確認したいです。
세-세끼오 카꾸닝 시따이 데스

■ 이번학기 성적이 어때?

How were your grades this term?
하우 워 유어 그래이드 디스텀
今学期の成績はどう?
콘각키노 세-세끼와 도오

■ 모두 A야.

I got all[straight] A's
아이갓 얼[스트레잇] 에이즈
全部Aだよ。
젠부 에- 다요

■ 저는 전액 장학금 받았어요.

I received a full scholarship.
아이 뤼씨브드어 훌 스칼라쉽
私は全額奨学金をもらいました。
와따시와 젠가꾸 쇼-각킹오 모라이마시따

002 직장 생활

>>> 구직

■ 일자리가 있습니까?

Do you have any openings?
두유 햅 애니 오프닝즈
募集中のお仕事はありますか。
보슈-츄-노 오시고또와 아리마스까

■ 그 자리가 비어있습니다.

Is the job still available?
이즈더 잡 스틸 어베일러블
そのポジションはまだ空いてますか。
소노 포지숀와 마다 아이떼마스까

■ 예, 여전히 있습니다.

Yes. The position is still open.
예스 더 포지션 이즈 스팅리 오픈
はい、まだ空いています。
하이, 마다 아이떼이마스

■ 미안합니다, 이미 충원했습니다.

Sorry. It's already been filled.
쏘뤼 잇쯔 얼뢰디 빈 휄드
申し訳ございません。もういっぱいです。
모우시와케 고자이마셍 모- 잇빠이 데스

■ 혹시 노동직 일자리가 있습니까?

Do you have any blue-collar openings?
두유 햅 애니 블루 칼라 오프닝즈
労働職のお仕事はありますか。
로-도-쇼쿠노 오시고또와 아리마스까

099

>>> 지원(회사)

■ 지원 절차가 어떻게 됩니까?

How do I apply for your company?
하우 두 아이 어플라이 훠 유어 컴퍼니
申込み手続はどのようにすればいいですか。
모우시코미 테쯔즈끼와 도노요-니 스레바 이이데스까

■ 어떤 서류를 제출해야합니까?

What documents do I need to give you?
왓 다큐먼츠 두 아이 니투 기뷰
どんな種類を提出しなければなりませんか。
돈나 쇼루이오 테-슈쯔 시나케레바 나리마셍까

■ 입사원서를 작성해 주십시오.

You should fill out an application form.
유 슈드 휠 아우런 애플리케이션 훰
入社願書を作成してください。
뉴-샤 간쇼오 사꾸세-시떼 쿠다사이

■ 이력서를 제출하셔야 합니다.

You have to send in your resume.
유 햅 투 쎈딘 유어 레쥬메이
履歴書を提出しなければなりません。
리레끼쇼오 테-슈쯔 시나케레바 나리마셍

■ 이력서부터 볼까요?

May I see your resume first?
메아이 씨 유어 레쥬메이 훠숫
まず 履歴書を見ましょうか。
마즈, 리레끼쇼오 미마쇼-까

■ 언제까지 서류를 제출해야합니까?

When do I have to send these documents by?
웬 두 아이 햅 투 쎈 디이즈 다큐먼츠 바이
いつまで書類を提出しなければなりませんか。
이쯔마데 쇼루이오 테-슈쯔 시나케레바 나리마셍까

>>> 면접

■ 왜 우리회사에서 일하려고 합니까?

Why do you want to work for us?
와이 두유 원투 웍 훠러스
なぜうちの会社で働きたいと思っていますか。
나제 우찌노 카이샤데 하따라키따이또 오못떼 이마스까

■ 왜 이 회사에 관심을 갖게 되었습니까?

What made you interested in this company?
왓 메이쥬 인터뢰스티딘 디스 컴퍼니
なぜこの会社に興味を持つようになりましたか。
나제 고노 카이샤니 쿄-미오 모쯔요우니 나리마시따까

■ 이 일의 어떤 점이 마음에 듭니까?

What do you like about this job?
왓 두유 라이커바웃 디스 좝
この仕事のどんな所が気に入りますか。
고노 시고또노 돈나 도꼬로가 키니 이리마스까

■ 왜 전 직장을 그만두셨습니까?

Why did you leave your last job?
와이 디쥬 리뷰어 래슷 좝
なぜ前の職場はやめましたか。
나제 마에노 쇼꼬바오 야메마시따까

■ 컴퓨터를 다룰 줄 아십니까?

Can you operate a personal computer?
캔유 어퍼뢰이터 퍼스널 컴퓨러
パソコンが使えますか。
파소콩가 쯔까에마스까

■ 저는 컴퓨터 1급 자격증이 있습니다.

I have a first class computer certificate.
아이 해버 훠슷 클래쓰 컴퓨러 써티휘킷
私はパソコン資格証1級を持っています。
와다시와 파소콩 시까꾜쇼 잇뀨-오 못떼이마스

■ 어떤 학위를 가지고 있습니까?

What is your degree in?
와리쥬어 디그리 인
どんな学位を持ってますか。
돈나 가끄이오 못떼마스까

■ 어떤 직업 경험을 가지고 있습니까?

What kind of job experience do you have?
왓 카인더브 좁 익쓰피뤼언쓰 두유 햅
どんな職場の経験を持ってますか。
돈나 쇼끄바노 케-켕오 못떼마스까

■ 군복무는 언제 했습니까?

When did you serve in the army?
웬 디쥬 써브 인디 아미
軍隊はいつ行きましたか。
군따이와 이쯔 이끼마시따까

■ 자기 소개를 해보세요.

Tell me about yourself, please.
텔미 어바우츄어셀프 플리즈
自己紹介をしてください。
지꼬쇼-까이오 시떼 쿠다사이

■ 당신의 장점은 무엇인가요?

What are your strengths?
와라유어 스트렝쓰
あなたの長所はなんですか。
아나따노 쵸-쇼와 난데스까

■ 저는 영어(일본어) 회화에 부담감이 없다고 느낍니다.

I feel at home with English conversation.
아이 휠 앳홈 윗 잉글리쉬 컨버쎄이션
私は日本語の会話に負担感はないと感じます。
와따시와 니홍고노 카이와니 후딴깡와 나이또 칸지마스

■ 저는 영어(일본어)로 의사소통이 가능합니다.

I can make myself understood in English.
아이 큰 매익 마이쎌프 언더스튜딘 잉글리쉬
私は日本語でコミュニケーションができます。
와따시와 니홍고데 코뮤니케-숀가 데끼마스

■ 저희가 어떻게 연락할 수 있을까요?

How can we get in touch with you?
하우 캔위 게린 터치 위듀
私たちがどうやって連絡できますか。
와따시다찌가 도우얏떼 렌라쿠 데끼마스까

■ 연락을 기다리겠습니다.

I'm looking forward to hearing from you.
아임 루킹 훠워드 투 히어링 후럼 유
ご連絡をお待ちします。
고렌라꾸오 오마찌시마스

■ 기회를 주셔서 감사합니다.

Thank you for giving me an opportunity.
땡큐 휙 기빙미 언 어퍼튜너티
機会をくださってありがとうございます。
기까이오 크다삿떼 아리가또-고자이마스

영어를 유창하게 한다

장소와 상관없이 I speak English fluently(저는영어를 유창하게 합니다)라고 표현한다.

■ 저 취직 됐어요.

I got a job.
아이 가러 쟙
私´就職できました。
와따시 슈-쇼꾸 데끼마시따

> **Get a job**
> 취직을 하다.

■ 면접 결과는 언제 알 수 있습니까?

When can I get the results of the interview?
웬 캐나이 겟더 뤼절처디 인터뷰
面接の結果はいつ分かりますか。
멘세쯔노 게까와 이쯔 와까리마스까

>>> 수입

■ 연봉은 어떻게 됩니까?

What's your yearly salary?
왓쯔 유어 이어리 쎌러리
年俸はいくらぐらいですか。
넨뽀-와 이끄라 그라이 데스까

> **급여**
> 급여 : salary
> 성과금 : piece rate
> 시간외 근무수당 : overtime payment

■ 봉급은 얼마나 됩니까?

How much do you get paid?
하우머취 두유 겟 페이드
給料はいくらぐらいですか。
큐-료-와 이끄라 그라이 데스까

■ 시간 당 얼마 받게 됩니까?

How much will I get paid an hour?
하우머취 윌아이 겟 페이던 아우어
時給いくらもらえますか。
지큐- 이끄라 모라에마스까

■ 초봉이 얼마나 됩니까?

What's the starting salary?
왓쯔 더 스타팅 쎌러리
初給はいくらですか。
쇼큐-와 이끄라 데스까

■ 보너스가 얼마나 되는지 여쭤도 되겠습니까?

May I ask how much the bonuses are?
메아이 애스크 하우머취 더 보너쓰즈 아
ボーナスはいくらぐらいか伺ってもよろしいですか。
보-나스와 이끄라 그라이까 우까갓떼모 요로시이데스까

■ 시간 외 근무수당이 얼마나 됩니까?

How much do I get paid when I work overtime?
하우머취 두 아이 겟 페이드 웬 아이 웍 오버타임
残業手当はいくらぐらいですか。
잔교- 테아테와 이끄라 그라이 데스까

■ 세금을 빼고 월 180만엔입니다.

It's $1,800 a month after taxes.
잇쯔 원 싸우젼 앤 에잇 헌드릿 달러즈어 먼쓰 앱터 택쓰
税金を引いて月180万円です。
제-킹오 히이떼 쯔끼 햐쿠하찌쥬-망엔 데스

■ 어느 정도의 급여를 원하십니까?

What are your salary expectations?
와라유어 쎌러리 익쓰펙테이션
いくらぐらいの給料がほしいですか。
이끄라 그라이노 큐-료- 가 호시이 데스까

■ 연봉 25,000(500만엔)달러를 원합니다.

I'd like a salary of $25,000 a year.
아이드 라이커 쎌러리 어브 투에니 화이브 싸우젼 달러 어 이어
年俸で500万円がほしいです。
넨뽀- 데 고햐꾸망엔가 호이시 데스

■ 급여는 어떤 식으로 받습니까?

How do you get paid?
하우 두유 겟 페이드
給料はどのように支払われるのですか。
큐-료-와 도노요-니 시하라와레루노 데스까

■ 월급으로 받습니다.

I get paid every month.
아이 겟 페이드 에브리 먼쓰
月給でもらいます。
겟큐-데 모라이마스

■ 제 급여는 일에 비해 너무 낮아요.

My salary is too low for my work.
마이 샐러리 이스 투 로 훠 마이 웍
私の給料は仕事のわりには低すぎます。
와따시노 큐-료- 와 시고또노 와리니와 히끄스기마스

>>> 복리후생

■ 어떤 근로 혜택이 제공됩니까?

What kind of benefits do you offer?
왓 카인더브 베니휘츠 두유 오훠
どのような勤労手当が提供されますか。
도노요-나 킨로- 테아테가 테-쿄- 사레마스까

■ 우리 회사는 주 5일제 근무입니다.

Our company has a five day work week.
아워 컴퍼니 해저 화이브 데이 웍웍
私の会社は週5日制です。
와따시노 카이샤와 슈- 이쯔까 세- 데스

■ 전액 무료 의료 보험 혜택을 제공합니다.

We offer full medical insurance.
위 오풔 훌 메디컬 인슈런쓰
全額無料の医療保険手当を提供します。
젠가꾸 무료-노 이료-호켄 테아테오 테-쿄- 시마스

■ 휴가는 며칠이나 갑니까?

How many vacation days do you have?
하우매니 배케이션 데이즈 두유 햅
お休みは何日ですか。
오야스미와 난니찌 데스까

■ 우리는 직원들에게 3주간의 유급휴가를 제공합니다.

We give our employees 3 weeks' paid vacation.
위 기바우어 임플로이즈 쓰리 윅쓰 페이드 배케이션
私たちは職員に３週間の有給休暇を提供します。
와따시다찌와 쇼쿠잉니 산슈깐노 유큐큐까오 테쿄 시마스

■ 연간 20일 받습니다.

We have 20(twenty)days a year.
위 햅 트웨니 데이즈 어 이어
お休みは何日ですか。
오야스미와 난니찌 데스까

■ 두 달간에 출산 휴가가 있습니다.

You can have maternity leave for two months.
유 큰 햅 마터니티 리브 풔 투 먼쓰
二ケ月間の出産休暇があります。
닛까게쯔깐노 슛산 큐-까가 아리마스

■ 근무 시간은 어떻게 됩니까?

What hours would I work?
왓 아우어 우드 아이 웍
勤務時間はどうですか。
킨무지깐과 도우 데스까

107

■ 퇴근 시간은 언제입니까?

When is the quitting time?
웨니즈더 퀴팅 타임
お帰りの時間は何時ですか。
오카에리노 지간과 난지 데스까

■ 병가는 며칠 쓸 수 있습니까?

How many days of sick leave can I have?
하우매니 데이저브 씩 리브 캐나이 햅
病気休暇は何日取れますか。
뵤-끼뀨-까와 난니찌 토레마스까

■ 정년이 몇 살 입니까?

What's the age for mandatory retirement?
왓쯔 디 에이쥐 풔 맨더토뤼 뤼타이어먼트
定年は何歳ですか。
테-넨와 난사이 데스까

Pay packages
근무 조건들

〉〉〉 직업

■ 당신은 무슨 일을 하십니까?

What do you do?
왓 두유두
どんなお仕事をなさっていますか。
돈나 오시고또오 나삿떼 이마스까

■ 어떤 일에 종사하고 계십니까?

What business are you in?
왓 비즈니쓰 아유 인
どんなお仕事にお勤めですか。
돈나 오시고또니 오쯔또메 데스까

■ 어떤 회사에 근무하십니까?

What company are you with?
왓 컴퍼니 아유 윗
どんな会社で働いていますか。
돈나 카이샤데 하따라이떼 이마스까

■ 저는 봉급 생활자입니다.

I'm a salaried worker.
아임어 쎌러리드 워커
私はサラリーマンです。
와따시와 사라리-망 데스

■ 저는 자영업자입니다.

I'm self employed.
아임 쎌프 임플로이드
私は自営業者です。
와따시와 지에-교-샤 데스

■ 저는 사무직입니다.

I'm an office worker.
아임언 오휘쓰 워커
私は事務職です。
와따시와 지무쇼꾸 데스

■ 저는 대기업에서 근무합니다.

I work for a large company.
아이 웍 훠러 라쥐 컴퍼니
私は大企業で働いています。
와따시와 다이키교-데 하따라이떼 이마스

■ 직위가 어떻게 되십니까?

What's your job title?
왓쯔 유어 좝 타이틀
職位は何ですか。
쇼쿠이와 난 데스까

■ 저는 지부장입니다.

I'm an area manager.
아임언 에어리어 매니져
私は部長です。
와따시와 부쪼-데스

■ 어느 부서에서 근무하십니까?

What department do you work in?
왓 디파르먼트 두유 워키인
どの部署で働いていますか。
도노 부쇼데 하따라이떼 이마스까

■ 어디에서 일하십니까?

Where do you work?
웨어 두유 웍
どちらで働いていますか。
도찌라데 하따라이떼 이마스까

■ 영업부에서 근무하고 있습니다.

I work in the sales department.
아이 워킨더 쎄일즈 디파르먼트
営業部で働いています。
에-교-부데 하따라이떼 이마스

〉〉〉 승진

■ 승진은 자주 시켜줍니까?

How often do you promote your employees?
하우 어픈 두유 프로모트 유어 임플로이즈
昇進はよくあることですか。
쇼-신와 요꾸 아루고또 데스까

- 승진은 성적에 달렸어요.

    Promotion goes by merit.
    프로모션 고즈 바이 메릿
    昇進は成績によります。
    쇼-신와 세-세끼니 요리마스

- 은행은 승진이 쉽지 않습니다.

    It is not easy to move up in a bank.
    이리즈 낫 이지투 무브업 인어 뱅크
    銀行は昇進がなかなか難しいです。
    깅꼬-와 쇼-신가 나까나까 무즈까시- 데스

- 저 승진했습니다.

    I got a promotion.
    아이가러 프로모션
    私´昇進しました。
    와따시, 쇼-신 시마시따

- 저 부장으로 승진했어요.

    I was promoted to manager.
    아이워즈 프로모티드 투 매니줘
    部長に昇進しました。
    부쵸-니 쇼-신 시마시따

- 제 승진은 이례적이었습니다.

    My promotion is unusual.
    마이 프로모션 이즈 언유쥬얼
    私の昇進は異例的でした。
    와따시노 쇼-신와 이레-데시따

>>> 통근

■ 어떻게 출근하세요?

How do you get to work?
하우 두유 겟투 웍
どうやって出勤しますか。
도우얏떼 슛킹 시마스까

■ 어떻게 통근하세요?

How do you commute to work?
하우 두유 커뮷투 웍
どうやって通勤していますか。
도우얏떼 쯔-킹 시떼이마스까

■ 저의 자가용으로 출근합니다.

I take my car to work.
아이 테익 마이카 투 웍
私の車で出勤します。
와따시노 쿠루마데 슛낑 시마스

■ 지하철로 출근합니다.

I take the subway to work.
아이 테익더 썹웨이 투 웍
地下鉄で出勤しています。
치카데쯔데 슛킹 시떼이마스

■ 대중교통을 이용합니다.

I use public transportation.
아이 유즈 퍼블릭 트랜스포테이션
交通機関を利用します。
꼬-쯔-키칸오 리요- 시마스

대중교통

대중교통을 일본어로는 교통기관(交通機関)이라고 한다.

■ 통근하는데 얼마나 걸리나요?

How long does it take you to commute?
하우롱 더짓 테이큐 투 커뮤트
通勤するのにどれくらいかかりますか。
쯔-킹 스루노니 도레구라이 카카리마스까

>>> 사직

■ 왜 그만 두셨습니까?

Why did you leave your job?
와이 디쥬 리브 유어 잡
なぜ お辞めになりましたか。
나제 오야메니 나리마시따까

■ 사직 이유가 무엇입니까?

What's the reason for resigning?
왓쯔더 뤼즌 훠 뤼자이닝
辞職の理由な何ですか。
지쇼꾸노 리유-와 난 데스까

■ 이 일에는 안 맞는 것 같아요.

Maybe I'm not suited for this kind of work.
메이비 아임낫 쑤티드 훠 디스 카인더브 웍
その仕事は私と合わない気がします。
소노 시고또와 와따시또 아와나이 키가 시마스

■ 직장을 그만 두셨다고 들었습니다.

I heard you quit your job.
아이 허드 유 큇 유어 잡
会社をお辞めになったと聞きました。
카이샤오 오야메니 낫따또 키키마시따

■ 그만 두기로 결심했어요.

I've decided to quit my job.
아이브 디싸이딧 투 큇 마이 좝
辞めることを決心しました。
야메루 고또오 켓신 시마시따

■ 새로운 직업이 마음에 드세요?

How do you like your new job?
하우 두유 라익 유어 뉴 좝
新しい職業は気に入りますか。
아따라시- 쇼끄교-와 키니 이리마스까

気に入る

마음에 들다.

>>> 실직

■ 저는 실업자입니다.

I'm unemployed.
아임 언임플러이드
私は失業者です。
와따시와 시쯔교-샤 데스

■ 저는 해고됐어요.

I got fired.
아이갓 화이어드
私は首になりました。
와따시와 크비니 나리마시따

首になる

해고되다.

Downsizing

정리해고 (구조조정)

■ 저는 지금 놀고 있어요.

I'm out of a job now.
아임 아우럽 좝 나우
私は今′仕事を休んでいます。
와따시와 이마 시고또오 야슨데 이마스

■ 저는 현재 실직 상태입니다.

I am unemployed at this time of moment.
아이앰 언임플로이드 앳디스 타임업 모먼
私は現在失職中です。
와따시와 겐자이 싯쇼꾸츄- 데스

■ 다른 일을 찾을 생각입니다.

I'm thinking about finding another job.
아임 씽킹 어바웃 화인딩 어나더 잡
他の仕事を探すつもりです。
호까노 시고또오 사가스 쯔모리데스

■ 다른 직업을 찾아야지요.

I'll find another job.
아일 화인 어나더 잡
他の職業を探さなければなりませんね。
호까노 쇼끄교-오 사가사나케레바 나리마셍네

■ 저는 일자리를 찾고 있습니다.

I'm in seek of a job.
아임 인 씨커브 어 잡
私は仕事を探しています。
와따시와 시고또오 사가시떼 이마스

つもり

생각, 작정, 의도

직장에 관한 표현들

무단결근 : Absence without notice
권고사직 : advice to resign
전근하다 : be transferred
파산하다 : go bankrupt
퇴직하다 : retired
실적평가 : performance review

003 여가 생활

>>> 여가 생활의 일반적 표현

■ 여가를 어떻게 보내세요?

How do you spend your leisure time?
하우 두유 스펜듀어 레줘 타임
余暇はどう過ごしますか。
요까와 도우 스고시마스까

■ 주말에 어떻게 시간을 보닙니까?

How do you spend your time on weekends?
하우 두유 스펜듀어 타임 언 위켄즈
週末にどう時間を過していますか。
슈-마쯔니 도우 지깐이오 스고시 마스까

■ 주말에는 주로 무엇을 합니까?

What do you usually do on weekends?
왓 두유 유절리 두 온 위켄즈
週末にはたいてい何をしますか。
슈-마쯔니와 다이떼- 나니오 시마스까

■ 여가 시간에는 무엇을 합니까?

What do you do in your spare time?
왓 두두 인유어 스페어 타임
余暇時間には何をしますか。
요까지간니와 나니오 시마스까

■ 기분 전환을 위해 무엇을 합니까?

What do you do for relaxation?
왓 두두 훠 륄랙쎄이션
気分転換のために何をしますか。
키분덴깐노 타메니 나니오 시마스까

■ 시간 있을 때 무엇을 합니까?

What do you do when you are free?
왓 두유두 웬 유아 후리
時間がある時′ 何をしますか。
지깐이 아루도끼 나니오 시마스까

■ 퇴근 후에 특별히 하시는 일이 있습니다.

Do you have anything special to do after work?
두유 햅 애니씽스페셜 투두 앱터 웍
仕事から帰った後′ 特にする事はありますか。
시고또까라 카엣따 아또 토끄니 스루 고또와 아리마스까

■ 도시를 벗어나는 것을 즐깁니다.

I enjoy getting out of the city.
아이 인죠이 게링 아우러브더 씨리
都市を離れることを楽しみます。
토시오 하나레루 고또오 타노시미마스

■ 여행을 좋아합니다.

I like traveling.
아일 라익 트래블링
旅行が好きです。
료꼬-가 스끼데스

■ 그냥 집에 있습니다.

I just stay in
아이 저스테이 인
ただ′ 家にいます。
타다 이에니 이마스

>>> TV

■ 텔레비전 자주 보세요?

Do you watch TV often?
두유 와치 티비 어픈
テレビをよく見ますか。
테레비오 요꾸 미마스까

■ 지금 Tv에서 무엇을 방영하고 있습니까?

What's on TV now?
왓쯔 언 티뷔 나우
今゛テレビで何が放送されていますか。
이마 테레비데 나니가 호-소 사레떼 이마스까

■ 지금 영화를 하고 있습니다.

A movie is playing now.
어 무비즈 플레잉 나우
今゛映画が放映されています。
이마 에-가가 호-소 사레떼 이마스

■ 당신이 좋아하는 프로그램은 무엇입니까?

What's your favorite TV program?
왓쯔 유어 훼이버릿 티뷔 프로그램
あなたが好きなプログラムは何ですか。
아나따가 스끼나 프로구라무와 난데스까

■ 어떤 프로그램을 제일 좋아하십니까?

Which program do you enjoy most?
위치 프로그램 두유 인죠이 모스트
どんなプログラムが一番好きですか。
돈나 프로구라무가 이찌방 스끼데스까

■ 그게 언제 방송이 되죠?

When is it on?
웨니지이 런
それはいつ放送されますか。
소레와 이쯔 호-소 사레마스까

■ 지난주 그 연속극을 보셨어요?

Did you watch the soap opera last night?
디쥬 와치더 쏩 오퍼러 래슷 나잇
先週 その連続ドラマ見ましたか。
센슈- 소노 렌죠쿠도라마 미마시따까

■ 재방송을 봤어요.

I watched a rerun.
아이 와칫터 뤼런
再放送を見ました。
사이호-소오 미마시따

■ 못 봤어요.

I missed it.
아이 미쓰팃
見ていません。
미떼 이마셍

■ 채널을 바꾸지 마세요.

Don't change the channel.
돈 췌인지더 췌널
チャンネルを変えないでください。
챤네루오 카에나이데 쿠다사이

■ 리모콘은 어디 있습니까?

Where's the remote controller?
웨어즈 더 뤼모우트 컨트롤러
リモコンはどちらにありますか。
리모콘와 도찌라니 아리마스까

연속극

연속극을 일본어로 연속 드라마(連続ドラマ)라고 한다.

■ 소리를 좀 줄여주세요.

Please, turn down the volume.
플리즈 턴 다운더 볼륨
音を小さくしてください。
오또오 찌-사꾸 시떼 쿠다사이

■ 화면에 안 나옵니다.

There's no picture.
데어즈 노 픽쳐
画面が出ません。
가멩가 데마생

>>> 영화

■ 어떤 영화를 좋아하세요?

What kind of movies do you like?
왓 카인더브 무비즈 두유 라익
どんな映画が好きですか。
돈나 에-가 가 스끼데스까

■ 저는 공상과학 영화를 좋아합니다.

I like SF movies.
아이 라익 에쓰에프 무비즈
私は空想科学映画が好きです。
와따시와 크-소우 카가꾸 에-가가 스끼데스

空想科学映画
공상과학영화

■ 저는 스릴있는 영화를 좋아합니다.

I like thriller movies.
아이 라익 스릴러 무비즈
私はスリルがある映画が好きです。
와따시와 스리루가 아루 에-가가 스끼데스

003 여가생활

■ 저는 액션 영화를 빠져있습니다.

I'm into action movies.
아임 인투 액션 무비즈
私はアクション映画にはまっています。
와따시와 아꾸숀 에-가니 하맛떼이마스

■ 모든 종류의 영화를 좋아합니다.

I like all kinds of films.
아이 라익 얼 카인저브 휘음스
全ての映画が好きです。
스베떼노 에-가가 스끼데스

■ 영화 보러 갑시다.

Let's go see a movie.
렛쯔고 씨어 무비
映画見に行きましょう。
에-가 미니 이끼마쇼-

■ 같이 영화 보러 가시겠어요?

Would you like to go to the movies with me?
우쥬 라익투 고투더 무비즈 윗미
一緒に映画見に行きませんか。
잇쇼니 에-가 미니 이끼마스까

■ 영화 보러 가는 것이 어때요?

How about going to a movie?
하우 어바웃 고잉 투어 무비
映画見に行くのはどうですか。
에-가 미니 이꾸노와 도우 데스까

■ 좋습니다.

I'd love to.
아이드 럽투
いいです。
이이데스

영화 장르

서부영화 : Western
코메디 : Comedy
비극 : Tragedy
공상과학영화 :
Science fiction movie
모험 영화 :
Action/Adventure movie
공포 영화 :
Horror movie
미스터리 : Mystery
낭만 : Romance

■ 극장에서 무엇을 상영하나요?

What's on at the theater?
왓쯔 언 앳더 씨어러
映画館で何が上映されていますか。
에-가깡데 나니가 죠-에- 사레떼이마스까

■ 상영 기간은 언제입니까?

How long will it be running?
하우롱 위릿비 뤄닝
上映期間はいつまでですか。
죠-에-기깡와 이쯔마데 데스까

■ 그 영화의 주연은 누구입니까?

Who is starring in the movie?
후 이즈 스타링더 무비
その映画の主演はだれですか。
소노 에-가노 슈엔와 다레데스까

■ 저는 거의 영화를 보러가지 않아요.

I rarely go to the movies.
아이 레얼리 고투더 무비즈
私はほとんど映画を見に行きません。
와따시와 호똔도 에-가오 미니 이끼마셍

■ 비디오 테이프는 얼마나 자주 빌리나요?

How often do you rent video tapes?
하우 어픈 두유 렌트 비디오 테입스
ビデオはどれくらいよく借りますか。
비데오와 도레그라이 요꾸 카리마스까

■ 저는 인터넷에서 다운로드 받아 봅니다.

I download movies from the Internet.
아이 다운로드 무비즈 후럼더 인터넷
私はインターネットでダウンロードして見ます。
와따시와 인타-넷또데 다운로-도 시떼 미마스

〉〉〉 연극

■ 연극 좋아하세요?

Do you like the theater?
두유 라익더 씨어러
演劇は好きですか。
엔게끼와 스끼데스까

■ 정말 좋아해요.

I really enjoy it.
아이 뤼얼리 인죠잇
本当に好きです。
혼또-니 스끼데스

■ 연극은 얼마나 자주 가십니까?

How often do you go to the theater?
하우 어픈 두유 고투더 씨어러
演劇はどれくらいよく見に行きますか。
엔게끼와 도레그라이 요꾸 미니 이끼마스까

■ 연극 재미있게 보셨습니까?

Did you enjoy the play?
디쥬 인죠이 더 플레이
演劇は面白かったですか。
엔게끼와 오모시로깟따데스까

■ 예, 정말 재미있었어요.

Yes, it was really exciting.
예스 잇 워즈 뤼얼리 익싸이팅
はい、**本当**におもしろかったです。
하이 혼또-니 오모시로깟따데스

■ **아니오, 정말 지루했습니다.**

No, it was really dull.
노 잇 워즈 뤼얼리 덜
いいえ、本当につまらなかったです。
이이에 혼또-니 쯔마라나깟따데스

■ **전 그것이 지루하다고 생각해요.**

I think it's dull.
아이 씽크 잇쯔 덜
それはつまらないと思います。
소레와 쯔마라나이또 오모이마스

>>> 음악

■ **무슨 악기를 연주할 수 있습니까?**

What musical instrument can you play?
왓 뮤지컬 인스트루먼트 캔유 플레이
どんな楽器が演奏できますか。
돈나 각끼가 엔소우 데끼마스까

■ **플루트를 연주합니다.**

I play the flute.
아이 플레이더 훌룻
フルートを演奏します。
후루-또 오 엔소우 시마스

■ **어떤 종류의 음악을 좋아하십니까?**

What kind of music do you like?
왓 카인더브 뮤직 두유 라익
どんな種類の音楽が好きですか。
돈나 슈루이노 온가꾸가 스끼데스까

003 여가생활

■ 대중 음악을 좋아합니다.

I like popular songs.
아일 라익 파퓰러 쏭즈
ポピュラーミュージックが好きです。
포퓨라-뮤-직끄가 스끼데스

■ 그 음악은 제 취향에 맞지 않습니다.

That music is not my taste.
댓 뮤직 이즈 낫 마이 테이스트
その音楽は私には合いません。
소노 온가꾸와 와따시니와 아이마셍

■ 당신이 좋아하는 가수는 누구입니까?

Who is your favorite singer?
후 이쥬어 훼이버릿 싱어
あなたが好きな歌手はだれですか。
아나따가 스끼나 가슈와 다레데스까

■ 당신이 좋아하는 음악은 무엇입니까?

What's your favorite music?
왓쯔 유어 훼이버릿 뮤직
あなたが好きな音楽は何ですか。
아나따가 스끼나 온가꾸와 난 데스까

■ 저는 고전음악을 좋아합니다.

I like classical music.
아이 라익 클래씨컬 뮤직
私はクラシックが好きです。
와따시와 크라시쿠가 스끼데스

■ 우리 음악회에 갈까요?

Shall we go to a music concert?
쉘위 고투어 뮤직 컨써트
コンサートに行きましょうか。
콘사-또니 이끼마쇼-까

대중 음악

ポピュラーミュージック
(popular music)

コンサート

콘서트, 음악회, 연주회

■ 저는 음악에 대해 잘 몰라요.

I have no ear for music.
아이 햅 노 이어 훠 뮤직
私は音楽についてよく分かりません。
와따시와 온가꾸니 쯔이떼 요꾸 와까리마셍

■ 우리에게 노래를 불러주시겠어요?

Would you sing for us?
우쥬 씽 훠러쓰
私たちに歌を歌ってくれませんか。
와따시다찌니 우따오 우땃떼 크레마셍까

■ 노래 한 곡 불러주시겠어요?

Would you sing a song?
우쥬 씽어 쏭
一曲歌ってくれますか。
잇꾜꾸 우땃떼 크레마스까

■ 저는 노래는 못해요.

I'm poor at singing.
아임 푸어앳 씽잉
私は歌が下手です。
와따시와 우따가 헤따데스

■ 저는 음치입니다.

I'm tone-deaf.
아임 톤 데프
私は音痴です。
와따시와 온치데스

下手(へた)

(솜씨 기술 등이) 서투름

>>> 도서

■ 책 읽는 것을 좋아하세요?

Do you like reading books?
두유 라익 뤼딩 북스
本を読むことが好きですか。
홍오 요무고또와 스끼데스까

■ 책을 많이 읽으세요?

Do you read a lot?
두유 뤼더랏
本をたくさん読みますか。
홍오 닥상 요미마스까

■ 독서가 유일한 즐거움입니다.

Reading is my only pleasure.
뤼딩 이즈 마이 온리 플래줘
読書が唯一の楽しみです。
도꼬쇼가 유-이쯔노 타노시미 데스

■ 어떤 책을 즐겨 읽으세요?

What kind of books do you like to read?
왓 카인더브 북스 두유 라익투 뤼드
どんな**本**をよく読みますか。
돈나 홍오 요꾸 요미마스까

■ 저는 소설보다 시를 좋아합니다.

I prefer poetry to novels.
아이 프리훠 포이츄리 투 노블즈
私は**小説**より**詩**が好きです。
와따시와 쇼-세쯔 요리 시가 스끼데스

PART03 생활

■ 저는 공상 과학 소설 읽는 것을 좋아합니다.

I like reading S. F. stories.
아이 라익 뤼딩 에스에프 스토뤼즈
私は空想科学小説を読むことが好きです。
와따시와 쿠-소 카가꾸 쇼-세쯔오 요무 고또가 스끼데스

■ 만화를 좋아하는 편입니다.

I have a taste for comics.
아이 해버 테이숫 훠 커믹쓰
漫画は好きなほうです。
만가와 스키나 호우데스

■ 저 책은 지겨워요.

That book bores me.
댓 북 보어즈 미
あの本はつまらないですよ。
아노 홍와 쯔마라나이 데스요

■ 요즘 좋은 책 읽은 것 있나요?

Have you read any good books recently?
해뷰 뢰드 애니 굿 북 뤼쓴틀리
最近'いい本を読みましたか。
사이낑 이이 홍오 요미마시따까

■ 그 책은 처음부터 끝까지 다 읽었습니다.

I read the book from cover to cover.
아이 뢰더 북 후럼 커버 투 커버
その本は最初から最後まで全部読みました。
소노 홍와 사이쇼까라 사이고마데 젠부 요미마시따

■ 한 번 훑어봤어요.

I gave it the once-over.
아이 게이브 잇더 원쓰 오버
一回目を通しました。
잇까이 메데 토오시마시따

문학의 종류

소설 : Novel
시 : poem
동화 : fairy tale
희곡 : play

독서 유형

다독 : wide reading
속독 : speed reading
음독 : read aloud
묵독 : silent reading
정독 : careful reading

■ 무슨 좋은 책을 읽으셨나요?

What good books have you read?
왓 굿 북쓰 해뷰 뢰드
どんないい本を読みましたか。
돈나 이이홍오 요미마시따까

■ 당신은 책벌레군요.

You are a bookworm.
유아러 북웜
あなたは本の虫ですね。
아나따와 혼노무시 데스네

■ 좋아하는 작가는 누구입니까?

Who is your favorite author?
후 이즈 유어 훼이버릿 어더
好きな作家はだれですか。
스까나 삭까와 다레데스까

■ 요즘 베스트 셀러가 무엇입니까?

What's the current bestseller?
왓쯔 더 커런트 베스트쎌러
最近´ベストセラーは何ですか。
사이낑 베스토세라ー와 난 데스까

■ 한 달에 책을 몇 권 읽습니까?

How many books do you read a month?
하우매니 북스 두유 뤼더 먼쓰
月に本は何冊読みますか。
쯔끼니 홍와 난사쯔 요미마스까

〉〉〉 신문

■ 어떤 신문을 읽으세요?

Which paper do you read?
위치 페이퍼 두유 뤼드
どんな新聞を読みますか。
돈나 신분오 요미마스까

■ 저는 영자 신문을 구독하고 있습니다.

I have a subscription to an English newspaper.
아이 해버 썹스크립션 투 언 잉글리쉬 뉴스페이퍼
私は英字新聞を購読しています。
와따시와 에-지 신분오 코-도끄 시떼 이마스

■ 어떤 기사를 즐겨 읽으세요?

What column do you like to read?
왓 컬럼 두유 라익투 뤼드
どんな記事をよく読みますか。
돈나 키지오 요꾸 요미마스까

■ 저는 기사 제목만 봐요.

I only read the headlines.
아이 온리 뤼더 헤드라인즈
私は記事のタイトルだけ見ます。
와따시와 키지노 타이토루 다케 미마스

■ 오늘 신문을 보셨어요?

Have you read today's paper?
해뷰 뢰드 투데이즈 페이퍼
今日の新聞は読みましたか。
쿄오노 신분와 요미마시따까

■ 네, 테러에 대한 이야기가 타임즈에 대서특필 됐어요.

Yes. The article about terrorism made the headlines in the Times.
예쓰 디 아티클 어바웃 테러리즘 메이더 헤드라인 인더 타임즈
はい、テロについての話がタイムズに特筆大書されましたよ。
하이, 테로니 쯔이떼노 하나시가 타이무즈니 토끄히쯔타이쇼 사레마시타요

■ 그 사건은 일면에 났어요.

The affair was on the front page.
디 어훼어 워전더 후론트 페이쥐
その事件は 1 ページに出ましたよ。
소노 지켕와 이찌 페-지니 데마시따요

■ 무슨 신문에 그것이 나왔습니까?

What paper did it come in?
왓 페이퍼 디딧 컴 인
どの新聞にそれが出ましたか。
돈나 신분니 소레가 데마시따까

■ 신문 다 읽으셨어요?

Are you through with that paper?
아유 쓰루 윗 댓 페이퍼
新聞は読み終わりましたか。
신분와 요미오와리마시따까

■ 내가 신문에 났어요.

I was in the newspaper.
아이워즈 인더 뉴스페이퍼
私´ 新聞に出たよ。
와따시 신분니 데따요

〉〉〉 잡지

■ 어떤 잡지를 좋아하십니까?

What kind of magazine do you like?
왓 카인더브 매거진 두유 라익
どんな雑誌が好きですか。
돈나 잣시가 스끼데스까

■ 나는 패션 잡지를 구독합니다.

I subscribe to a fashion magazine.
아이 써브스크라이브 투어 훼션 매거진
私はファッション雑誌を講読しています。
와따시와 팟숀 잣시오 코-도꾸 시떼이마스

■ 나는 연예인란을 먼저 봅니다.

I read the show business section first.
아이 뤼더 쇼 비즈니쓰 섹션 훠숫
私は演芸欄をまず見ます。
와따시와 엔게이란오 마즈 미마스

■ 그 잡지는 격주로 발행됩니다.

The magazine comes out every other week.
더 매거진 컴즈 아웃 에브리 아더 윅
その雑誌は一週間おきに発行されます。
소노 잣시와 잇슈-깐 오끼니 핫꼬- 사레마스

>>> 그림

■ 그림 좋아하세요?

Do you like painting?
두유 라익 페인팅
絵が好きですか。
에가 스끼데스까

■ 저는 미술 감상을 좋아합니다.

I enjoy looking at art collections.
아이 인죠이 루킹 앳 아트 콜렉션즈
私は美術鑑賞が好きです。
와따시와 비쥬쯔 칸쇼-가 스끼데스

■ 저는 수채화를 좋아합니다.

I enjoy watercolors.
아이 인죠이 워러칼라즈
私は水彩画が好きです。
와따시와 스이사이가가 스끼데스

■ 저는 좋은 그림을 수집하고 있습니다.

I collect good paintings.
아이 콜렉트 굿 페인팅스
私はいい絵を集めています。
와따시와 이이에오 아쯔메떼 이마스

■ 우리 화랑에 갈까요?

Shall we go to a galleries?
쉘위 고투어 갤러리즈
ギャラリーに行きましょうか。
갸라리-니 이끼마쇼-까

■ 미술관에 자주 가세요?

Do you often go to art gallery?
두유 오픈 고투 아트 갤러리
美術館によく行きますか。
비쥬쯔칸니 요꾸 이끼마스까

■ 저 그림 좀 보세요.

Look at that picture.
룩앳 댓 픽쳐
あの絵 ちょっと見てください。
아노에 좃또 미떼 쿠다사이

■ 정말 멋진 작품이네요!

What a wonderful piece of work!
와러 원더훌 피써브 웍
本当に素敵な作品ですね。
혼또-니 스떼끼나 사꾸힝데스네

■ 누가 이 그림을 그렸습니까?

Who painted this picture?
후 페인티 디스 픽쳐
だれがこの絵を描きましたか。
다레가 고노 에오 에가키마시따까

■ 그건 누구 작품이죠?

Who is it by?
후 이짓 바이
それはだれの作品ですか。
소레와 다레노 사꾸힝 데스까

■ 그의 작품은 독특하다.

His work is unique.
히즈 워키즈 유니크
彼の作品は独特です。
카레노 사꾸힝와 도꾸토꾸 데스

003 여가생활

■ 그의 그림은 작품이다.

His painting is a piece of work.
히즈 패인팅 이저 피써브 웍
彼の絵は作品だ。
카레노 에와 사끄힝 데스

■ 그림을 아주 잘 그리시는군요.

You draw very well.
유 드라 베뤼 웰
絵がたいへん上手ですね。
에가 다이헹 죠-즈 데스네

■ 어떻게 그림을 그리게 되었습니까?

How did you start painting?
하우 디쥬 스타트 페인팅
どうして絵を描くようになりましたか。
도우시떼 에오 에가꾸 요-니 나리마시따까

上手(じょうず)
잘 함, 솜씨가 훌륭함.

〉〉〉 일반표현(스포츠)

■ 운동하는 것을 좋아하세요?

Do you like playing sports?
두유 라익투 플레잉 스포츠
運動することが好きですか。
운도- 스루 고또가 스끼데스까

■ 보는 스포츠 좋아하세요?

Do you like to watch sports?
두유 라익투 와치 스포츠
見るスポーツは好きですか。
미루 스포-쯔와 스끼데스까

■ 저는 스포츠 광입니다.

I'm a sports nut.
아임 어 스포츠 넛

私はスポーツマニアです。
와따시와 스포-쯔 마니아 데스

■ 좋아하는 스포츠가 무엇입니까?

What's your favorite sports?
왓쯔 유어 훼이버릿 스포츠

好きなスポーツは何ですか。
스끼나 즈포-쯔와 난데스까

■ 좋아하는 운동이 뭔지 물어봐도 될까요?

May I ask what your favorite sport is?
메아이 애스크 왓츄어 훼이버릿 스포츠 이즈

好きな運動がなにか伺ってもよろしいでしょうか。
스끼나 운도-가 나니까 우까갓떼모 요로시이 데쇼-까

■ 무슨 스포츠를 잘합니까?

What sport are you good at?
왓 스포트 아유 굿 앳

どんなスポーツがお上手ですか。
돈나 스포-쯔가 오죠-즈 데스까

■ 저는 스포츠에 관심이 없습니다.

I'm not interested in sports.
아임 낫 인터뢰스티딘 스포츠

私はスポーツには興味がありません。
와따시와 즈포-쯔니와 쿄-미가 아리마셍

■ 어느 팀이 이길 것 같나요?

Which team looks like it will win?
위치 팀 룩쓰 라이킷 윌 윈

どのチームが勝ちそうですか？
도노 치-무가 카치소우데스까

승부에 관한 질문

승부를 묻는 또다른 표현은 Which team do you think will win?가 있다.

■ 그 경기 볼 만 하던가요?

Was the game worth watching?
워즈 더 게임 워쓰 와칭
その試合は見物でしたか。
소노 시아이와 미모노 데시따까

■ 그 경기 오늘 밤 방영됩니까?

Is the game on tonight?
이즈 더 게임 언 투나잇
その試合は今夜放送されますか。
소노 시아이와 콘야 호-소- 사레마스까

■ 어느 팀을 응원하고 있습니까?

What team are you pulling for?
왓 팀 아유 풀링 훠
どのチームを応援していますか。
도노 치-무오 오-엔 시떼 이마스까

■ 누가 이기고 있습니까?

Who's winning?
후즈 위닝
どちらが勝っていますか。
도찌라가 깟떼 이마스까

■ 경기는 막상막하였습니다.

The game was neck-and-neck.
더 게임 워즈 넥앤넥
伯仲の試合でした。
하쿠츄- 노 시아이 데시따

■ 그 경기 결과가 어떻게 됐습니까?

What's the score?
왓쯔 더 스코어
その試合の結果はどうなりましたか。
소노 시아이노 게까와 도우 나리마시따까

見物(みもの)

볼 만한 것, 구경거리

伯仲(はくちゅう)

막상막하

試合(しあい)

시합, 겨루기, 경기

■ 경기 결과가 어떻게 됐습니까?

How did the game turn out?
하우 디더 게임 턴 아웃
試合の結果はどうなりましたか。
시아이노 게까와 도우 나리마시따까

■ 점수는 1대1로 비겼어요.

The score was tied, 1 to 1.
더 스코워즈 타이드 원 투 원
点数は1対1で引き分けになりましたね。
텐수-와 이찌 타이 이찌데 히키와케니 나리마시따네

引き分けになる
비기다.

■ 어느 편이 이겼습니까?

Which side won?
위치 싸이드 원
どのチームが勝ちましたか。
도노 치-무가 카치마시따까

■ 무승부입니다.

It was a tie.
잇 워저 타이
引き分けになりました。
히키와케니 나리마시따

■ 그 게임 어땠나요?

What did you think of the game?
왓 디쥬 씽크 어브더 게임
そのゲームはどうでしたか。
소노 게-무와 도우데시따까

■ 끝내주는 게임이었어요.

It was an awesome game.
잇 워즈 어너썸 게임
最高のゲームでした。
사이꼬-노 게-무 데시따

■ 당신은 운동신경이 발달했군요.

You've got good motor skills.
유브 갓 굿 모러 스킬즈
あなたは運動神経が発達していますね。
아나따와 운도-신께-가 핫따쯔 시떼 이마스네

>>> 스포츠(야구)

■ 지금 몇 회입니까?

What inning is it?
왓 이닝 이짓
今ˊ何回ですか。
이마 난 까이데스까

■ 지금은 만루입니다.

The bases are loaded.
더 베이스 아 로딧
まんるいです。
만루이 데스

■ 그 선수는 타율이 어떻습니까?

What is the player's batting average?
와리즈더 플레이어스 배팅 애버리쥐
その選手は打率はどうですか。
소노 센슈와 다리쯔와 도우 데스까

〉〉〉 스포츠(농구)

■ 승부는 몇 세트로 할까요?

How many sets should we play?
하우매니 쎄츠 슈드 위 플레이
勝負は何セットにしましょうか。
쇼-부와 난 셋또니 시마쇼-까

〉〉〉 스포츠(골프)

■ 골프 치는 거 좋아합니까?

Do you like playing golf?
두유 라익 플레잉 골프
ゴルフが好きですか。
고루후가 스끼데스까

■ 골프 치는 걸 좋아합니다.

I like playing golf.
아이 라익 플레잉 골프
ゴルフが好きです。
고루후가 스끼데스

■ 핸디가 얼마입니까?

What's your handicap?
왓쯔 유어 핸디캡
ハンディはいくらですか。
한디와 이꾸라 데스까

■ 그린이 비었습니다. 치십시오.

The green is clear. Go ahead.
더 그린 이즈 클리어 고 어헷
グリーンが空いています゜ どうぞ。
그린- 가 아이떼 이마스 도우죠

どうぞ

상대편에게 무엇을 허락하거나 권하거나 할 때 쓰는 말. (공손한 표현)

■ 이 코스는 소속 캐디가 있습니다.

This golf course has it's own caddies.
디스 골프 코스 해즈 잇쯔 오운 캐디즈
このコースは所属キャディーがいます。
고노 코-스와 쇼조끄 캬디-가 이마스

■ 한 명 배치해 주시겠어요?

Will you arrange one for me?
윌유 어랜지 원 휘미
一人配置してくれますか。
히또리 하이치 시떼 크레마스까

■ 어느 클럽을 쓰시겠어요?

Which club would you like to use?
위치 클럽 우쥬 라익투 유즈
どのクラブを使いますか。
도노 크라브오 쯔까이마스까

■ 6번 아이언으로 하겠습니다.

I'll use the 6 iron.
아일 유즈 더 씩스 아이언
6番アイアンにします。
로끄방 아이안니 시마스

■ 누가 티샷을 할 차례입니까?

Whose turn to tee shot [is this]?
후즈 턴 투 티샷
だれがティーショットをする順番ですか。
다레가 티-숏또오 스루 쥰방 데스까

■ 잘 쳤습니다.

I enjoyed playing with you.
아이 인죠이드 플레잉 위듀
うまいです。
우마이 데스

順番(じゅんばん)

순서, 차례

■ 추가로 9홀을 더 돌고 싶은데요.

I'd like to play an additional nine holes.
아이드 라익투 플레이 언 어디셔널 나인 홀스
追加に9ホールを回りたいですか。
쯔이까니 큐- 호우루오 마와리따리 데스

■ 내기 골프 하시겠어요?

Anyone up for a bet on the game?
애니원 업훠어 벳언더 게임
賭けゴルフをしましょうか。
카케고르후오 시마쇼-까

■ 저희와 한 게임 하시겠습니까?

Will you join us for a game?
윌유 조인 어스 훠러 게임
ひとゲームしましょうか。
히또 게-무 시마쇼-까

■ 기꺼이 하죠.

With pleasure.
윗 플레줘
はい、喜んで。
하이 요로콘데

喜んで(よろこんで)
기꺼이

■ 당신과 짝이 될 수 있나요?

Can I get paired with you?
캐나이 겟 페어드 위듀
あなたとパートナーになれますか。
아나따또 파-토나-니 나레마스까

〉〉〉 스포츠(수영)

■ 수영 잘하세요?

Can you swim well?
캔유 스윔 웰
水泳はお上手ですか。
스이에-와 오죠-즈 데스까

■ 예, 저는 수영을 잘합니다.

Yes, I'm a good swimmer.
예스 아이머 굿 스위머
はい′私は水泳が上手です。
하이 와따시와 스이에-가 죠-즈데스

■ 저는 맥주병입니다.

I'm a beer bottle.
아임어 비어버틀
私はかなづちです。
와따시와 카나즈찌 데스

かなづち
수영을 못하는 사람을 가르켜 일본어로는 **쇠망치**라는 표현을 쓴다

■ 어떤 유형을 제일 좋아하세요?

What style of swimming do you like best?
왓 스타일 어브 스위밍 두유 라익 베스트
どんな泳法がいちばん好きですか。
돈나 에이호우가 이찌방 스끼데스까

■ 우리 수영하러 갈까요?

Shall we go swimming?
쉘위 고 스위밍
泳ぎに行きましょうか。
오요기니 이끼마쇼-까

泳ぐ(およぐ)
헤엄치다. 수영하다.

■ 정말 수영 잘 하시는군요.

You swim like a fish.
유 스윔 라이커 휘쉬
本当に水泳がお上手ですね。
혼또-니 스이에-가 오죠-즈 데스네

>>> 스포츠(볼링)

■ 볼링 잘 치세요?

Are you good at bowling?
아유 굿 앳 보울링
ボーリングはお上手ですか。
보-링그와 오죠-즈 데스까

■ 볼링이라면 저는 아주 서툴러요.

When it comes to bowling, I'm all thumbs.
웬 잇 컴스투 보울링 아임 얼 썸즈
ボーリングなら私はよても下手です。
보-링그나라 와따시와 도떼모 헤따데스

■ 평균 점수가 얼마입니까?

What's your average?
왓쯔 유어 애버리쥐
アベレージはいくつですか。
아베레-지와 이꾸쯔데스까

■ 현재는 200입니다.

I bowl 200[two hundred] at present.
아이 보울 투 헌드릿 앳 프레즌트
現在は200です。
겐자이와 이햐쿠 데스

■ 어떻게 그렇게 잘치게 되었나요?

How did you get so good?
하우 디쥬 겟 쏘 굿
どうしてそんなにうまくなりましたか。
도우시떼 손나니 우마끄 나리마시따까

〉〉〉 스포츠(스키)

■ 스키 잘 타세요?

Are you good at skiing?
아유 굿 앳 스킹
スキーはお上手ですか。
스키-와 오죠-즈 데스까

■ 좋아하지만 잘하지는 못합니다.

I like skiing, but I'm not very good at it.
아이 라익 스킹 벗 아임 낫 베뤼 굿 애릿
好きですが 上手では(=じゃ)ありません。
스끼데스가 죠-즈데와(쟈) 아리마셍

〉〉〉 스포츠(테니스)

■ 테니스 칠 줄 알아요?

Can you play tennis?
캔유 플레이 테니스
デニスはできますか。
테니스와 데끼마스까

■ 코트 빌리는 데 얼마예요?

How much is it to rent the court?
하우머취 이짓투 렌트 더 코트
コートを借りるのにいくらですか。
코-토오 카리루노니 이끄라데스까

■ 레슨 받은 적 있어요?

Have you taken tennis lessons?
해뷰 테이큰 테니스 레쓴즈
レッスンを受けたことがありますか。
렛슨오 우께따 고토까 아리마스까

>>> 스포츠(등산)

■ 얼마나 자주 등산을 갑니까?

How often do you go climbing?
하우 어픈 두유 고 클라이밍
よく山登りは行きますか。
요꾸 야마노보리와 이끼마스까

山登りする
등산하다.

■ 저는 주말마다 등산을 갑니다.

I go mountain climbing every weekend.
아이 고 마운틴 클라이밍 에브리 위켄드
私は週末毎に山登りをします。
와따시와 슈-마쯔고또니 야마노보리오 시마스

■ 등산은 누구와 갑니까?

With whom do you go mountain climbing?
윗 훔 두유 고 마운틴 클라이밍
山登りはだれと行きますか。
야마노보리와 다레또 이끼마스까

〉〉〉 스포츠(낚시)

■ 어디로 낚시를 하러 갑니까?

Where do you usually go fishing?
웨어 두유 유절리 고 휘씽
どこへ釣りに行きますか。
도꼬에 쯔리니 이끼마스까

■ 고기 좀 잡으셨어요?

Did you catch any fish?
디쥬 캐치 애니 휘쉬
釣りはどうでしたか。
쯔리와 도우데시따까

■ 물고기가 입질조차 안합니다.

The fish just aren't biting.
더 휘쉬 저슷 안트 바이팅
当たりさえありません。
아따리 사에 아리마셍

■ 어떤 미끼를 사용합니까?

What kind of bait do you use?
왓 카인더브 베이트 두유 유즈
どんなえさを使いますか。
돈나 에사오 쯔까이마스까

当たり(あたり)

입질

Part 04 표현
Expression
表現

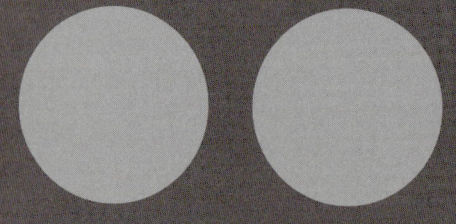

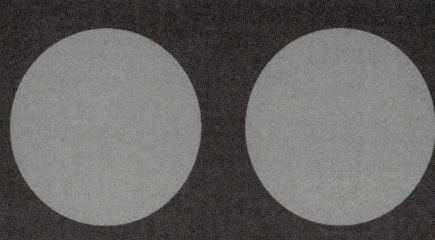

001. 상황 표현

양해
도움
칭찬
사과
부탁
축하
위로
진정
잘못
환영
변명
바쁨
소식
찬성
반대
충고
조언
선물
돈
부탁
알림판

002. 감정 표현

감사
기쁨
슬픔
감탄
놀람
흥분
비난
꾸중
불평
화
긴장
두려움
다툼
후회

003. 연애, 결혼

데이트 신청
데이트 중
애정
이별
결혼

004. 화술

말 걸기
대화 중
질문
답변
동의
이견
말 이음
맞장구
농담
재촉(말)
이해
오해
말 막힘
요점
설득/지시/명령
대화에 끼어듦
화제 바꿈

001 상황 표현

>>> 양해

- 잠시 실례하겠습니다.

  Excuse me for a moment.
  익스큐즈미 훠러 모먼
  ちょっと失礼いたします。
  좃또 시쯔레-시마스

- 여기서 담배 좀 피워도 될까요?

  Do you mind if I smoke here?
  두유 마인드 이프 아이 스목 히어
  ここでタバコを吸ってもよろしいですか。
  고꼬데 타바꼬오 슷떼모 요로시이데스까

- 창문 좀 열어도 되겠습니까?

  Do you mind if I open the window?
  두유 마인드 이프 아이 오픈더 윈도
  窓を開けてもよろしいですか。
  마도오 아케떼모 요로시이데스까

- 컴퓨터 좀 사용해도 될까요?

  May I use your computer?
  메아이 유즈 유어 컴퓨러
  パソコンを使ってもいいですか。
  파소콩오 쯔깟떼모 이이데스까

- 잠시 자리 좀 맡아 주시겠습니까?

  Would you keep my seat for a moment?
  우쥬 킵 마이 씻 훠러 모먼
  ちょっと席を取っていただけますか。
  좃또 세끼오 톳떼 이따다케마스까

いただく

もらう(받다)의 겸양어

001 상황 표현

■ 지나가도 될까요?

May I pass by?
메아이 패쓰 바이
通らせてくださいね。(通ってもいいですか。)
토오라세떼 쿠다사이네 (토옷떼모 이이데스까)

■ 전화 좀 쓸게요.

Let me use your phone.
렛미 유즈 유어 폰
ちょっと電話借りますね。
좃또 뎅와 카리마스네

■ 제가 짐을 맡겨도 될까요?

Can I leave my luggage?
캐나이 리브 마이 러기쥐
荷物を預けてもいいですか。
니모쯔오 아즈케떼모 이이데스까

■ 네, 그러세요.

No, not at all.
노 나레롤
ええ´ どうぞ。
에- 도우죠

■ 안되겠는데요.

I'd rather not.
아이드 뤠더낫
できないですが。
데끼나이데스가

電話を借りる
전화를 빌리다.

Mind의 쓰임새
mind의 동사는 **성가시다 꺼리다**의 의미를 갖기 때문에 Would you mine~? 하고 물을때 yes라고 하면 거절의 뜻이된다.

151

〉〉〉 도움

■ 무엇을 도와드릴까요?

What can I do for you?
왓 캐나이 두 훠유
何をお手伝いいたしましょうか。
나니오 오테쯔다이 이따시마쇼-까

■ 도움이 필요합니다.

I need some help.
아이 니썸 헬프
お手伝いが必要です。
오테쯔다이가 히쯔요-데스

■ 도와주실 수 있습니까?

Can you help me?
캔유 헬프 미
手伝っていただけますか。
테쯔닷떼 이따다케마스까

手伝う(てつだう)

(남의 일을) 도와주다. 거들다.

■ 이 짐 드는 것 좀 도와주실래요?

Could you help me with this luggage?
쿠쥬 헬프 미 위디스 러기쥐
このお荷物を持つことを手伝ってくれますか。
고노 오니모쯔오 모쯔고또오 테쯔닷떼 쿠레마스까

도우미

일반 도우미 : helper
아기 도우미 : baby-sitter
축구팀 도우미 : succor mom

■ 도움이 필요하세요?

Do you need any help?
두유 닛 애니 헬프
お手伝いしましょうか。
오테쯔다이시마쇼-까

001 상황 표현

■ 무엇을 해드릴까요?

What do you want me to do?
왓 두유 원 미 투두
何をいたしましょうか。
나니오 이따시마쇼-까

■ 제가 해 드리겠습니다.

Let me do it for you.
렛미 두잇 훠유
私がいたします。
와따시가 이따시마스

■ 기꺼이 도와드리겠습니다.

I'm willing to help you.
아임 윌링 투 헬퓨
快くお手伝いします。
코꼬로요꼬 오테쯔다이 시마스

快く(こころよく)
기꺼이

■ 제가 일을 도와드릴께요.

Let me help you with your work.
렛미 헬퓨 위듀어 웍
私かお仕事を手伝いします。
와따시가 오시고또오 테쯔다이 시마스

■ 고맙지만 괜찮습니다.

No, thank you.
노 땡큐
ありがたいですが 大丈夫です。
아리가따이데스가 다이죠-부데스

■ 저 혼자 할 수 있습니다.

I can manage it.
아이 큰 매니지 잇
私一人でできます。
와따시 히또리데 데끼마스

153

■ 도움이 필요하면 언제든 부탁하세요.

Ask me whenever you need help.
애스크 미 웨네버 유 닛 헬프
お手伝いが必要ならいつでもお願いしてください。
오데쯔다이가 히쯔요-나라 이쯔데모 오네가이시떼 쿠다사이

■ 도움이 필요하면 알려주세요.

Let me know if you need any help.
렛미노 이후유 니ㄷ 애니 헬프
お手伝いが必要なら教えてください。
오테쯔다이가 히쯔요-나라 오시에떼 쿠다사이

>>> 칭찬

■ 훌륭해요.

Great!
그뤠잇
素晴らしいですね！
스바라시-데스네

■ 잘하고 있어요!

You are doing well!
유아 두잉 웰
よくできていますよ！
요꾸 데끼데이마스요

■ 아주 잘했어요!

You did a fine job.
유 딧어 화인 좝
よくできましたよ！
요꾸 데끼마시따네

Do you job

일을 잘했다는 뜻의 일반적인 표현이다.

001 상황 표현

■ 잘 했어!

Good job!
굿 좝
よくできたよ！
요꾸데끼따요

■ 잘 했어!

Well done! / Bravo!
웰던 / 브라보
よくできたよ！
요꾸 데끼따요

■ 멋진데!

It's cool!
잇쯔 쿨
すてき！
스떼끼

■ 너무 멋져요!

How marvelous!
하우 마블러스
とても素敵ですね！
도떼모 스떼끼데스네

■ 난 당신이 자랑스러워요.

I'm very proud of you.
아임 베뤼 프라우 더브 유
私はあなたを誇りに思います。
와따시와 아나따오 호꼬리니 오모이마스

■ 꽤 훌륭해요.

You are pretty good.
유아 프리티 굿
なかなか素晴らしいですね。
나까나까 스바라시-데스네

誇り(ほこり)
자랑, 긍지

■ 당신은 참 예쁘십니다.

You are good looking.
유아 굿 루킹
あなたは本当にきれいです。
아나따와 혼또-니 키레이데스

■ 당신은 참 머리가 좋군요.

You are so smart.
유아 쏘 스마트
あなたは本当に頭がいいですね。
아나따와 혼또-니 아따마가 이이데스네

■ 그녀는 멋있다, 군말이 필요 없다.

She's gorgeous, Period!
쉬즈 고져스 피리어드
彼女は素敵だ。贅言するまでもない。
카노죠와 스떼끼다 젠겐스루마데모 나이

贅言(ぜいげん)
군말, 필요없는 말

■ 그녀는 팔방미인이다.

She's everybody's friend.
쉬즈 에브리바디스 후렌
彼女は八方美人だ。
카노죠와 핫뽀-비징다

■ 정말 부럽다!

How I envy you!
하우 아이 엔비 유
本当にうらやましい！
혼또-니 우라야마시-

■ 장족의 발전을 했군요.

You've come a long way.
유브 컴어 롱 웨어
長足の発展をしましたよね。
쵸-소끄노 핫뗀오 시마시따요네

001 상황 표현

■ 정말 대단합니다.

You are the greatest.
유아 더 그레이티스트
本当に素晴らしいです。
혼또-니 스바라시이데스

>>> 사과

■ 사과드릴 것이 있습니다.

I owe you an apology.
아이 오우 유언 어팔러쥐
お詫びを申し上げることがあります。
오와비오 모우시아게루고또가 아리마스

■ 당신에게 사과드립니다.

I apologize to you.
아이 어팔러지이즈 투유
あなたにお詫びを申し上げます。
아나따니 오와비오 모우시아게마스

■ 제 사과를 받아주세요.

Please accept my apology.
플리즈 액셉트 마이 어팔러쥐
私のお詫びを受け入れてください。
와따시노 오와비오 우케이레떼 쿠다사이

■ 용서해 주십시오.

Please forgive me.
플리즈 훠김미
許してください。
유루시떼 쿠다사이

사과

사과 : apology
사과하다 :
make an apology
사과를 받아들이다 :
accept the apology
사과할 것이 있다 :
owe an apology

PART04 표현

- 그 점 미안합니다.

    I'm sorry about that.
    아임쏘뤼 어바웃 댓
    その所は申し訳ございません。
    소노 도꼬로와 모우시와케고자이마셍

- 여러가지로 죄송합니다.

    I'm sorry for everything.
    아임쏘뤼 훠 에브리씽
    いろいろと申し訳ございません。
    이로이로또 모우시와케 고자이마셍

- 한 번만 기회를 주세요.

    Give me a break, please.
    깁미어 브레이크 플리즈
    もう一度だけ機会をください。
    모우이찌도 다케 기까이오 쿠다사이

- 고의로 그런게 아닙니다.

    My intentions were good.
    마이 인텐션즈 워 굿
    故意ではありません。
    코이데와 아리마셍

- 늦어서 미안합니다.

    I'm sorry, I'm Late.
    아임쏘뤼 아임 레잇
    遅くなりまして申し訳ございません。
    오소꾸나리마시떼 모우시와케 고자이마셍

- 기다리게 해서 미안합니다.

    I'm sorry for keeping you waiting.
    아임쏘뤼 훠 키핑 유 웨이링
    お待たせしまして申し訳ございません。
    오마따세 시마시떼 모우시와케 고자이마셍

001 상황 표현

■ 시간을 너무 많이 빼앗아 죄송합니다.

I'm sorry to have taken so much of your time.
아임쏘뤼 투 햅 테이큰 쏘 머취 어뷰어 타임
お忙しいお時間にお邪魔して申し訳ございません。
오이소가시이 오지깐니 오쟈마시떼 모우시와케 고자이마셍

〉〉〉 부탁

■ 제 대신 업무를 맡아주시겠어요?

Would you fill in for me?
우쥬 휠인 훠미
私の代わりに業務を担当してもらえますか。
와따시노 카와리니 교-무오 탄또-시떼 모라에마스까

■ 이 서류 좀 타이핑 해주시겠어요?

Could you type these documents?
쿠쥬 타입 디즈 다큐먼츠
この書類をタイピングしてもらえますか。
고노 쇼루이오 타이핑구 시떼 모라에마스까

■ 이 서류 정리하는 것 좀 도와주세요.

Please help me file these documents.
플리즈 헬프미 화일 디즈 다큐먼츠
この書類をまとめることを助けてください。
고노 쇼루이오 마또메루 고또오 타스케떼 쿠다사이

■ 언제까지 해야되나요?

When is this due?
웨니즈 디스 듀
いつまでしなければなりませんか。
이쯔마데 시나케레바 나리마셍까

■ 마감시간까지 맞춰야합니다.

You must meet the deadline.
유 머슷 밋더 데드라인
締切時間に合わせなければなりません。
시메키리 지깐니 아와세나케레바 나리마셍

■ 이걸 결재해주세요.

May I have your approval on this?
메아이 햅 유어 어프루벌 언디스
これの決済をお願いします。
고레노 켓사이오 오네가이시마스

■ 영업 보고서 작성은 다 했나요?

Did you finish the sales report?
디쥬 휘니쉬더 쎄일즈 리포트
営業報告書の作成は終りましたか。
에-교-호-꼬꾸쇼노 사꾸세-와 오와리마시따까

■ 이 계약서 두 부 복사해 주실래요?

Will you make two copies of this contract?
윌유 메익투 카피접 디스 칸트렉트
この契約書を二部コピーしてもらえますか。
고노 케-야꾸쇼오 니부 코피-시떼 모라에마스까

■ 다시 확인해주세요.

Double check, please.
더블 첵 플리즈
もう一度確認してください。
모우 이찌도 카꾸닝 시떼 쿠다사이

■ 심부름 좀 해주시겠어요?

Could you do some errands for me?
쿠쥬 두 썸 에런즈 훠미
お使いをしてもらえますか。
오쯔까이오 시떼 모라에 마스까

お使い(おつかい)

심부름

>>> 축하

- 생일을 축하드립니다!

    Happy birthday to you!
    해피 버쓰데이 투 유
    お誕生日おめでとうございます。
    오탄죠-비 오메데또-고자이마스

- 18번째 생일 축하한다. 아들아!

    Happy eighteenth birthday, my boy!
    해피 에이틴쓰 버쓰데이 마이 보이
    18番目の誕生日おめでとう。
    쥬-하찌방메노 탄죠-비 오메데또-

- 결혼을 축하합니다!

    Congratulations on your wedding!
    컨그레츄레이션스 언 유어 웨딩
    ご結婚おめでとうございます。
    고켁꼰 오메데또-고자이마스

- 승진을 축하합니다.

    Congratulations on your promotion!
    컨그레츄레이션스 언 유어 프로모션
    ご昇進おめでとうございます。
    고쇼-신 오메데또-고자이마스

- 성공을 축하합니다!

    Congratulations on your success!
    컨그레츄레이션스 언 유어 썩쎄스
    ご成功おめでとうございます。
    고세-꼬- 오메데또-고자이마스

■ PART04 표현

■ 조금 이르지만 축하해요.

It's a little bit early but, Congratulations!
잇쯔어 리틀 빗 얼리 벗 컨그레츄레이션스
まだ早いですが おめでとうございます。
마다 하야이데스가 오메데또- 고자이마스

■ 합격을 축하합니다.

Congratulations on you passing.
컨그레츄레이션스 언 유 패씽
ご合格おめでとうございます。
고코-가꾸 오메데또- 고자이마스

■ 승리를 축하합니다.

Congratulations on your victory!
컨그레츄레이션스 언 유어 빅토뤼
ご勝利おめでとうございます。
고쇼-리 오메데또-고자이마스

■ 졸업을 축하합니다.

Congratulations on your graduation!
컨그레츄레이션스 언 유어 그레쥬에이션
ご卒業おめでとうございます。
고쇼쯔교- 오메데또- 고자이마스

■ 출산을 축하합니다.

Congratulations on your new baby!
컨그레츄레이션스 언 유어 뉴 베이비
ご出産おめでとうございます。
고슛산 오메데또- 고자이마스

■ 해냈군요! 축하합니다.

You made it! Congratulations.
유 메이딧 컨그레츄레이션스
やったですね！おめでとうございます。
얏따데스네 오메데또- 고자이마스

001 상황 표현

■ 아주 기쁘시겠군요.

You must be very pleased.
유 머슷 비 베리 플리즈드
本当に嬉しいでしょうね。
혼또-니 우레시이 데쇼-네

■ 행운을 빕니다.

Good luck to you.
굿럭 투유
幸運を祈ります。
코-운오 이노리마스

■ 행복하시길 바랍니다.

I hope you will be happy.
아이 홉 유윌 비 해피
幸せになることを願っております。
시아와세니 나루 고또오 네갓떼 오리마스

■ 행운의 여성은 누군가요?

Who is the lucky lady?
후 이즈더 럭키 레이디
幸運のある女性はだれですか。
코-운노 아루 죠세-와 다레데스까

■ 새해 복 많이 받으세요.

Happy New Year!
해피 뉴 이어
明けましておめでとうございます。
아케마시떼 오메데또-고자이마스

새해 인사

새해 인사의 고급 표현으로는 The best of luck to you in the new year(당신에게 최고의 행운이 있는 해가 되길…)라는 말이 있다.

〉〉〉 위로

■ 그거 안됐군요.

That's too bad.
댓쓰 투 뱃
それは残念ですね。
소레와 잔넹데스네

残念(ざんねん)
유감스러움, 아쉬움

■ 기운 내세요.

Cheer up!
취어 업
元気出してください。
겡끼 다시떼 쿠다사이

■ 용기를 가지세요.

Keep your courage up.
킵 유어 커리쥐 업
勇気を出してください。
유-키오 다시떼 쿠다사이

■ 낙심하지 마세요.

Don't lose heart.
돈 루즈 하트
気を落とさないでください。
키오 오토사나이데 쿠다사이

気(き)を落(お)とす
낙심하다.

■ 잊어버리세요.

Forget it!
훠 게릿
忘れてください。
와스레떼 쿠다사이

- 걱정할건 없어요.

    There's nothing to worry about.
    데어즈 나씽 투 워리 어바웃
    心配することはないです。
    심빠이 스루고또와 나이데스

- 최선을 다하세요.

    Do your best.
    두유어 베스트
    最善を尽くしてください。
    사이센오 쯔꾸시떼 쿠다사이

- 진심으로 애도를 드립니다.

    Please accept my sincere condolences.
    플리즈 액셉트 마이 씬씨어 컨돌런쓰
    心から哀悼の意を表します。
    코꼬로까라 아이또-노 이오 효-시마스

- 도와드릴 것이 없을까요?

    Is there anything I can do?
    이즈 데어 애니씽 아이 큰 두
    お手伝いできることはないでしょか。
    오테쯔다이 데끼로 고또와 나이데쇼-까

- 상을 당하셨군요.

    You have a terrible loss!
    유 해버 테러블 로쓰
    服喪中ですね。
    후꼬모츄-데스네

- 조의를 표합니다.

    You have my condolences.
    유 햅 마이 컨돌런쓰
    弔意を表します。
    쵸-이오 아라와시마스

■ 그 말을 들으니 안됐어요. (얼마나 애통하십니까?)

I'm sorry to hear that.
아임쏘뤼 투 히어댓
ご愁傷様です。
고슈-쇼-사마데스

愁傷(しゅうしょう)
슬픔, 슬퍼함

■ 깊은 애도를 드립니다.

Please accept my deepest sympathy.
플리즈 액셉트 마이 딥피스트 심파씨
深く哀悼の意を表します。
후카꾸 아이또-노 이오 아라와시마스

조문할 때
비슷한 표현으로는 My deepest sympathy(심심한 애도)가 있다.

■ 위로해주셔서 감사합니다.

Thank you for your sympathy.
땡큐 훠 유어 씸파씨
お悔やみ゛ありがとうございます。
오쿠야미 아리가또-고자이마스

悔やみ(くやみ)
문상, 조위

〉〉〉 진정

■ 자,자 진정하세요!

Calm down! Calm down!
캄 다운 캄 다운
さあ゛さあ゛落ち着いてください！
사- 사- 오찌쯔이떼 쿠다사이

■ 흥분하지 마세요.

Don't be upset.
돈 비 업
興奮しないでください。
코-훈 시나이데 쿠다사이

다혈질인 사람
다혈질인 사람에게는 "You should learn to control your temper."(성질죽이는 법 좀 배워야겠어요)라고 표현해도 된다.

- 흥분을 가라앉히세요.

    Cool down your temper.
    쿨 다운 유어 템퍼
    興奮を静めてください。
    코-훈오 시즈메떼 쿠다사이

- 진정해, 별 거 아니잖아.

    Calm down. It's no big deal.
    캄다운. 잇쯔 노빅딜
    落ち着いて´たいしたものじゃないでしょ。
    오찌쯔이떼 타이시따 모노쟈 나이데쇼

- 당신을 화나게 할 뜻은 아니었어요.

    I didn't mean to offend you.
    아이 디든 민투 오휀 쥬
    あなたを怒らせるつもりじゃなかったです。
    아나따오 오꼬라세루 쯔모리쟈 나깟따데스

- 당신이 참아야지요.

    You have to be patient
    유 햅 투비 페이션트
    あなたが我慢しなければならないです。
    아나따가 가망 시나케레바 나라나이데스

〉〉〉 잘못

- 죄송합니다.

    I'm sorry.
    아임쏘뤼
    申し訳ございません。
    모우시와케고자이마셍

■ 제가 잘못했습니다.

I was wrong.
아이 워즈 렁
私が間違えました。
와따시가 마찌가에마시따

■ 제 잘못입니다.

It's my fault.
잇쯔 마이 풜트
私の間違いです。
와따시노 마찌가에데스

■ 실례했습니다.

Excuse me.
익스큐즈미
失礼いたしました。
시쯔레-이따시마시따

■ 귀찮게 해서 미안합니다.

Sorry to bother you.
쏘리 투 바더 유
ご面倒をおかけしまして申し訳ございません。
고멘도-오 오카케시마시떼 모우시와케 고자이마셍

■ 폐를 끼쳐 죄송합니다.

Sorry for the trouble.
쏘리 훠더 츄러블
ご迷惑をおかけしまして申し訳ございません。
고에-와쿠 오카케시마시떼 모우시와케 고자이마셍

■ 불편을 끼쳐 죄송합니다.

Sorry for the inconvenience.
쏘리 훠디 인 컨비니언쓰
ご不便をおかけしまして申し訳ございません。
고후벤오 오카케시마시떼 모우시와케 고자이마셍

■ 걱정을 끼쳐 죄송합니다.

Sorry to worry you.
쏘리 투 워리 유
ご心配をおかけしまして申し訳ございません。
고심빠이오 오카케시마시떼 모우시와케 고자이마셍

■ 기분을 상하게 했다면 사과합니다.

I'm sorry, if I offended you.
아임쏘뤼 이프 아이 어휀데쥬
ご機嫌をそこねたのならお詫びいたします。
고키겡오 소꼬네따노나라 오와비 이따시마스

■ 그런 뜻이 아니었는데 죄송합니다.

I'm sorry I didn't mean to.
아임쏘뤼 아이디든 민 투
そういうつもりではなかったのですが 申し訳ございません。
소우이우 쯔모리데와 나깟따노데스가 모우시와케 고자이마셍

■ 감정이 상하게 할 뜻은 아니었습니다.

I didn't mean to hurt your feelings.
아이디든 민 투 헛 유어 휠링스
ご機嫌をそこねるつもりはなかったのです。
고키겡오 소꼬네루쯔모리와 나깟따노데스

■ 제가 실수했습니다.

I made a mistake.
아이 메이더 미스테익
わたしが失敗しました。
와따시가 싯빠이 시마시따

■ 앞으로는 더 조심하겠습니다.

I'll be more cautious in the future.
아일 비 모어 커셔스 인더 휴쳐
これからもっとお気を付けます。
코레까라 못또 오키오쯔께마스

■ 용서해 주십시오.

Forgive me, please.
훠깁미 플리즈
許してください。
유루시떼 쿠다사이

■ 제 잘못입니다.

I am to blame.
아이 앰 투 블레임
私の間違いです。
와따시노 마찌가이 데스

■ 그런 짓을 하다니 난 참 바보였어!

How foolish of me to do such a thing!
하우 훌리쉬 어브미 투두 써치어 씽
そういうことをするなんて´私は本当にばかだった！
소우이우고또오 스루난떼 와따시와 혼또-니 바까닷따

■ 다시는 그런 일이 없도록 맹세할께요.

I swear it won't happen again
아이 스웨어 잇 원ㅌ 해픈 어겐
二度とそういうことはないように誓います。
니도또 소우이우 고또와 나이요-니 치카이마스

■ 괜찮습니다.

That's all right.
댓쯔 어롸잇
大丈夫です。
다이죠-부 데스

■ 당신 잘못이 아닙니다.

It's not your fault.
잇쯔 낫 유어 훨트
あなたの間違いではありません。
아나따노 마찌가이데와 아리마셍

그건 걱정 마세요.

Don't worry about it.
돈 워리 어바우릿
そういう心配はしないでください。
소우이우 심빠이와 시나이데 쿠다사이

문제없습니다.

No problem.
노 프라블럼
問題ありません。
몬다이 아리마셍

괜찮습니다.

Not at all.
나레롤
大丈夫です。
다이죠-부 데스

>>> 환영

한국에 오신 걸 환영합니다.

Welcome to Korea.
웰컴투 코뤼아
韓国へようこそ。
캉꼬꾸에 요우꼬소

ようこそ

상대의 방문에 대해 환영의 뜻을 나타내는 말.

저희 집에 오신 걸 환영합니다.

Welcome to my home.
웰컴투 마이 홈
私の家にようこそ。
와따시노 이에니 요우꼬소

■ 입사를 환영합니다.

Welcome aboard.
웰컴 어보드
ご入社を歓迎いたします。
고뉴-샤오 칸에-이따시마스

■ 저희 회사 방문을 환영합니다.

Welcome to our company.
웰컴투 아워 컴퍼니
私どもの会社の訪問を歓迎いたします。
와따시도모노 카이샤노 호우몽오 칸에-이따시마스

■ 이곳이 마음에 들길 바랍니다.

I hope you'll like it here.
아이 홉 유일 라이킷 히어
こちらがお気に入ると幸いです。
고찌라가 오키니 하이루또 사이와이 데스

幸い(さいわい)
다행임

■ 함께 하게 되어 기쁩니다.

Nice to have you with us.
나이쓰 투 해뷰 위더스
ご一緒できて嬉しいです。
고잇쇼 데끼떼 우레시이데스

〉〉〉 변명

■ 우리도 어쩔 수가 없었어요.(선택의 여지가 없었어요.)

We have no choice.
위 햅 노 초이쓰
私たちも仕方なかったです。
와따시다찌모 시가따 나깟따데스

■ 저도 어쩔 수가 없었어요.

I couldn't help it.
아이 쿠든 헬핏
私も仕方なかったのです。
와따시모 시가따 나깟따노데스

■ 도중에 자전거를 잃어버렸거든요.

I lost my bike on the way.
아이 로슷 마이 바이크 언더웨이
途中で自転車をなくしたのです。
도츄-데 지뗀샤오 나쿠시따노데스

■ 오는 길에 차가 펑크났어요.

I had a flat tire on the way.
아이 해더 훌랫 타이어 언더웨이
来る途中で車がパンクしました。
크루 도츄-데 크루마가 팡크 시마시따

■ 두통이 심했어요.

I had a terrible headache.
아이 해더 테러블 헤데이크
頭痛がひどかったです。
즈쯔-가 히도깟따데스

■ 변명하지마.

No excuse.
노 익쓰큐즈
言い訳なしで。
이이와케 시나이데

■ 아무 변명도 하지마.

Don't give me any excuses.
돈 깁미 애니 익쓰큐즈스
どんな言い訳もしないで。
돈나 이이와케모 시나이데

■ 변명은 필요없어.

I don't need your reasons.
아이 돈 니쥬어 뤼즌스
言い訳は要らない。
이이와케와 이라나이

■ 핑계야, 핑계!

Excuses, excuses!
익쓰큐즈스, 익쓰큐즈스
口実だよ′口実！
코-지쯔다요 코-지쯔

■ 다시는 그러지 마세요.

Don't do that again.
돈 두 대러겐
二度とそうしないでください。
니도또 소우이나이데 쿠다사이

■ 다시는 안그러겠습니다.

I won't do it again.
아이 원트 두 이러겐
二度とそうしません。
니도또 소우시마셍

■ 당신의 핑계에 진절머리가 납니다.

I'm sick and tired of your excuses.
아임 씩캔 타이어더 뷰어 익스큐지즈
あなたのいい訳にはうんざりします。
아나따노 이이와케니와 운자리 시마스

うんざりする

진절머리 나다.

■ 그런 말도 안되는 소리 집어치우세요.

Stop that nonsense.
스탑댓 난쎈쓰
そんなとんでもない話はやめてください。
손나 톤데모나이 하나시와 야메떼 쿠다사이

とんでもない

터무니 없다. 당치도 않다.

〉〉〉 바쁨

■ 서두르세요.

Hurry up!
허뤼 업
急いでください。
이소이데 쿠다사이

■ 빨리 움직이세요.

Get a move on!
게러 무브 언
早く動いてください。
하야꾸 우고이떼 쿠다사이

■ 빨리 좀 해주세요.

Rush it please.
러쉬 잇 플리즈
ちょっと早くしてください。
좃또 하야꾸 시떼 쿠다사이

■ 빨리 하세요.

Step on it!
스테퍼닛
早くしてください。
하야꾸 시떼 쿠다사이

■ 가능한 빨리 하세요.

Do it as quickly as you can.
두 잇 애즈 퀴클리 애즈 유 큰
できる限り早くしてください。
데끼루카기리 하야꾸 시떼 쿠다사이

서두르세요

또다른 표현으로는 Make it snappy!가 있다.

빨리 하세요

또다른 표현으로는 Do it quickly가 있다.

■ 자, 자 어서!

Come on, come on!
커먼 커먼
さあ´ さあ´ 早く!
사— 사— 하야꾸

■ 저 급해요.

I'm in a hurry.
아임 인어 허뤼
私´ 急いでいます。
와따시 이소이데이마스

■ 우린 시간이 많지 않아.

We haven't got all day.
위 해븐 갓 얼 데이
私たちは時間が多くない。
와따시다찌와 지깐이 오오꾸 나이

■ 왜 이렇게 오래 걸려요?

What's taking so long?
왓쯔 테이킹 쏘 롱
どうしてこんなに時間が長くかかりますか。
도우시떼 곤나니 지깐가 나가꾸 카카리마스까

■ 시간이 없어요.

We are short on time.
위아 숏언 타임
時間がないです。
지깐가 나이데스

■ 우리 늦을 거야.

We are going to be late.
위아 고잉 투비 레잇
私たち´ 遅くなりそう。
와따시다찌 오소꾸 나리소우

001 상황 표현

- 낭비할 시간이 없어요.

    We don't have time to lose.
    위 돈 햅 타임 투 루즈
    むだにする時間がないです。
    무다니수루 지깐가 나이데스

- 시간 낭비하지 마세요.

    Don't waste your time.
    돈 웨이스트 유어 타임
    時間をむだにしないでください。
    지깐오 무다니 시나이데 쿠다사이

- 천천히 하세요.

    Take your time.
    테이큐어 타임
    ゆっくりしてください。
    윳끄리 시떼 쿠다사이

- 서두를 필요 없어요.

    There is no hurry.
    데어리즈 노 허뤼
    急ぐ必要はないです。
    이소그 히쯔요-와 나이데스

- 뭐가 그리 급하세요?

    Where's the fire?
    웨어스더 화이어
    なんでそんなに急いでいますか。
    난데 손나니 이소이데 이마스까

- 너무 재촉하지 마세요.

    Don't be so pushy.
    돈 비 쏘 푸쉬
    あまり急がせないでください。
    아마리 이소가세나이데 쿠다사이

177

■ 그렇게 조급해 하지 마세요.

Don't be so impatient.
돈 비 쏘 임페이션트
そんなにいらいらしないでください。
손나니 이라이라 시나이데 쿠다사이

■ 왜 서둘러요?

What's the rush?
왓쯔 더 러쉬
どうして急いでますか。
도우시떼 이소이데마스까

■ 진정하세요.

Calm down.
캄 다운
落ち着いてください。
오찌쯔이떼 쿠다사이

■ 서두르지 마세요.

Don't rush me.
돈 러쉬 미
急がないでください。
이소가 나이데 쿠다사이

いらいら
다행임

Rush
rush는 돌진하다라는 뜻으로 rush hour는 **사람들이 몰려드는 시간**을 의미한다.

〉〉〉 소식

■ 그 소식 들으니 기뻐요.

I'm glad to hear that.
아임 글랫투 히어 댓
その便りを聞いて嬉しいです。
소노 타요리오 키이떼 우레시이데스

001 상황 표현

■ 저도 기뻐요.

I'm really happy for you.
아임 뤼얼리 해피 훠유
私も嬉しいです。
와따시모 우레시이데스

■ 당신은 정말 기쁘겠군요.

How glad you must be!
하우 글래쥬 머숫 비
あなたはとても嬉しいでしょうね。
아나따와 도떼모 우레시이데쇼-네

타인의 기쁨

비슷한 표현으로는 You must be glad!가 있다.

■ 정말 놀라운 소식이군요.

What wonderful news!
왓 원더 훌 뉴스
本当に驚くべきの便りですね。
혼또-니 오도로크베끼노 타요리데스네

■ 그거 좋은 소식이군요.

That's good news.
댓쯔 굿 뉴스
それはいい便りですね。
소레와 이이 타요리데스네

무소식이 희소식

무소식이 희소식이란 표현으로 No news is good news라고 말한다.

■ 듣던 중 반갑네요.

That's nice to hear.
댓쯔 나이쓰 투 히어
それを聞いて嬉しいです。
소레오 키이떼 우레시이데스

179

〉〉〉 찬성

■ 질문 있습니까?

Any questions?
애니 퀘스천스
質問ありますか。
시쯔몽 아리마스까

■ 전적으로 찬성합니다.

I'm all for it.
아임 얼 훠 릿
全面的に賛成します。
젠멘떼끼니 산세- 시마스

> **For**
>
> for는 찬성를 표현할 때 사용된다.(vote for=찬성 투표하다.)

■ 저도 동감합니다.

I feel the same way.
아 휠더 쎄임 웨이
私も同感します。
와따시모 도-깐 시마스

■ 내 생각도 그렇다.

That's my opinion, too.
댓쯔 마이 오피니언 투
私の考えもそうだ。
와따시노 캉가에모 소우다

■ 아무렴 그렇지.

Quite so. / Just so.
콰잇 쏘 / 저슷 쏘
きっとそうだろう。
킷또 소우다로-

■ 물론 확실해.

Sure! / Indeed!
슈어 / 인딧
もちろん確実だよ。
모찌롱 카끄지쯔다요

■ 만장일치로 결정되었습니다.

It was an unanimous decision.
잇 워전 유네니머스 디씨젼
満場一致で決定されました。
만죠-잇치데 켓떼- 사레마시따

〉〉〉 반대

■ 반대의견 없습니까?

Any objections?
애니 어브젝션즈
反対の意見はありませんか。
한따이노 이켄와 아리마셍까

■ 저는 반대입니다.

I don't agree with you.
아이 돈 어그리 위듀
私は反対です。
와따시와 한따이데스

■ 저는 절대 반대입니다.

I'm dead set against it.
아임 데드 셋 어겐스트 잇
私は絶対に反対です。
와따시와 젯따이니 한따이데스

Against

against는 반대를 표현할 때 사용된다. (vote against =반대 투표하다.)

■ 천만에

Certainly not.
써튼리 낫
とんでもない。
톤데모나이

■ 아마 아닐거예요.

Perhaps not. / Probably not.
퍼햅스 낫 / 프로바블리 낫
多分そうじゃないでしょう。
타분 소우쟈나이데쇼-

■ 당치도 않아.

Far from it.
화 후럼 잇
とんでもない。
톤데모나이

>>> 충고

■ 제가 충고 좀 할게요.

Let me give you some advice.
렛미 기뷰 썸 어드봐이쓰
私が忠告を一つします。
와따시가 츄-고꾸오 히또쯔 시마스

■ 제가 충고하겠습니다.

I'll give you advice.
아일 기뷰 어드봐이쓰
私が忠告をします。
와따시가 츄-고꾸오 시마스

Piece

충고 한마디 :
a piece of advice
누워서 떡먹기 :
a piece of cake
분필(물질) :
a piece of chock

■ 내가 당신에게 많이 충고했었다.

I gave you many pieces of advice.
아이 개이브 유 매니 피썹 어드봐이쓰
私があなたにたくさんの忠告をした。
와따시가 아나따니 닥상노 츄-고꾸오 시따

■ 그의 충고를 따르는 것이 좋겠습니다.

You'd better follow his advice.
유드베러 활로우 히즈 어드봐이쓰
彼の忠告に従ったほうがいいと思います。
카레노 츄-고꾸니 시따갓따 호우가 이이또 오모이마스

■ 경고합니다.

I'm warning you.
아임 워닝 유
警告します。
케-꼬꾸 시마스

〉〉〉 조언

■ 이것을 그만 두셔야 합니다.

You've got to stop this.
유브 가라 스탑 디스
これをやめなければなりません。
고레오 야메나케레바 나리마셍

■ 성질을 참아야 합니다.

You should control your temper.
유 슈드 컨트롤 유어 템퍼
気性を我慢しなければなりません。
키쇼-오 가망시나케레바 나리마셍

■ 그 생각을 버려야 합니다.

You must give up that idea.
유 머슷 기법 댓 아이디어
その考えは捨てなければなりません。
소노 캉가에와 스떼나케레바 나리마셍

■ 이래서는 안돼요.

You shouldn't do this.
유 슈든 두 디스
こうしてはいけません。
코우시떼와 이케마셍

■ 그러지 말았어야 했어요.

You shouldn't have done that.
유 슈든 햅 던 댓
それをするべきではなかったです。
소레와 스루베끼데와 나깟따데스

■ 조언을 구하지 그러세요?

Why don't you ask for advice?
와이 돈츄 애스크 훠 어드바이쓰
助言を求めたらどうですか?
죠-겐오 모또메따라 도우데스까

■ 내 생각에는 거기에 가지 않는 것이 좋겠어요.

I think you shouldn't go there.
아이 씽큐 슈든 고 데어
私の考えではそこに行かないほうがいいと思います。
와따시노 캉가에데와 소꼬니 이까나이호우가 이이또 오모이마스

助言を求める

조언을 구하다.

〉〉〉 선물

■ 당신에게 드리는 선물입니다.

Here's a gift for you.
히얼즈어 기프트 훠유
あたなに差し上げるプレゼントです。
아나따니 사시아케루 프레젠또 데스

■ 당신에게 줄 조그만 선물입니다.

I have a small gift for you.
아이 해버 스몰 기프트 훠유
あなたにあげる小さいプレゼントです。
아나따니 아게루 찌-사이 프레젠또 데스

■ 당신에게 축하 선물을 가져왔어요.

I brought you a congratulatory gift.
아이 브로츄 어 컨그래츄래이토리 기프트
あなたにお祝いのプレゼントを持って来ました。
아나따니 오이와이노 프레젠또오 못떼 키마시따

■ 당신에게 주는 것입니다.

Here's something for you.
히얼즈 썸씽 훠유
あなたにあげるものです。
아나따니 아게루 모노데스

■ 보잘 것 없지만 받아주세요.

Please accept this trifle.
플리즈 액셉트 디스 트리플
つまらないものですが 受け取ってください。
쯔마라나이 모노데스가 우케톳떼 쿠다사이

뭔가를 내놓을 때

뭔가를 내놓을 때 Here's ... for you라고 한다.

■ 이건 이태리에서 가져온 것입니다.

This is a gift from Italy.
디스 이저 기프트 후럼 이텔리
これはイタリアから持って来たものです。
고레와 이타리아까라 못떼 키타모노데스

■ 이거 정말 저 주시는 겁니까?

Is this really for me?
이즈 디스 뤼얼리 훠미
これ'本当に私にくれるのですか。
코레 혼또-니 와따시니 쿠레루노 데스까

■ 이건 제가 필요한 것입니다.

This is just what I needed.
디스 이저슷 왓 아이 니딧
これは私に必要なものです。
고레와 와따시니 히쯔요-나 모노데스

■ 멋진 선물 고마워요.

Thank you for the nice gift.
땡큐 훠더 나이쓰 기프트
素敵なプレゼント'ありがとう。
스떼끼나 프레젠또 아리가또-

■ 대단히 고맙습니다.

Thanks a lot.
땡스 얼랏
本当にありがとうございます。
혼또-니 아리가또-고자이마스

■ 당신이 좋아하니 기쁩니다.

I'm glad you like it.
아임 글래쥬 라이키잇
あなたが喜んでくれて嬉しいです。
아나따가 요로콘데 쿠레떼 우레시이데스

■ 고맙지만 받을 수 없습니다.

Thank you but I can't accept it.
땡큐 벗 아이 캔 액셉팃
ありがたいですが いただけないです。
아리가따이데스가 이따다케나이데스

■ 이거 누구 건데요?

Who is it for?
후 이짓 훠
これ だれのものですか。
코레 다레노 모노데스까

■ 여자 친구 줄 선물입니다.

it's a gift for my girlfriend.
잇쯔어 기프트 훠 마이 걸후렌
彼女にあげるプレゼントです。
카노죠니 아게루 프레젠또 데스

>>> 돈

■ 돈 좀 빌려줄 수 있어요?

Could you lend me some money?
쿠쥬 렌드미 썸 머니
お金を貸してくれますか。
오까네오 카시떼 쿠레마스까

■ 수중에 돈 가진 것 있어요?

Do you have any money on you?
두유 햅 애니 머니 언 유
手持ちのお金はありますか。
테모찌노 오까네와 아리마스까

PART04 표현

■ 지금 얼마나 있습니까?

How much money do you have now?
하우머취 머니 두유 햅 나우
今いくら持ってますか。
이마 이꾸라 못떼 마스까

■ 나한테 몇달러(엔) 빌려줄 수 있어요?

Can you loan me a few dollars?
캔유 로운 미어 퓨 달러즈
私に少しだけ円を貸してくれますか。
와따시니 스꼬시다케 엔오 카시떼 쿠레마스까

■ 5달러(7엔)만 꿀 수 있을까요?

Can I borrow just $5?
캐나이 버로우 저슷 화이브 달러즈
７円だけ貸してもらえますか。
나나엔 다케 카시떼 모라에마스까

■ 요즘 돈이 좀 딸려요.

I'm a little short these days.
아임 어 리를 숏 디즈 데이즈
最近お金がちょっと足りないです。
사이킨 오까네가 좃또 타리나이데스

■ 얼마나 필요해요?

How much do you need?
하우머취 두유 닛
いくら必要ですか。
이꾸라 히쯔요- 데스까

■ 미안하지만 한 푼도 없습니다.

Sorry, but I'm broke.
쏘리 벗 아임 브로크
すみませんが一銭もありません。
스미마셍가 잇센모 아리마셍

파산에 관한 단어

bankrupt/broke/broken 세 단어 모두 파산했다는 뜻으로 사용된다.

- 돈이 다 떨어졌어요.

    All my money is gone.
    얼 마이 머니즈 건
    お金が尽きました。
    오까네가 쯔끼마시따

- 지금은 무일푼입니다.

    I'm broke.
    아임 브로크
    今は無一文です。
    이마와 무이찌몽 데스

- 내일 갚겠습니다.

    I'll pay you back tomorrow.
    아일 페이유 백 투머로우
    明日返します。
    아시따 카에시마스

- 내일 꼭 갚아야 합니다.

    You've got to pay me back tomorrow.
    유브 가라 페이미 백 투머로우
    明日ぜひ返してください。
    아시따 제히 카에시떼 쿠다사이

- 돈 좀 갚아주세요.

    Please pay me back my money.
    플리즈 페이 미 백 마이 머니
    お金を返してください。
    오까네오 카에시떼 쿠다사이

- 내가 언제 갚으면 되겠습니까?

    When do you want me to pay you back?
    웬 두유 원미투 페이 유 백
    私がいつ返したらいいですか。
    와따시가 이쯔 카에시따라 이이데스까

■ 제가 얼마 드릴 것이 있습니까?

What do I owe you?
왓 두 아이 오 유
私がいくら返さなければならないですか。
와따시가 이꾸라 카에사나케레바 나라나이데스까

■ 당신 나에게 20달러 줄 것이 있습니다.

You owe me $ 20.
유 오 미 트웨니 달러즈
あなたは私に２０ドル返さなければなりません。
아나따와 와따시니 니쥬-도루 카에사나케레바 나리마셍

>>> 부탁

■ 내 부탁 좀 들어줄래요?

Will you do me a favor?
윌 유 두 미 어 훼이버
私のお願いを聞いてくれますか？
와따시노 오네가이오 키이떼 쿠레마스까

■ 꼭 부탁드릴 것이 있습니다.

I have a big favor to ask you?
아이 해버 빅 훼이버 투 애스 큐
ぜひお願いすることがあります。
제히 오네가이스루 고또가 아리마스

■ 제가 부탁 좀 드려도 될까요?

Can I ask you a favor?
캐나이 애스크 어 훼이버
私がお願いをしてもよろしいでしょうか？
와따시가 오네가이오 시떼모 요로시이 데쇼-

부탁

부탁할 때 : ask a favo
부탁을 들어줄 때 :
do a favor

001 상황 표현

■ 나 이것 좀 도와줄래요?

Will you help me with this?
윌유 헬프 미 위디스
これ、ちょっと手伝ってくれますか？
고레 좃또 테쯔닷떼 쿠레마스까

■ 이것 좀 들어주시겠어요?

Would you hold this for me?
우쥬 홀 디스 훠미
これをちょっと持ってくれますか。
코레오 좃또 못떼 쿠레마스까

■ 창문 좀 열어주실래요?

Do you mind opening the window?
두유 마인드 오프닝더 윈도
窓を開けてくれますか。
마도오 아케테 쿠레마스까

■ 공책 좀 빌려주시겠어요?

Will you lend me your notebook??
윌유 렌드미 유어 노트북
ノートを貸してくれますか。
노-토오 카시떼 쿠레마스까

■ 물론이죠.

Sure.
슈어
もちろんです。
모찌롱데스

■ 그러세요.

Go ahead.
고 어헷
どうぞ。
도우조

191

■ 기꺼이 그러죠.

I'd be glad to.
아이드비 글랫투
よろこんでそうします。
요로콘데 소우시마스

■ 거절하지 마세요.

Don't say no.
돈 쎄이 노
断らないでください。
코또와라나이데 쿠다사이

■ 승낙해 주세요.

Please, say yes.
플리즈 쎄이 예쓰
承諾してください。
쇼-다끄 시떼 쿠다사이

■ 할 수 있는 것은 하겠습니다.

I'll do what I can.
아일 두 왓 아이 큰
できることはいたします。
데끼루 고또와 이따시마스

■ 안되겠는데요.

I'd rather not.
아이드 뢰더 낫
困ります。
코마리마스

■ 미안하지만 안되겠어요.

I'm sorry but I can't.
아임쏘뤼 벗 아이 캔
申し訳ございませんが 困ります。
모우시와케 고자이마셍가 코마리마스

■ 그건 조금 어려운데요.

It's a little difficult.
잇쯔어 리를 디휘컬트
それはちょっと困りますね。
소레와 촛또 코마리마스네

〉〉〉 알림판

■ 촬영금지

No photographs allowed
노 포토그래프스 얼라우드
撮影禁止
사쯔에-킨시

■ 불조심

Beware of fire.
비웨어럽 화이어
火の用心
히노 요-진

■ 금일 매진

All sold out today.
얼 쏠다웃 투데이
本日売り切れ
혼지쯔 우리키레

■ 금일 휴진

No consulting today.
노 칸썰팅 투데이
本日休診
혼지쯔큐-신

用心(ようじん)

조심함, 주의 경계함

PART04 표현

■ 소지품 주의

Beware of pickpockets
비웨어럽 픽 파킷
所持品に注意
쇼지힝니 츄-이

■ 음료수

Potable
포터블
飲み物
노미모노

■ 팔 물건

For sale
훠 쎄일
売り物
우리모노

■ 손대지 마세요.

Don't touch
돈 터치
触らないでください。
사와라나이데 쿠다사이

■ 공중변소

Lavatory
래버터리
公衆便所
코-슈-벤죠

■ 출입금지

Off limits
어프 리미츠
立入禁止
타찌이리킨시

001 상황 표현

■ 차량 통행 금지

Closed to vehicles
클로즈드 투 비히클
車の通行禁止
쿠루마노 쯔-꼬킨시

■ 수리 중

Under repairs
언더 리페어즈
修理中
슈-리쮸-

■ 고장

Out of order
아우럽 오더
故障
코쇼-

■ 쓰레기통

Trash
트래쉬
ゴミ箱
고미바꼬

■ 쓰레기 버리지 마세요.

No dumping.
노 덤핑
ゴミを捨てないでください。
고미오 스테나이데 쿠다사이

■ 휴지를 버리지 마세요.

Don't be a litterbug.
돈 비어 리터 버그
紙くずを捨てないでください。
카미크즈오 스테나이데 쿠다사이

Litterbug

litterbug란 아무데나 함부로 쓰레기를 버리는 사람을 말한다.

195

002 감정 표현

>>> 감사

- 감사합니다.

    Thank you. / Thanks.
    땡큐 / 땡쓰
    ありがとうございます。
    아리가또-고자이마스

- 감사합니다.

    I'd like to thank you.
    아이드 라익투 땡큐
    ありがとうございます。
    아리가또-고자이마스

- 와주셔서 고맙습니다.

    Thank you for coming.
    땡큐 훠 컴잉
    来てくださって ありがとうございます。
    키떼 쿠다삿떼 아리가또- 고자이마스

- 칭찬해주셔서 고맙습니다.

    Thank you for the your compliment.
    땡큐 훠더 유어 컴플리먼트
    ご褒めの言葉 ありがとうございます。
    고호메노 고또바 아리가또-고자이마스

- 어떻게 감사를 드려야 할지 모르겠네요.

    How can I thank you?
    하우 캐나이 땡큐
    どんなに感謝してもしきれません。
    돈나니 간샤시떼모 시키레마셍

きれる

~할 수 있다.

- 뭐라 감사해야할지 모르겠어요.

    I can't thank you enough.
    아이 캔 땡큐 이너프
    何と感謝したらいいのか分かりません。
    난또 간샤시따라 이이노까 와까리마셍

- 도움이 될 수 있어서 기쁩니다.

    I'm happy to help out.
    아임 해피 투 헬프 아웃
    お役に立てて嬉しいです。
    오야꾸니 타테떼 우레시이데스

- 은혜는 평생 잊지 않겠습니다.

    I'll never forget your kindness as long as I live.
    아일 네버 풔겟 유어 카인드니스 애즈 롱 애즈 아이 리브
    このご恩は一生忘れません。
    고노 고온와 잇쇼- 와스레마셍

- 그저 감사할 따름입니다.

    Thank you for everything.
    땡큐 풔 에브리씽
    ただ感謝するばかりです。
    타다 간샤스로 바까리데스

- 제가 신세를 졌습니다.

    I owe you one.
    아이 오 유 원
    お世話になりました。
    오세와니 나리마시따

- 참 친절하시군요.

    You are an angel.
    유아런 에인절
    本当に親切ですね。
    혼또-니 신세쯔데스네

役に立つ
도움이 되다.

お世話(になる)
신세지다.

■ 친절, 감사합니다.

It's very nice of you.
잇쯔 베뤼 나이쓰 어브 유
ご親切ありがとうございます。
고신세쯔 아리가또-고자이마스

■ 친절을 베풀어 주셔서 감사합니다.

I appreciate your kindness.
아이 어프리쉬에잇츄어 카인니쓰
ご親切な対応ありがとうございます。
고신세쯔나 타이오- 아리가또-고자이마스

감사와 관련된 단어
감사의 표현으로 사용되는 appreciate는 thank와 다르게 사람을 목적어로 하지 않는다.

■ 그렇게 말씀해 주시다니 친절하시군요!

How kind of you to say so!
하우 카인더브 유 투 쎄이 쏘
そんなふうにおっしゃっていただけるなんて ご親切ですね。
손나후-니 옷샷떼 이따다케루난떼 고신세쯔 데스네

■ 별 말씀을요.

Don't mention it.
돈 멘션 잇
どういたしまして。
도우이따시마시떼

■ 천만에요.

You're welcome.
유아 웰컴
どういたしまして。
도우이따시마시떼

■ 별 말씀을요.

It was nothing.
잇 워즈 나씽
どういたしまして。
도우이따시마시떼

002 감정 표현

■ 비행기 태우지 마세요.

Don't make me blush.
돈 메익 미 블러쉬
おだてないでください。
오다떼나이데 쿠다사이

おだてる
치켜세우다.

■ 수고랄게 뭐 있나요.

It was no trouble at all.
잇 워즈 노 츄러블 애롤
苦労なんかじゃありません。
쿠로-난까쟈 아리마셍

■ 제가 좋아서 한 건데요.

It's my pleasure.
잇쯔 마이 플레져
自分が好きでやったことです。
지분가 스끼데 얏따 고또데스

■ 과찬이십니다.

I'm so flattered.
아임 쏘 훌레터드
誉めすぎです。
호메스기데스

Flatter
flatter는 **아첨하다**의 뜻으로 I'm so flattered는 칭찬을 받았다는 뜻으로 사용된다.

誉める(ほめる)
誉める(ほめる)칭찬하다.
すぎる ~가 지나치다.

>>> 기쁨

■ 기쁘다.

I'm so happy.
아임 쏘 해피
うれしい。
우레시이

- 몹시 기뻐.

    I'm overjoyed.
    아임 오버조이드
    よても嬉しい。
    도떼모 우레시이

- 하늘을 나는 기분입니다.

    I'm walking on air.
    아임 워킹 언 에어
    空を飛ぶような気持ちです。
    소라오 토부요-나 키모치데스

- 기뻐서 날아갈 것 같아요.

    I'm jumping for joy.
    아임 점핑 훠 조이
    嬉しくて飛びそうです。
    우레시꾸떼 토비소우데스

- 기분 끝내준다!

    What a great feeling!
    와러 그뢰잇 휠링
    気持ち最高！
    키모치 사이꼬-

- 그 말을 들으니 반갑습니다.

    I'm glad to hear that.
    아임 글랫투 히어 댓
    それはよかったですね。
    소레와 요깟따데스네

- 내 생애 최고의 날입니다.

    This is the best day of my life.
    디스이즈더 베스트 데이어브 마이 라이프
    私の人生の中で最高の日です。
    와따시노 진세-네 나까데 사이꼬-노 히데스

■ 더 이상 기쁠 수가 없습니다.

I couldn't be happier with it.
아이 쿠든 비 해피어 위딧
これ以上嬉しいことはありません。
코레 이죠- 우레시이고또와 아리마셍

■ 듣던 중 반가운 소리입니다.

That's nice to hear.
댓쯔 나이스 투 히어
それを聞いて嬉しいです。
소레오 키이떼 우레시이 데스

■ 최고로 좋다.

Couldn't be better.
쿠든 비 베러
最高です。
사이꼬-데스

■ 기뻐서 어쩔 줄 모르겠어.

I'm up in the air.
아임 업 인디 에어
嬉しくてどうしようもない。
우레시꾸떼 도우시요-모나이

〉〉〉 슬픔

■ 울고 싶다.

I feel like crying.
아이 휠 라익 크라잉
泣きたい。
나키따이

■ 저는 너무 슬퍼요.

I feel so sad.
아이 휠 쏘 쌔드
私は本当に悲しいです。
와따시와 혼또-니 카나시이데스

■ 저는 우울해요.

I feel depressed.
아 휠 디프레쓰트
私はうっとうしいです。
와따시와 웃또시- 데스

우울함

또다른 표현으로는 I'm blue가 있다.

■ 가슴이 아파요.

I'm still hurting.
아임 스틸 허팅
むねが痛いです。
무네가 이따이데스

■ 가여워라!

What a pity!
와러 피티
かわいそう。
카와이소우

■ 슬픔에 굴복해서는 안돼요.

Don't give way to grief.
돈 깁 웨이투 그리프
悲しみに負けてはいけません。
시따시미니 마케떼와 이케마셍

負ける(まける)

지다, 패배하다.

■ 그 말을 들으니 참 안됐습니다.

I'm very sorry to hear that.
아임 베리 쏘리 투 히어 댓
それはお気の毒ですね。
소레와 오키노도꾸 데스네

気の毒(きのどく)

딱함, 안됨

〉〉〉 감탄

■ 멋지다!

Wonderful!
원더풀
かっこういい。
각꼬이-

■ 훌륭합니다.

Great!
그뤠잇
すばらしいです。
스바라시- 데스

■ 재밌네요!

How funny! / How exciting!
하우 훠니 / 하우 익싸이팅
おもしろいですね。
오모시로이 데스네

■ 정말 끝내줍니다.

That's really cool!
댓쯔 뤼얼리 쿨
本当に最高です。
혼또-니 사이꼬- 데스

■ 정말 훌륭합니다.

fantastic!
훼태스틱
本当にすばらしいです。
혼또-니 스바라시- 데스

■ 정말 아름답군요.

What a beautiful!
와러 뷰리플
本当にきれいですね。
혼또-니 키레이데스네

〉〉〉 놀람

■ 저런, 세상에!

Oh, my God!
오, 마이 갓
なんて事なの！
난떼 꼬또나노

■ 말도 안돼!

No way!
노 웨이
とんでもない！
톤데모나이

■ 아차!

Oh, dear!
오 디어
あっ！
앗

■ 어머나!

Whoops!
웁쓰
あらまあ！
아라마-

002 감정 표현

- 놀랍군요!

  How surprising!
  하우 써프라이징
  すごいですね！
  스고이데스네

- 놀라워!

  What a surprise!
  와러 써프라이즈
  すごい！
  스고이

- 어머, 깜짝이야!

  Oh, I'm surprised.
  오, 아임 써프라이즈드
  あらまあ゛びっくり！
  아라마― 빗끄리

- 믿어지지 않는데요.

  Incredible!
  인크레더블
  信じられないですね。
  신지라레나이 데스네

- 믿어지지 않아!

  It's unbelievable!
  이쯔언 빌리버블
  信じられない！
  신지라레나이

- 도대체 무슨 일이야!

  What the hell is this!
  왓더 헬 이즈 디스
  いったいどうしたの！
  잇따이 도우시따노

놀랍군요

또다른 표현으로는 It's amazing!가 있다.

■ 깜짝 놀랐어.

I'm shocked.
아임 샥트
びっくりしたよ。
빗꾸리 시따요

〉〉〉 흥분

■ 너무 흥분되는데!

I'm so excited!
아임 쏘 익싸이티드
本当に興奮する！
혼또-니 코-훈 스루

■ 저는 지금 흥분되는데요.

I am excited now.
아이 앰 익싸이티드 나우
興奮しますね。
코-훈 시마스네

■ 나는 신작 영화들을 보면 흥분된다.

I am excited by the new movies.
아이 앰 익싸이티드 바이더 뉴 무비즈
私は新作映画を見ると興奮する。
와따시와 신사꾸 에-가오 미루또 코-훈 스루

■ 침착해라!

Don't excited!
돈 익싸이티드
落ち着け！
오찌쯔께

침착해라!

또다른 표현으로는 Calm down이 있다.

> **흥분하지마!**
>
> 간단한 표현으로 cool down이 있다.

- 흥분하지 마세요.

    Don't get excited.
    돈 겟 익싸이티드
    興奮しないでください。
    고-훈 시나이데 쿠다사이

- 흥분하지마!

    Don't lose your cool.
    돈 로즈 유어 쿨
    興奮しなしで!
    코-훈 시나이데

>>> 비난

- 창피한 줄 아세요.

    Shame on you.
    쉐임 언 유
    恥を知りなさい。
    하지오 시리나사이

- 저를 실망시키지 마세요.

    Don't let me down.
    돈 렛미 다운
    私をがっかりさせないでください。
    와따시오 각까리 사세나이데 쿠다사이

> **がっかりさせる**
>
> 실망시키다.

- 난 당신에게 실망했어요.

    I'm disappointed in you.
    아임 디스어포인티딘 유
    私はあなたに失望しました。
    와따시와 아나따니 시쯔보- 시마시따

- PART04 표현

■ 당신 미쳤군요.

You are insane.
유아 인쎄인
あなた゛ばかじゃないの。
아나따 바까쟈나이노

■ 당신 정신 나간게 분명해.

You must be out of your mind.
유 머슷 비 아우럽 유어 마인드
あまだ゛頭おかしいのは間違いない。
아나따 아따마 오까이시노와 마찌가이나이

間違いない
틀림없다.

■ 욕하지 마세요.

Don't call me names.
돈 콜미 네임
悪口はやめてください。
와루구찌와 야메떼 쿠다사이

〉〉〉 꾸중

■ 도대체 왜 그랬어요?

What on earth did you do that for?
왓 언 어쓰 디쥬 두댓 훠
いったいどうしてですか。
잇따이 도우시떼 데스까

■ 그게 왜 제 탓입니까?

Why do I get blamed?
와이 두 아이 겟 블레임드
それがどうして゛私のせいになりますか。
소레가 도우시떼 와따시노 세-니 나리마스까

~になる
~가 되다.

■ 어떻게 제게 그런 짓을 할 수가 있죠?

How can you do that to me?
하우 캔유 두댓 쿠미
どうして私にそんなことをするの？
도우시떼 와따시니 손나고또오 스루노

■ 다시는 절대로 그러지 마세요.

Don't ever do that again.
돈 에버 두댓 어겐
二度とそんなことしないでください。
니도또 손나고또 시나이데 쿠다사이

二度(にど)

재차, 다시.

■ 말대꾸하지마!

Don't talk back to me!
돈 톡 백 투미
口答えはやめて！
쿠치고따에와 야메떼

■ 바보 짓 하지마!

Don't make a fool of yourself!
돈 메이커 후럽 유어 쎌프
ばかなことするなよ!
바까나 고또 스루나요

■ 이 바보, 이 망할 자식아!

You stupid, son of a bitch!
유 스투피드 썬 어 버 비치
このばか゛ けしからん奴！
고노 바까 케시카란 야쯔

けしからん

괘씸하다. 무례하다.

>>> 불평

■ 투덜거리지마!

Don't complain!
돈 컴플레인
ぶつぶつ言うなよ!
부쯔부쯔 이우나요

ぶつぶつ

불평 불만이나 잔소리를 하는 모양, 투덜투덜

■ 그만 투덜거리세요.

Stop grumbling.
스탑 그럼블링
ぶつぶつ言わないでください。
부쯔부쯔 이와나이데 쿠다사이

■ 나한테 이래라 저래라 하지 마세요.

Don't boss me around.
돈 보스미 어롸운드
私にああしろこうしろと言わないでください。
와따시니 아아시로 고우시로또 이와나이데 쿠다사이

こうしろああしろ

이래라, 저래라

■ 또 시작이군.

Here we go again.
히어위 고 어겐
また始まったよ。
마따 하지맛따요

■ 나는 이 일이 지겨워요.

I'm tired of this job.
아임 타이어더브 디스 잡
わたしはこの仕事にうんざりです。
와따시와 고노 시고또니 운자리 데스

■ 스트레스 쌓인다!

It's stressful!
잇쯔 스트레쓰훌
ストレスたまる！
스토레스 타마루

■ 나한테 불만있어요?

Do you have something against me?
두유 햅 썸씽 어겐스트 미
私に文句がありますか。
와따시니 몬꾸가 아리마스까

文句(もんく)

불만이나 할말, 트집

>>> 화

■ 화나셨어요?

Are you upset?
아유 업셋
怒ってますか。
오꼿떼마스까

■ 왜 그렇게 화가 났어요?

What makes you so upset?
왓 메익쓰 유 쏘 업셋
どうしてそんなに怒ってますか。
도우시떼 손나니 오꼿떼마스까

■ 당신 나한테 화났어요?

Are you mad at me?
아유 매드 앳미
あなた 私に怒ってますか？
아나따 와따시니 오꼿떼마스까

211

■ 아직도 화났어요?

Are you still angry?
아유 스틸 앵그리
まだ 怒ってますか。
마다 오꽂떼마스까

■ 더 이상 못참겠어요.

I can't stand it anymore.
아이 캔 스탠드 잇 애니모어
これ以上 我慢できないです。
코레이죠- 가망 데끼나이데스

我慢(がまん)できない
참을 수 없다.

■ 화나게 하지 마세요!

Don't burn me up!
돈 번미 업
怒らせないで下さい。
오꼬라세나이데 쿠다사이

■ 미치겠어요.

I'm going crazy.
아임 고잉 크레이지
狂いそうです。
크루이소우 데스

■ 그는 나를 미치게 만들어.

He drives me up the wall.
히 드라이브즈 미 업더 월
彼は私を狂わせる。
카레와 와따시오 크루와세루

~せる
~하게 하다. ~시키다.

■ 너때문에 미치겠어.

You make me crazy.
유 메익 미 크레이지
お前のために狂いそうだ。
오마에노 타메니 크루이소우다

■ 미칠 것 같아.

I'm going nuts.
아임 고잉 넛츠
狂いそうだよ。
크루이소우다요

■ 참는 것도 한계가 있어요.

My patience is worn out.
마이 페이션쓰 이즈 원 아웃
我慢するにも限界がありますよ。
가망스루니모 겐까이가 아리마스요

■ 인내도 한계가 있어요.

There is a limit to my patience.
데어리저 리밋 투 마이 페이션쓰
忍耐にも限界がありますよ。
닌따이니모 겐까이가 아리마스요

〉〉〉 긴장

■ 나 긴장돼.

I'm nervous.
아임 너버스
私´緊張する。
와따시 킨쵸스루

■ 마음이 조마조마해.

I've got butterflies in my stomach.
아이브 갓 버러훌라이즈 인 마이 스토막
ひやひやする。
히야히야 스루

ひやひや

마음을 조리는 모양, 조마조마

PART04 표현

■ 너무 걱정되서 안절부절 못하겠어.

I'm worried I feel like I have ants in my pants.
아임 워리드 아 휠 라익 아이 햅 앤츠 인 마이 팬츠
とても心配で居ても立ってもいられないよ。
도떼모 심빠이데 이떼모 탓떼모 이라레나이요

■ 난 긴장하고 있어요.

I'm on the ball.
아임 온 더 볼
私´緊張してますよ。
와따시 킨쵸- 시떼마스요

■ 긴장을 풀어봐.

Calm your nerves.
캄 유어 너브즈
緊張を解いてみて。
킨쵸-오 토이떼미떼

■ 긴장을 풀어요.

Relax.
뤨렉스
緊張を解いてください。
킨쵸-오 토이떼 쿠다사이

긴장하고 있다
긴장하고 있음을 표현하는 말은 I'm nervous가 있다.

緊張を解く
긴장을 풀다.

〉〉〉 두려움

■ 너무 불안하다.

I'm so restless.
아임 쏘 뢰스틀리쓰
ほんとうに不安になる。
혼또-니 후안니 나루

저 겁나 죽겠어요.

I'm scared to death.
아임 스케어드 투 데쓰
私´怖くてたまらない。
와따시 코와쿠떼 타마라나이

생각만 해도 무서워요.

I dread to think of that.
아이 드레드투 씽 커브 댓
考えるだけでも怖い。
캉가에루 다께데모 코와이

두려워하지마!

Don't be scared!
돈비 스케어드
恐れるな!
오소레루나

생각만 해도 등골이 오싹해요.

I shudder at the thought of it.
아이 셔더 앳더 써터브 잇
考えるだけでも背筋が寒くなります。
캉가에루 다케데모 세스지가 사무꾸 나리마스

온 몸에 소름이 끼쳐요.

I have goose bumps all over.
아이 햅 구스 범프스 얼 오버
全身に鳥肌が立ちます。
젠신니 토리하다가 타찌마스

たまらない
~해 죽겠어

背筋が寒くなる
[관용구] 등골이 오싹해지다.

鳥肌(とりはだ)が立つ
소름이 끼치다. 닭살이 돋는다.

〉〉〉 다툼

■ 내게 싸움 걸지 마세요.

Don't pick a fight with me.
돈 피커 화이트 윗미
私にけんかを仕掛けないでください。
와따시니 켕까오 시카케나이데 쿠다사이

> **けんかを仕掛ける**
> 싸움을 걸다.

■ 언성을 높이지 마세요.

Please don't raise your voice.
플리즈 돈 뢰이즈 유어 보이스
声を高くしないでください。
고에오 타까꾸 시나이데 쿠다사이

■ 너 죽고 싶은 모양이구나.

You have a death wish.
유 해버 데쓰 위쉬
おまえ´死にたいか。
오마에 시니따이까

■ 바보같이 굴지 마세요.

Don't be silly.
돈 비 씰리
びくびくしないでください。
비꾸비꾸 시나이데 쿠다사이

> **びくびく**
> 겁나서 떠는 모양, 흠짓 흠짓, 벌벌

■ 생트집 잡지 마세요.

Stop riding me.
스탑 라이딩미
無理難題をふっかけないでください。
무리난다이오 훗카께 나이데 쿠다사이

002 감정 표현

■ 나이값을 하세요.

Act your age.
액트 유어 에이쥐
年がいをしてください。
토시가이오 시떼 쿠다사이

相応(そうおう)
알맞음, 어울림

振る舞う(ふるまう)
행동하다.

■ 말도 안 되는 소리 하지마!

Stop your nonsense.
스탑 유어 난쎈쓰
とんでもないことをいうな！
톤데모나이 고또오 이우나

とんでもない
터무니 없다. 당치도 않다.

■ 너 두고보자! (기억해 둬!)

You can't get away with this.
유 캔 게러웨이 위디스
覚えておけ！
오보에떼 오케

■ 복수할꺼야.

I'll pay back.
아윌 페이백
仕返ししてやるぞ。
시카에시 시떼야루죠

■ 말이 지나치군.

You are going too far.
유아 고잉 투 화
言いすぎだね。
이이스기 다네

言いすぎ
과언, 말이 지나침

■ 끼어들지마!

Don't cut in.
돈 커린
割り込むな！
와리고무나

割り込む(わりこむ)
끼어들다. 말참견하다.

PART04 표현

》》》 후회

■ 후회스럽습니다.

I'm regretful.
아임 뤼그렛훌
後悔になります。
코-까이니 나리마스

■ 언젠가 후회할 거야.

Someday you will be sorry.
썸데이 유 윌비 쏘리
いつかは後悔するだろう。
이쯔까와 코-가이 스루다로-

■ 이 일로 후회할 겁니다.

You'll be sorry for this.
유일비 쏘리 훠 디스
このことで後悔するだろうと思います。
코노 고또데 코-까이 스루다로-또 오모이마스

だろう
~할 것이다.

■ 이젠 너무 늦었어.

It's too late now.
잇쯔 투 레잇 나우
もう遅すぎるよ。
모-오소스기루요

過ぎる(すぎる)
너무 ~하다. 지나치게 ~하다.

■ 더 노력했더라면 좋았을걸.

I wish I have tried harder.
아이 위쉬 아이 햅 트라이드 하더
もっと努力すればよかったものを。
못또 도료꾸스레바 요깟따모노오

- 내가 너에게 무슨 짓을 한거지?

    What have I done to you?
    왓 햅 아이 던 투 유
    私がお前にどんなことをしたんだろう。
    와따시가 오마에니 돈나 고또오 시딴다로-

- 언젠가 후회할거야.

    Someday you will regret it.
    썸데이 유 윌 뤼그렛
    いつかは後悔するだろう。
    이쯔까와 코-까이 스루다로-

- 너무 늦었어.

    It's too late.
    잇쯔 투 레잇
    もう遅すぎる。
    모- 오소스기루

003 연애/결혼

>>> 데이트 신청

■ 당신과 데이트하고 싶습니다.

I'd like to go out with you.
아이드 라익투 고 아웃 위듀
あなたとデートしたいです。
아나따또 데-토 시따이데스

■ 나와 데이트 하시겠습니까?

Would you like to go out with me?
우쥬 라익투 고 아웃 윗미
私とデートしてくれますか?
와따시또 데-토 시떼 쿠레마스까

■ 데이트 신청 해도 될까요?

Could I ask you out for a date?
쿠드 아이 애스큐 아웃 훠러 데잇
デートの誘いしてもいいですか?
데-또노 사소이 시떼모 이이데스까

■ 우리 데이트 할까요?

Shall we go on a date?
쉘위 고 언어 데잇
デートしませんか?
데-또 시마셍까

■ 왜 저에게 데이트 신청 안하시죠?

Why don't you ask me out?
와이 돈츄 애스크 미 아웃
どうして私をデートに誘わないですか。
도우시떼 와따시오 데-토니 사소와나이데스까

데이트에 관한 표현

데이트 신청 : ask out
'소개팅 : bline date

誘い(さそい)

권유

■ 이야기 좀 나누고 싶습니다.

I want to talk to you.
아이 원투 톡 투 유
ちょっと話したいです。
좃또 하나시따이 데스

■ 좋습니다.

I'd love to.
아이드 럽 투
いいです。
이이데스

■ 누굴 사귀고 있나요?

Are you seeing somebody?
아유 씽 썸바디
だれか付き合ってますか。
다레까 쯔끼앗떼 마스까

■ 저 계속 사귀는 친구가 있어요.

I have a steady boyfriend.
아이 해버 스테디 보이후렌
私´付き合っている人がいます。
와따시 쯔끼앗떼 이루히또가 이마스

■ 아니요, 아무와도 데이트 하고 있지 않습니다.

No, I'm not dating anybody.
노 아임 낫 데이팅 애니바디
いいえ´デートしている相手はいません。
이이에 데-또 시떼이루 아이테와 이마셍

■ 파티에 같이 갈 데이트 상대가 없습니다.

I don't have a date for the party.
아이 돈 해버 데잇 훠 더 파리
パーティーに一緒に行く相手がいません。
파-티-니 잇쇼니 이꾸 아이테가 이마셍

- 당신과 사귀고 싶습니다.

    I want to make friends with you.
    아이 원투 메익 후렌 위듀
    あなたと付き合いたいです。
    아나따또 쯔끼아이따이 데스

- 당신에게 반했습니다.

    I have a crush on you.
    아이 해버 크러쉬 언유
    あなたに惚れました。
    아나따니 호레마시따

    ### Crush
    흔히 짝사랑을 one-side love라고 하는데 이것은 잘못된 표현이다.

- 당신이 정말 마음에 듭니다.

    You really strike[struck] me.
    유 뤼얼리 스트라익[스트럭] 미
    あなたか本当に気に入ります。
    아나따가 혼또-니 키니 이리마스

- 남자친구로서 저 어때요?

    How about me as a boyfriend?
    하우 어바웃 미 애저 보이후렌
    彼氏として私どうですか？
    카레시또시떼 와따시 도우데스까

- 전 관심없어요.

    I'm not interested.
    아임 낫 인터뤠스팃
    私は興味ありません。
    와따시와 쿄-미 아리마셍

- 여자친구가 되고싶어요.

    I'd like to be your girlfriend.
    아이드 라익투 비 유어 걸후렌
    彼女になりたいです。
    카노죠니 나리따이데스

- 저 바람맞히지 마세요.

    Don't drop me cold.
    돈 드랍미 콜드
    私を振らないでください。
    와따시오 후라나이데 쿠다사이

- 집까지 바래다 줄께요.

    I'll escort you home.
    아일 에스콧 유 홈
    家まで送ってあげます。
    이에마데 오꿋떼 아게마스

- 전화번호 좀 알려주시겠어요?

    Can you tell[give] me your phone number?
    캔유 텔[깁]미 유어 폰 넘버
    電話番号を教えてくれますか？
    뎅와방고-오 오시에떼 쿠레마스까

〉〉〉 데이트 중

- 우리 어디로 갈까요?

    Where should we go?
    웨어 슈드 위 고
    どこに行きましょうか？
    도꼬니 이끼마쇼-까

- 첫 데이트했던 곳으로 갑시다.

    Let's go to the place we had our first date.
    렛쯔고 투더 플레이쓰 위 햇 아워 훠슷 데잇
    初めてのデートした所に行きましょう。
    하지메떼노 데-또시따 도꼬로니 이끼마쇼-

■ 조금 천천히 걸으실래요?

Could you slow down a little bit?
쿠쥬 슬로 다운어 리틀 빗
もっとゆっくり歩きましょうか?
못또 윳꾸리 아루키 마쇼-까

■ 당신과 함께 있는 것이 행복합니다.

I'm happy to be with you.
아임 해피 투비 위듀
あなたと一緒にいることが幸せです。
아나따또 잇쇼니 이루 고또가 시아와세 데스

■ 늦었어요, 집에 가야겠어요.

It's late. I have to go home.
잇쯔 레잇 아이 햅 투 고 홈
遅くなりましたね゜そろそろ家に帰ります。
오소꾸 나리마시따네 소로소로 이에니 카에리마스

■ 제가 바래다 드릴께요.

I'll escort you home.
아일 에스코트 유 홈
私が送ってあげます。
와따시가 오꿋떼 아게마스

■ 제가 집까지 데려다 줄께요.

Let me take you home.
렛미 테이큐 홈
私が家まで送ってあげます。
와따시가 이에마데 오꿋떼 아게마스

■ 오늘 즐거웠어요.

I enjoyed myself today.
아이 인죠이드 마이쎌프 투데이
今日゛楽しかったです。
쿄- 타노시깟따 데스

■ 당신을 만나서 즐거웠습니다.

It's been nice meeting you.
잇쯔빈 아이쓰 미링 유
あなたに会えて楽しかったです。
아나따니 아에떼 타노시깟따 데스

■ 당신을 보내고 싶지 않군요.

I never want to leave you.
아이 네버 원투 리뷰
あなたを帰らせたくないですね。
아나따오 카에라세따꾸 나이데스네

■ 우리 다시 만날 수 있을까요?

Could we see each other again?
쿠드 위 씨 이취 아더 어겐
また会えますか？
마따 아에마스까

■ 또 만나 주시겠어요?

Will you see me again?
윌유 씨미 어겐
また'会ってくれますか？
마따 앗떼 쿠레마스까

■ 물론 기꺼이 그러죠.

Sure, my pleasure.
슈 마이 플레줘
もちろん' 喜んで。
모찌롱데스 요로콘데

>>> 애정

■ 저 여자친구 생겼어요.

I've got a girl friend.
아이브 가러 걸후렌
私′彼女ができました。
와따시 카노죠가 데끼마시따

■ 언제나 당신을 생각합니다.

I think about you all the time.
아이 씽커바우츄 얼 더 타임
いつもあなたのことを考えます。
이쯔모 아나따노 고또오 캉가에마스

■ 당신은 항상 내 마음 속에 있어요.

You are always in my mind.
유아 얼웨이즈 인 마이 마인드
あなたはいつも私の心の中にいます。
아나따와 이쯔모 와따시노 고꼬로노 나까니 이마스

■ 매일 당신을 생각하고 있어요.

You are in my thoughts everyday.
유아 인 마이 써츠 에브리데이
毎日′あなたのことを考えています。
마이니찌 아나따노 고또오 캉가에떼 이마스

■ 당신을 진심으로 사랑합니다.

I love you with all my heart.
아이 러뷰 위드 얼 마이 하트
あなたを本気で愛しています。
아나따오 혼끼데 아이시떼 이마스

■ 당신만을 사랑합니다.

I love only you.
아이 럽 온리 유
あなただけを愛しています。
아나따 다케오 아이시떼 이마스

■ 당신은 나의 모든 것을 의미합니다.

You mean everything to me.
유 민 에브리씽 투미
あなたは私の全てです。
아나따와 와따시노 스베떼 데스

■ 당신은 내 인생의 전부입니다.

You are my whole life.
유아 마이 홀 라이프
あなたは私の人生の全部です。
아나따와 와따시노 진세-노 젠부 데스

■ 당신 없으면 살 수가 없습니다.

I can't live without you.
아이 캔 리브 위다아우츄
あなたがいなければ生きていけません。
아나따가 이나케레바 이키떼 이케마셍

■ 당신과 함께 있고 싶습니다.

I want to be with you
아이 원투비 위듀
あなたと一緒にいたいです。
아나따또 잇쇼니 이따이데스

■ 죽는 날까지 당신을 사랑할 것입니다.

I'll love you until the day I die.
아이 러뷰 언틸 더 데이 아이 다이
死ぬ日まであなたを愛し続けます。
시누히마데 아나따오 아이시 쯔즈께마스

풋사랑

풋사랑의 표현은 puppy love(강아지 같은 사랑)라고 한다.

- 제 곁에 있어주세요.

    Stick with me, please.
    스틱 윗미 플리즈
    私の側にいてください。
    와따시노 소바니 이떼 쿠다사이

- 당신을 위해 모든 것을 포기할 수 있습니다.

    I can give up everything for you.
    아이 큰 기법 에브리씽 훠유
    あなたのためなら全て諦めることができます。
    아나따노 타메나라 스베떼 아키라메루 고또가 데끼마스

- 우리 사랑은 영원할 것입니다.

    Our love will last forever.
    아워 럽 윌 래숫 훠레버
    私たちの愛は永遠に続きます。
    와따시다찌노 아이와 에-엔니 쯔즈끼마스

- 나는 당신과 영원히 함께 할 것입니다.

    I'll be with you forever.
    아일 비 위듀 훠레버
    私は永遠にあなたと一緒にいます。
    와따시와 에-엔니 아나따또 잇쇼니 이마스

- 영원히 당신을 사랑할 것입니다.

    I'll love you forever.
    아일 러뷰 훠레버
    永遠にあなたのことを愛します。
    에-엔니 아나따노 고또오 아이시마스

- 꼭 안아주세요.

    Hug me tight, please.
    허그미 타이트 플리즈
    ぎゅっと抱きしめてください。
    큐또 타키시메떼 쿠다사이

■ 키스해 주세요.

Kiss me, please.
키쓰미 플리즈
キスしてください。
키스시떼 쿠다사이

■ 지금 그럴 기분이 아닙니다.

I'm not in the mood right now.
아임 낫 인더 무드 롸잇 나우
今´そうこう気分ではありません。
이마 소우이우 키분데와 아리마셍

■ 제 마음은 항상 당신과 함께 할 것입니다.

My heart will always be with you.
마이 핫 윌 얼웨이즈비 위듀
私の心はいつもあなたと一緒にいます。
와따시노 고꼬로와 이쯔모 아나따또 잇쇼니 이마스

■ 당신 없는 세상은 제게 아무런 의미가 없습니다.

The world without you is meaningless to me.
더 월드 위다우츄 이즈 미닝리쓰 투미
あなたがいない世の中は私になんの意味もありません。
아나따가 이나이 요노나까와 와따시니 난노 이미모 아리마셍

■ 여자친구와 잘 되고 있니?

How are you getting along with your girl friend?
하우 아유 게링 어롱 위쥬어 걸후렌
彼女とは順調ですか。
카노죠또와 쥰쵸- 데스까

順調(じゅんちょう)

순조

〉〉〉 이별

■ 말할 게 있어요. 우리 헤어져요.

I'll tell you what. We should break up.
아일 텔 유 왓 위 슈드 브레이컵
言いたいことがあります｡私たち､別れましょう｡
이이따이 고또가 아리마스 와따시다찌 와까레마쇼-

■ 당신은 언제나 나를 실망시켜요.

You always let me down.
유 웨이즈 렛미 다운
あなたはいつも私をがっかりさせます｡
아나따와 이쯔모 와따시오 각까리 사세마스

■ 난 당신이 지겨워요.

I'm fed up with you.
아임 훼덥 위듀
私､あなたのことがうんざりです｡
와따시 아나따노 고또가 운자리 데스

■ 당신이 꼴도 보기 싫어요.

I can't bear the sight of you.
아이 캔 베어 더 싸이터브 유
あなたがみっともないです｡
아나따가 밋또모 나이데스

■ 당신이 미워요.

I hate you.
아이 헤이츄
あなたが嫌いです｡
아나따가 키라이 데스

003 연애/결혼

■ 당신 태도가 나를 실망시켜요.

Your manners let me down.
유어 매너즈 렛미 다운
あなたの態度が私をがっかりさせます。
아나따노 타이도가 와따시오 각까리 사세마스

■ 당신을 더 이상 사랑하지 않습니다.

I don't love you anymore.
아이 돈 러뷰 애니모어
あなたをもう愛していません。
아나따오 모우 아이시떼 이마셍

■ 깨끗이 헤어집시다.

Let's break it off cleanly.
렛쯔 브레이킷 어프 클린리
きっぱり別れましょう。
킷빠리 와까레마쇼-

■ 듣던 중 반갑네요.

That's good to hear.
댓쯔 굿 투 히어
私もそれを聞いて嬉しいです。
와따시모 소레와 키이떼 우레시이데스

■ 난 당신과 끝났어요.

I'm through with you.
아임 쓰루 위듀
私'あなたとはもう終りました。
와따시 아나따또와 모우 오와리마시따

■ 이렇게 될 줄 알았어요.

I knew this would happen.
아이 뉴 디스 우드 해픈
こんなことになると思ってました。
콘나 고또니 나루또 오못떼 마시따

PART04 표현

■ 당신을 포기할 수 없어요.

I can't give you up.
아이 캔 기뷰 업
あなたを諦めないです。
아나따오 아키라메나이데스

■ 미안합니다, 절 용서해주세요.

I'm sorry. Please forgive me.
아임쏘뤼 플리즈 훠깁미
申し訳ございません。私を許してください。
모우시와 고자이마셍 와따시오 유루시떼 쿠다사이

■ 다시 생각해봐요.

Please, think it over.
플리즈 씽크 잇 오버
もう一度考えてみてください。
모우 이찌도 캉가에떼 미떼 쿠다사이

■ 처음부터 다시 시작해요.

Let's start from the beginning again.
렛쯔 스타트 후럼더 비기닝 어겐
最初からまた始めましょう。
사이쇼까라 마따 하지메쇼-

■ 우린 헤어졌지만 친구로 지냅니다.

Though we've broken up, let's still be friends.
도우 위브 브로큰 업 렛쯔 스틸 비 후렌즈
私たち、別れても友たちでいましょう。
와따시다찌 와까레떼모 토모다찌데 이마쇼-

실연에 관한 표현

누군가에게 차이면 get dumped라고 하고 거절당하면 get rejected라고 표현한다.

〉〉〉 결혼

■ 당신과 결혼하고 싶습니다.

I want to marry you.
아이 원투 매뤼 유
あなたと結婚したいです。
아나따또 켁꼰 시따이 데스

■ 당신에게 반했습니다.

I'm crazy about you.
아임 크레이지 어바우츄
あなたにひとめぼれしました。
아나따니 히또메보레 시마시따

■ 저와 결혼해 주시겠습니까?

Will you marry me?
윌유 매뤼 미
私と結婚してくれますか。
와따시또 게꼰시떼 크레마스까

■ 결혼하셨어요?

Are you married?
아유 매뤼드
結婚してますか。
게꼰 시떼마스까

■ 결혼한지 5년 되었습니다.

I have been married for five years.
아이 햅 빈 매뤼드 훠 화이브 이어즈
結婚して5年になりました。
게꼰시떼 고넹메니 나리마시따

결혼 기념일

Wedding anniversary

■ 자녀가 몇 입니까?

How many children do you have?
하우매니 췰드런 두유 햅
お子様は何人ですか。
오코사마와 난닝 데스까

■ 자녀가 있습니까?

Do you have any children?
두유 햅 애니 췰드런
お子様はいらっしゃいますか。
오코사마와 이랏샤이마스까

■ 아이들이 있습니까?

Have you got any kids?
해뷰 갓 애니 키즈
お子様はいらっしゃいますか。
오코사마와 이랏샤이마스까

■ 여섯살 먹은 사내아이가 있습니다.

I have a 6year old boy.
아이 해버 씩쓰이어 올드 보이
六歳の息子がいます。
록사이노 무스꼬가 이마스

■ 딸 둘에 아들은 없습니다.

I have two girls but, no sons.
아이 햅 투 걸즈 벗 노 썬즈
娘が二人で息子はいません。
무스메가 후따리데 무스꼬와 이마셍

■ 아들은 초등학생입니다.

My son is in elementary school.
마이 써니즈 인 엘러멘츄리 스쿠울
息子は小学生です。
무스꼬와 쇼-각세 데스

■ 언제 결혼하실 겁니까?

When are you going to get married?
웬 아유 고잉투 겟 매뤼드
いつ結婚するつもりですか。
이쯔 게꼰스루 쯔모리 데스까

■ 올 봄에 결혼할 겁니다.

I'm going to get married this spring
아임 고잉투 겟 매뤼드 디스프링
今年の春に結婚するつもりです。
고토시노 하루니 게꼰스루 쯔모리 데스

■ 저는 기혼입니다.

I am married.
아이 앰 매뤼드
私は既婚です。
와따시와 키꼰 데스

■ 저는 독신입니다.

I am single.
아이 앰 씽글
独身です。
독신 데스

■ 누구 생각해 둔 사람이 있나요?

Do you have anyone in mind?
두유 햅 애니원 인 마인드
だれか心を引かれる人はいませんか。
다레까 코꼬로오 히까레루 히또와 이마생까

■ 저는 교제하는 사람이 없어요.

I'm not seeing anybody.
아임 낫 씽 애니바디
私は付き合っている人がいません。
와따시와 쯔끼앗떼이루 히또가 이마생

- 그는 제타입이 아니예요.

    He's not my type.
    히즈 낫 마이 타입
    彼は私のタイプじゃありません。
    카레와 와따시노 타이푸쟈 아리마생

- 저는 그녀와 약혼한 사이입니다.

    I am engaged to her.
    아이 앰 인게이지드 투 허
    彼女は私の婚約者です。
    카노죠와 와따시노 콘야꾸샤 데스

- 별거중입니다.

    I'm separated.
    아임 쎄퍼레이팃
    別居中です。
    벳꼬츄- 데스

- 이혼했습니다.

    I'm divorced.
    아임 디보쓰트
    離婚しました。
    리꼰 시마시따

004 화술

>>> 말 걸기

■ 저, 여보세요.

　Excuse me, sir.
　익스큐즈미 써
　あの′すみません。
　아노 스미마셍

■ 저기요.

　Say.
　쎄이
　あのですね。
　아노데스네

■ 이봐.

　listen.
　리쓴
　おい…
　오이

■ 저기.

　look.
　룩
　あの…
　아노

■ 잠깐요.

　Look here.
　룩 히어
　ちょっと。
　죠또

237

■ 어떻게 불러야 하나요?

What do they call you?
왓 두 데이 콜 유
どう呼んだらいいですか。
도우 욘다라 이이데스까

■ 드릴 말씀이 있는데요.

I tell you what.
아이 텔 유 왓
お話がありますが。
오하나시가 아리마스가

■ 말씀드릴 게 좀 있습니다.

I need to tell you something.
아이 니투 텔 유 썸씽
ちょっとお話したいことがあります。
좃또 오하나시 시따이고또가 아리마스

■ 이야기 좀 할 수 있을까요?

Can I have a word with you?
캐나이 해버 워드 위듀
ちょっとお話できますか。
좃또 오하나시 데끼마스까

■ 사적인 말을 나누고 싶습니다.

I'd like to talk privately.
아이드 라익투 톡 프라이비틀리
プライベートなお話をしたいです。
프라이베ー또나 오하나시오 시따이데스

■ 개인적인 것을 말씀드리고 싶습니다.

I wish to discuss something personal.
아이 위시투 디시커스 썸씽 퍼스널
個人的なことをお話したいです。
코진떼끼나 고또오 오하나시 시따이데스

004 화술

■ 할 이야기가 있습니다.

I want to speak with you.
아이 원투 스픽 위듀
お話があります。
오하나시가 아리마스

■ 시간 좀 있나요?

Do you have a minute?
두유 해버 미닛
ちょっと時間ある?
쫏또 지깐아루

■ 잠깐 시간 좀 내주시겠습니까?

Could you spare a minute?
쿠쥬 스페어 미닛
ちょっと時間をいただけますか。
쫏또 지깐이오 이따다케마스까

■ 당신과 이야기 좀 할 수 있을까요?

Can I talk with you?
캐나이 톡 위듀
あなたとちょっとお話できますか。
아나따또 쫏또 오하나시 데끼마스까

■ 이야기 할 것이 있습니다.

I have something to tell you.
아이 햅 썸씽투 텔 유
お話したいことがあります。
오하나시 시따이 고또가 아리마스

■ 물어볼 것이 좀 있는데요?

May I ask you some questions?
메아이 애스큐 썸 퀘스쳔스
ちょっとお聞きしたことがありますが。
죠또 오키키시따이 고또가 아리마스가

말에 관한 표현

say는 독백적인 말이고 talk는 대화를 나눌 때 사용하며 tell은 정보를 알려줄 때 사용된다.

■ 무슨 이야기를 하고 싶으세요?

What do you have on your mind?
왓 두유 햅 언 유어 마인드
どんなお話がしたいですか。
돈나 오하나시가 시따이데스까

■ 무슨 말을 하고 싶은 건데요?

What would you like to say?
와루쥬 라익투 쎄이
どんなお話がしたいのですか。
돈나 오하나시가 시따이노 데스까

■ 문제가 뭐죠?

What's the problem?
왓쯔 더 프라블럼
何が問題ですか。
나니가 몬다이 데스까

>>> 대화 중

■ 다른 이야기를 합시다.

Let's talk about something else.
렛쯔 톡 어바웃 썸씽 엘쓰
他の話をしましょう。
호까노 하나시오 시마쇼-

■ 제 말을 끝까지 들어보세요.

Why don't you hear me out?
와이 돈츄 히어 미 아웃
私の話を最後まで聞いてください。
와따시노 하나시오 사이고마데 키이떼 쿠다사이

■ 저는 할 말을 다 했습니다.

I have had my say.
아이 햅 햇 마이 쎄이
私は話したいことは全部話しました。
와따시와 하나시따이 고또와 젠부 하나시마시따

■ 더 하실 말씀 있으세요?

Do you have anything further to say?
두유 햅 애니씽 훠더 투 쎄이
もっとお話したいことはありますか。
못또 오하나시 시따이 고또와 아리마스까

■ 제 말을 취소하겠습니다.

I'll take back my words.
아일 테익 백 마이 워즈
私の話を取り消しにしていただきます。
와따시노 하나시오 토리케시니 시떼 이따다끼마스

■ 제 말을 잠깐 들어보세요.

Just listen to me for a minute.
저슷 리쓴 투미 훠러 미닛
私の話をちょっと聞いてください。
와따시노 하나시오 좃또 키이떼 쿠다사이

■ 열심히 듣고 있습니다. / 열심히 보고 있습니다.

I'm all ears. / I'm all eyes.
아임 얼 이어즈 / 아임 얼 아이즈
一生懸命聞いています。
잇쇼−켄메− 키이떼 이마스

一生懸命

열심히

>>> 질문

■ 질문 하나 있습니다.

I have a question.
아이 해버 퀘스천

一つ質問があります。
히또쯔 시쯔몽가 아리마스

■ 사적인 질문 하나 해도 괜찮겠습니까?

May I ask you a personal question?
메아이 애스큐 어 퍼스널 퀘스천

プライベートな質問を一つしてもよろしいですか。
프라이벳-토나 시쯔몽오 히또쯔 시떼모 요로시이 데스까

■ 물어볼 게 하나 더 있습니다.

There's one more thing.
데어즈 원 모어 씽

もう一つお聞きしたいことがあります。
모우 히또쯔 오키키시따이 고또가 아리마스

■ 누구에게 물어봐야 하죠?

To whom should I ask?
투 훔 슈다이 애스크

だれに聞いたらいいですか。
다레니 키이따라 이이데스까

■ 이것을 영어(일본어)로 뭐라고 하죠?

What's this called in English?
왓쯔 디스 콜딘 잉글리쉬

これを日本語でなんといいますか。
고레오 니홍고데 난또 이이마스까

■ 이 단어를 어떻게 발음하나요?

How do you pronounce this word?
하우 두유 프러나운스 디스 워드
この単語をどう発音しますか。
고노 탄고오 도우 하쯔옹 시마스까

■ 그것은 뭘로 만들었나요?

What's it made of?
왓쯔 잇 메이덥
これは何で作りましたか。
고레와 나니데 쯔끄리마시따까

■ 그것은 어디에 사용하는 것입니까?

What's it used for?
왓쯔 잇 유즈드 훠
それはどこで使うものですか。
소레와 도꼬데 쯔까우 모노 데스까

■ 답변을 해주세요.

Give me the answer.
깁미더 앤써
ご返答お願いします。
고헨또- 오네가이시마스

■ 맞춰 보세요.

Try to guess.
츄라이 투 게쓰
当ててみてください。
아떼떼 미떼 쿠다사이

■ 그냥 물어보는거야, 그게 전부야.

I'm just asking. That's all.
아임 저슷 애스킹 댓쯔 얼
ただ聞いただけなの。それだけだよ。
타다 키이따 다케나노 소레다케다요

■ 질문 없나요?

Any questions?
애니 퀘스쳔스
質問はありませんか。
시쯔몽와 아리마셍까

■ 질문 있습니까?

Do you have any questions?
두유 햅 애니 퀘스쳔스
質問ありますか。
시쯔몽 아리마스까

■ 질문 있으면 손을 드세요.

Raise your hand if you have any questions.
레이즈 유어 핸 이퓨 햅 애니 퀘스쳔스
質問があったら手を上げてください。
시쯔몽가 앗따라 테오 아게떼 쿠다사이

■ 다음 질문 하세요.

Give me the next question.
깁미더 넥쓰트 퀘스쳔
次の質問お願いします。
쯔기노 시쯔몽 오네가이시마스

■ 더 쉽게 다시 설명해주시겠습니까?

Could you make it easier?
쿠쥬 플리즈 메이킷 이지어
もっと分かりやすく説明していただけますか。
못또 와까리야스꾸 세쯔메―시떼 이따다케마스까

■ 다른 말로 설명해주시겠습니까?

Could you be more specific?
쿠쥬 비 모어 스피씨휙
もっと詳しく説明していただけますか。
못또 쿠와시꾸 세쯔메―시떼 이따다케마스까

- 요점을 말씀해 주세요.

    Come to the point.
    컴투더 포인
    要点をおっしゃってください。
    요-텡오 옷샷떼 쿠다사이

〉〉〉 답변

- 좋은 질문입니다.

    Good question.
    굿 퀘스천
    いい質問です。
    이이 시쯔몽 데스

- 더 이상 묻지 마세요.

    No more questions.
    노 모어 퀘스천스
    これ以上' 聞かないでください。
    고레 이죠- 키카나이데 쿠다사이

- 뭐라 답변해야할지 모르겠습니다.

    I don't know how to answer that question.
    아이 돈 노 하우 투 앤써 댓 퀘스천
    なんと返答したらいいのかよく分かりません。
    난또 헨또-시따라 이이노까 요꾸와까리마셍

- 말하지 않겠습니다.

    No comment.
    노 코멘트
    言わないつもりです。
    이와나이 쯔모리데스

用心(ようじん)

조심함, 주의 경계함

■ 곧 알게 될 것입니다.

You'll find out soon.
유일 화인다웃 쑨
もうすぐ分かるようになります。
모우 스구 와까루 요우니 나리마스

■ 말하자면 길어요.

That's a long story.
댓쯔 어 롱 스토리
話したら長いです。
하나시따라 나가이데스

■ 더 이상 구체적으로 말할 수 없습니다.

I can't be more specific.
아이 캔 비 모 스피씨휙
これ以上′ 具体的には言えません。
고레이죠- 구따이떼끼니와 이에마셍

■ 그것은 상식이예요.

It's common sense.
잇쯔 커먼 쎈쓰
それは常識です。
소레와 죠-시끼 데스

〉〉〉 동의

■ 동의합니까?

Is it a deal?
이즈이러 딜
同意しますか。
도-이 시마스

■ 동의합니다.

I agree with you.
아이 어그리 위듀
同意します。
도우이 시마스

■ 동감합니다.

I feel the same way.
아이 휠더 쎄임 웨이
同感です。
도우깐데스

■ 찬성합니다.

I'll buy that.
아일 바이 댓
賛成します。
산세-시마스

■ 저도 그렇게 생각합니다.

I think so.
아씽 쏘
私もそう思います。
와따시모 소우 오모이마스

■ 이해합니다.

I understand.
아이 언더스탠
分かります。
와까리마스

■ 그렇습니까?

Is that so?
이즈댓 쏘
そうですか。
소우데스까

- 당신에게 찬성합니다.

    I'm in favor of you.
    아임 인 훼이버브 유
    あなたに賛成します。
    아나따니 산세-시마스

- 그 점에 대해 동감입니다.

    I'm with you on that.
    아임 위듀 언댓
    その点に関しては同感です。
    소노 텡니 칸시떼와 도-깐 데스

- 저는 전적으로 당신에게 동의합니다.

    I can go all the way with you.
    아이 큰 고 얼더 웨이 위듀
    私は全面的にあなたに同意します。
    와따시와 젠멘떼끼니 아나따니 도-이 시마스

- 저는 괜찮습니다.

    I don't mind.
    아이 돈 마인드
    私は結構です。
    와따시와 게꼬데스

- 아마 당신이 맞을겁니다.

    Perhaps you're right.
    퍼햅스 유아 롸잇
    たぶんあなたが合ってると思います。
    타분 아나따가 앗떼루또 오모이마스

- 정말 그렇습니다.

    Exactly.
    이그잭틀리
    本当にそうです。
    혼또-니 소우데스

> **찬성합니다.**
>
> 또다른 표현으로는 agree with you가 있다.

■ 당신 생각도 나와 같습니까?

Are you thinking what I'm thinking?
아유 씽킹 왓 아임 씽킹
あなたの考えも私と同じですか。
아나따노 캉가에모 와따시또 오나지데스까

■ 나쁘지 않은데요.

That's not bad.
댓쯔 낫 뱃
悪くはないです。
와루꾸와 나이데스

■ 저로서는 이의가 없습니다.

There is no objection on my part.
데어리즈 노 어브젝션 언 마이 파트
私としては異議がありません。
와따시또시떼와 이기가 아리마셍

■ 당신 좋은 대로 하세요.

Whatever you say.
와레버 유 쎄이
あなたが好きなほうにしてください。
아나따가 스끼나 호우니 시떼 쿠다사이

■ 당신과는 말이 통합니다.

You're speaking my language.
유아 스피킹 마이 랭귀지
あなたとはお話が通じます。
아나따또와 오하나시가 쯔-지마스

■ 저는 그 생각에 찬성하는 바입니다.

I approve of that idea.
아이 어프루버브 댓 아이디어
私はその考えに賛成するところです。
와따시와 소노 캉가에니 산세-스로 도꼬로 데스

■ 내가 하려던 말이 바로 그것입니다.

You took the words right out of my mouth.
유 툭더 워즈 롸잇 아우럽 마이 마우쓰
私が話そうとした話がまさにその通りです。
와따시가 하나소우또 시따 하나시가 마사니 소노 토오리데스

■ 전적으로 찬성합니다.

I'm all for it.
아임 얼 훠릿
全面的に賛成します。
젠멘떼끼니 산세-시마스

■ 그게 제가 생각했던 바입니다.

That's what I thought.
댓쯔 왓 아이 써트
それが私が考えた通りです。
소레가 와따시가 캉가에따 도오리데스

■ 백 번 옳은 이야기입니다만...

I couldn't agree more, but...
아이 쿠든 어그리 모 벗
百番(回)正しい話ですが...
햐꾸방(까이) 타다시이 하나시데스가

〉〉〉 이견

■ 동의하지 않습니다.

I don't agree with you.
아이 돈 어그리 위듀
同意しません。
도-이 시마셍

■ 저는 반대합니다.

I oppose.
아이 어포우즈
私は反対します。
와따시와 한따이 시마스

■ 저는 그렇게 생각하지 않아요.

I don't think so.
아이 돈 씽 쏘
私はそう思いません。
와따시와 소우 오모이마셍

■ 유감스럽지만 아닙니다.

I'm afraid not.
아임 어후레이드 낫
残念ですが 違います。
잔넹데스가 치가이마스

■ 그렇지도 않습니다.

Not exactly.
낫 이그젝틀리
そうでもありません。
소우데모 아리마셍

■ 당신이 틀린 것 같습니다.

I'm afraid you are wrong.
아임 어후레이드 유아 렁
あなたが間違ったようです。
아나따가 마찌갓따 요우데스

■ 얘기가 안통하는군.

We're on different wavelengths.
위아 온 디훠런트 웨이브랭쓰
話が通じない。
하나시가 쯔지나이

PART04 표현

■ 절대 안돼요!

No way.
노 웨이
絶対だめです。
젯따이 다메데스

■ 저는 그럴 수 없습니다.

I can't do that.
아이 캔 두 댓
わたしはそうできません。
와따시와 소우 데끼마셍

■ 그건 당신 생각이죠.

That's what you think.
댓쯔 와류 씽크
それはあなたの考えでしょう。
소레와 아나따노 캉가에 데쇼-

■ 그것에 반대합니다.

I'm against it.
아임 어겐스팃
それに反対します。
소레니 한따이 시마스

■ 절대 아닙니다.

Absolutely not.
앱쏠루틀리 낫
絶対に違います。
젯따이니 치가이마스

■ 그렇게 하고 싶지만 그럴 수 없습니다.

I'd like to say 'yes' but I can't
아이드 라익투 쎄이 '예스' 벗 아이 캔
そうしたいですが そうできません。
소우시따이 데스가 소우데끼마셍

■ 그건 불가능해요.

It's out of the question.
잇쯔 아우럽 더 퀘스천
それは不可能です。
소레와 후까노-데스

〉〉〉 말 이음

■ 알다시피

You know.
유 노
知ってる通り
싯떼루도오리니

■ 아시다시피

I mean to say.
아이 민 투 쎄이
ご存知の通りに
고존지노 도오리니

■ 사실

In fact.
인 홱트
実は
지쯔와

■ 내가 말하고자 했던 것은

What I meant to say is,
왓 아이 맨 투 쎄이즈
私が言いたかったのは
와따시가 이이따깟따노와

PART04 표현

■ 그런데

By the way,
바이 더 웨이
ところで
도꼬로데

■ 뿐만아니라 (게다가)

Besides.
비싸이즈
だけではなく
다케데와나꾸

■ 어쨌든

Anyway,
애니웨이
とにかく
토니까꾸

■ 제가 당신에게 말하려는 것은

I'll tell you what,
아일 텔 유 왓
私があなたに話そうとしたのは
와따시가 아나따니 하나소우또 시따노와

■ 무엇보다도 먼저

first of all,
휘스터브 얼
何よりも先に
나니요리모 사끼니

■ 뭐라고 할까

How should I put it,
하우 슈다이 푸릿
なんというか
난또이우까

내 생각엔...

비슷한 표현으로는 I think, I guess가 있다.

004 화술

■ 글쎄(말이지)

Let me see,
렛미 씨
そうだね゜
소우다네

■ 요점은

The point is,
더 포인티즈
要点は
요-뗀와

■ 사실은

As the matter of fact,
애즈더 매러럽 홱트
実は
지쯔와

〉〉〉 맞장구

■ 그래요?

Is that so?
이즈댓 쏘
そうなんですか゜
소우난데스까

■ 예, 그럼요.

Yes, indeed.
예스 인딧
ええ′ そうですよ。
에- 소우데스요

255

■ 바로 그겁니다.

That's it.
댓쯔 잇
まさにその通りです。
마사니 소노도오리데스

내말이 그말이야

비슷한 표현으로는 That's my point(그것이 내가 말하려는 요점이야)가 있다.

■ 그거 좋군요.

That's good.
댓쯔 굿
それはいいですね。
소레와 이이데스네

■ 궁금하네요.

I wonder.
아이 원더
気になりますね。
키니 나리마스네

■ 아, 그러니까 생각나네요.

Oh, that reminds me.
오 댓 뤼마인드 미
あ、だから思い出します。
아 다까라 오모이 다시마스

■ 오, 그러세요?

Oh, you do?
오 유 두
わ、そうですか。
와 소우데스까

■ 오, 그렇군요.

Oh, I see.
오 아이 씨
わ、そうですね。
와 소우데스네

I see의 쓰임새

I see는 새롭게 알았을 때 사용되고 I know는 이미 알고 있을 때 사용된다.

004 화술

■ 그건 누구의 생각인가요?

Whose idea was it?
후즈 아디디어 워짓
それはだれの考えですか。
소레와 다레노 캉가에 데스까

〉〉〉 농담

■ 농담하십니까?

Are you kidding?
아유 키링
冗談ですか。
죠-단데스까

■ 농담한 거예요.

I was just kidding.
아이워저슷 키링
冗談ですよ。
죠-단데스요

■ 당신 농담하고 있군요.

You are pulling my leg.
유아 풀링 마이 레그
あなた冗談してますね。
아나따 죠-단시떼마스네

■ 농담하지 마세요.

No kidding.
노 키링
冗談しないでください。
죠-단 시나이데 쿠다사이

Pull one's leg

Pull one's leg는 속이거나 놀린다는 뜻이다.

■ 장난치지 마세요.

Don't kid me.
돈 키드 미
いたずらしないでください。
이타즈라 시나이데 쿠다사이

■ 정말입니다.

I'm serious. / I really mean it.
아임 씨뤼어스 / 아이 뤼얼리 민잇
ほんとうです。
혼또-데스

〉〉〉 비밀

■ 이건 비밀이예요.

This is the secret.
디스 이즈더 씨크릿
これは内緒ですよ。
고레와 나이쇼 데스요

■ 당신에게 비밀 하나 알려줄께요.

I'll let you in on a secret.
아일 렛츄 인 언어 씨크릿
あなたにひとつ秘密を教えてあげます。
아나따니 히또쯔 히미쯔오 오시에떼 아게마스

■ 이건 너와 나만의 비밀이다.

This is strictly between you and me.
디스이즈 스트릭틀리 비트윈 유 앤 미
これはあなたと私だけの秘密だ。
고레와 아나따또 와따시다케노 히미쯔다

- **정말이예요?**

    Is that true?
    이즈댓 트루
    本当ですか。
    혼또-데스까

- **확실합니까?**

    Are you sure?
    아유 슈어
    間違いないですか。
    마찌가이나이 데스까

- **비밀 지키세요.**

    Keep it a secret.
    킵이러 씨크릿
    秘密を守ってください。
    히미쯔오 마못떼 쿠다사이

- **아무에게도 말하면 안됩니다.**

    You must not tell anybody.
    유 머슷 낫 텔 애니바디
    だれにも言ってはいけません。
    다레니모 잇떼와 이케마셍

- **말하지마세요.**

    Zip your mouth.
    짚 유어 마우쓰
    言わないでください。
    이와나이데 쿠다사이

- **누구에게도 알리지 마세요.**

    Don't let anybody know.
    돈 렛 애니바디 노
    だれにも知らせないでください。
    다레모 시라세나이데 쿠다사이

비밀 지키세요

또다른 표현으로 Don't spill the beans가 있다.

PART04 표현

■ 아무에게도 말하지 마.

Say nothing to anyone.
쎄이 낫씽투 애니원
だれにも言わないで。
다레니모 이와나이데

■ 혼자만 알고 있을께.

I'll keep it to myself.
아일 킵잇 투 마이쎌프
一人だけ知っておくね。
히또리다케 싯떼 오쿠네

■ 말하지 않을께요.

My mouth is zipped.
마이 마우씨즈 짚트
言わないです。
이와나이데스

■ 당신에게 말할 수 없습니다.

I can't share that with you.
아이 캔 쉐어 댓 위듀
あなたに言えません。
아나따니 이에마셍

>>> 재촉(말)

■ 빨리 말씀하세요.

Tell me quick.
텔미 퀵
早く話してください。
하야꾸 하나시떼 쿠다사이

천천히 말하세요

반대의 표현으로는 Take your time가 있다.

■ 제발 말씀하세요.

　Tell me at once.
　텔미 앳 원쓰
　どうか話してください。
　도우까 하나시떼 쿠다사이

■ 이유를 말씀해보세요.

　Tell me why
　텔미 와이
　理由を話してください。
　리유-오 하나시떼 쿠다사이

■ 누가 그랬는지 말씀해보세요.

　Try to tell me who did it.
　츄라이 투 텔미 후 디딧
　だれがそうしたのか話してみてください。
　다레가 소우시따노까 하나시떼 미떼 쿠다사이

■ 할 말 있으면 하세요.

　Say your say.
　쎄이 유어 쎄이
　お話たいことがあれば話してください。
　오하나시따이고또가 아레바 하나시떼 쿠다사이

〉〉〉 이해

■ 이해가 됩니까?

　Do you understand it?
　두유 언더스텐딧
　理解できますか。
　리까이 데끼마스까

■ 내 말 무슨 뜻인지 아시겠어요?

Do you know what I mean?
두유 노 왓 아이 민
私の話がどういう意味なのか分かりますか。
와따시노 하나시가 도우이우 이미나노까 와까리마스까

■ 무슨 뜻인지 이해하시겠어요?

Do you understand the meaning?
두유 언더스탠더 미닝
どういう意味なのが理解できますか。
도우이우 이미나노까 리까이 데끼마스까

■ 지금까지 제가 한 말을 이해하시겠어요?

Are you with me so far?
아유 윗미 쏘 화
今までの私の話が理解できますか。
이마마데노 와따시노 하나시가 리까이 데끼마스까

■ 제 말 이해하시겠어요?

Are you following?
아유 활로윙 미
私の話が理解できますか。
와따시노 하나시가 리까이 데끼마스까

■ 이해가 됩니다.

It makes sense to me.
잇 메익쎈쓰 투 미
理解できます。
리까이 데끼마스

■ 알았어요.

I got it.
아이 가 릿
分かりました。
와까리마시따

---

make sense

make sense은 **감 잡았어** 혹은 **말 되네**라는 뜻으로 사용한다.

■ 아, 이제 알겠어요.

Oh, I see.
오 아이 씨
あ、やっと分かりました。
아 얏또 와까리마시따

■ 이해할 만 합니다.

That's understandable.
댓쯔 언더스탠더블
理解できます。
리까이데끼마스

■ 잘 알겠어요.

I got the picture.
아이 갓더 픽춰
よく分かりました。
요꾸 와까리마시따

■ 이해가 안되는데요.

I don't understand.
아이 돈 언더스텐
理解できないですが。
리까이 데끼나이 데스가

■ 이해할 수 없군요.

I can't figure it out.
아이 캔 휘겨 잇 아웃
理解できませんね。
리까이 데끼마셍네

■ 이해하기 어렵군요.

It's hard to figure it out.
잇쯔 하드 투 휘겨 잇 아웃
理解するのが難しいですね。
리까이 스루노가 무즈까시이 데스네

PART04 표현

■ 도무지 감이 안잡힙니다. (잘 모르겠습니다.)

I can't get the hang of it.
아이 캔 겟더 행 어빗
どうしてもよく分かりません。
도우시떼모 요꾸 와까리마셍

■ 무슨 말을 하는지 모르겠어요.

I don't follow you.
아이 돈 활로 유
どういう話なのか分かりません。
도우이우 하나시나노까 와까리마셍

■ 잘 모르겠는데요.

You've lost me.
유브 로슷 미
よく分かりません。
요꾸 와까리마셍

■ 뭐라고?

What?
왓
なに？
나니

■ 이해하기 힘들군요.

It's tough to figure.
잇쯔 터프 투 휘겨
理解することが難しいですね。
리까이 스루 고또가 무즈까시이 데스네

■ 잘 알아듣지 못했습니다.

I didn't catch your words.
아이 디든 캐치 유어 워즈
よく理解できませんでした。
요꾸 리까이 데끼마셍 데시따

■ 다시 말씀해주시겠어요?

Pardon me?
파든 미
もう一度話してくれますか。
모우 이찌도 하나시떼 쿠레마스까

■ 뭐라고 하셨습니까?

What did you say?
왓 디쥬 쎄이
なんとおっしゃいましたか。
난또 옷샤이마시따까

■ 뭐라고요?

Excuse me?
익스큐즈 미
何ですか?
난데스까

■ 뭐라고 했지?

What did You say?
왓 디쥬 쎄이
なって言った?
난떼 잇따

■ 다시 한번 말씀해주시겠어요?

I beg your pardon? / Pardon me?
아이 벡 유어 파든 / 파든 미
もう一度´話していただけますか。
모우이찌도 하나시떼 이따다케마스까

■ 다시 말씀해주세요.

Please say it again.
플리즈 쎄이 이러겐
もう一度話してください。
모우 이찌도 하나시떼 쿠다사이

>>> 오해

■ 오해하지 마세요.

Don't get me wrong.
돈 겟미 렁
誤解しないでください。
고까이 시나이데 쿠다사이

■ 그것은 당신 오해입니다.

You've got it wrong.
유브 가릿 렁
これはあなたの誤解です。
고레와 아나따노 고까이 데스

■ 저를 오해하시는군요.

You are taking me the wrong way.
유아 테이킹 미더 렁웨이
私を誤解していますね。
와따시오 고까이 시떼이마스네

■ 잘못생각하십니다.

You are mistaken.
유아 미스테이큰
間違った考えです。
마찌갓따 캉가에 데스

■ 제 뜻은 그런 것이 아니었습니다.

That wasn't what I meant.
댓 워즌 왓 아이 멘트
私の考えはそういうことではありませんでした。
와따시노 캉가에와 소우이우 고또데와 아리마셍데시따

■ 저를 오해하고 계시는군요.

You are hearing me wrong.
유아 히어링 미렁
私を誤解していらっしゃいますね。
와따시오 고까이 시떼 이랏샤이마스네

>>> 말 막힘

■ 저...

Well ...
웰
あの
아노

■ 글쎄요(그런데)

Let's see ...
렛씨
そうですね。
소우데스네

■ 그것을 어떻게 말해야할까요?

How should I say that?
하우 슈다이 쎄이 댓
それをどう言ったらいいでしょうか。
소레오 도우 잇따라 이이데쇼-까

■ 있잖아요.

You know what,
유 노우 왓
あのですね。
아노데스네

■ 글쎄 뭐랄까?

Let me see...?
렛미 씨
さあ´ なんていうか？
사— 난떼이우까

■ 실은...

As a matter of fact ...
애저 매러럽 휍트
実は
지쯔와

■ 어디까지 말했죠?

Where were we?
웨어 워 위
どこまで言いましたっけ？
도꼬마데 이이마시땃게

■ 있잖아요.

You know ...
유 노
あのですね。
아노데스네

■ 말하자면,

I would say,
아이 우드 쎄이
言わば。
이와바

■ 그걸 어떻게 말할까요?

How can I say it?
하우 캐나이 쎄잇
それをどう言いましょうか？
소레오 도우 이이마쇼—까

You know...

You Know, I would say, Let's see 등은 본론이나 결론에 바로 도입하기 어려울 때 상대나 자신에게 여유를 두고자 할 때 사용되는 표현들이다.

- 내가 말하려는 바는,

    What I am saying is
    왓 아임 쎄잉 이즈
    私が話そうとすることは。
    와따시가 하나소우또 스루고또와

- 말하자면,

    As it were
    애즈 잇 워
    いわば
    이와바

>>> 요점

- 요점을 말하세요.

    Get down to business.
    겟 다운 투 비즈니쓰
    要点を言ってください。
    요-뗀오 잇떼 쿠다사이

- 잘라 말해서 (한마디로 말해서)

    Cut it short.
    컷 잇 숏
    一言で言うと
    히또고또데 이우또

- 간단히 말해서

    To tell the story short,
    투 텔더 스토리 숏
    簡単に言うと
    칸딴니 이우또

■ 한 마디로

In a word,
인어 워드
一言で
히또고또데

■ 본론을 말하세요.

Just tell me your point.
저슷 텔미 유어 포인
本論を言ってください。
혼론오 잇떼 쿠다사이

■ 요점을 말씀드리면

Coming to the point,
커밍 투더 포인
要点を申し上げますと
요-뗀오 모우시 아게마스또

■ 다시 말해서

In other words,
인 아더 워즈
もう一度′言いますと
모우 이찌도 이이마스또

>>> 설득/지시/명령

■ 제 말을 들으세요.

You listen to me.
유 리쓴 투 미
私の話を聞いてください。
와따시노 하나시오 키이떼 쿠다사이

■ 이건 어때요?

How does this sound?
하우 더즈 디스 싸운드
これはどうですか。
고레와 도우데스까

■ 이번 주 금요일까지 확실하게 끝내세요.

Be sure to finish it by this Friday.
비 슈어 투 휘니쉿 바이 디스 후라이데이
今週の金曜日まで確実に終らせてください。
콘슈-노 킹요-비 마데 카꾸지쯔니 오와라세떼 쿠다사이

■ 그 사람 빨리 좀 데려오세요.

Please bring him soon.
플리즈 브링 힘 쑨
その人を早く連れてきてください。
소노 히또오 하야꾸 쯔레떼 키떼 쿠다사이

■ 그것은 이렇게 하세요.

Do it this way.
두잇 디스 웨이
それはこのようにしてください。
소레와 고노 요우니 시떼 쿠다사이

■ 무슨 일이 있어도 그것을 해라.

Do it by all means.
두잇 바이 얼 민스
何があってもそれをやれ。
나니가 앗떼모 소레오 야레

■ 조심해.

Be careful.
비 케어훨
気をつけて。
키오 쯔께떼

- 조용히 해.

    Be quiet.
    비 콰이엇
    静かにして。
    시즈까니 시떼

- 자, 조용히!

    Calm down!
    캄 다운
    さあ′静かに！
    사아 시즈까니

- 이리와!

    Come here.
    컴 히어
    こっち来て！
    곳찌 키떼

- 와서 이것 좀 봐!

    come and look!
    컴 앤 룩
    こっち来てこれを見てみて！
    곳찌키떼 고레오 미떼미떼

- 그만 둬!

    Come off it!
    컴 오핏
    やめて！
    야메떼

- 앞으로 나와!

    Come to the front.
    컴 투더 후런트
    前に出て！
    마에니 데떼

004 화술

■ 저리가!

Get away!
게러웨이
あっち行け！
앗찌 이케

■ 직접 가져가!

Take it yourself!
테이킷 유어셀프
直接持って行け！
조꾸세쯔 못떼 이케

■ 계단 조심해!

Mind your steps! / Be careful with the steps!
마인 유어 스텝쓰 / 비 케어휠 위더 스텝쓰
階段気を付けて！
카이단 키오 쯔께떼

■ 차 세워!

Pull the car up.
풀더 카럽
車を止めろ！
쿠루마오 토메로

■ 뭔가 말해봐!

Say something.
쎄이 썸씽
なにか言って！
나니까 잇떼

■ 그만 좀 놀려!

Stop pulling my leg!
스탑 풀링 마이 레그
もう´からかうな！
모우 카라카우나

저리가!

저리가란 또다른 표현으로는 Go away! 또는 Get lost! 등이 있다.

PART04 표현

■ 불(전등) 꺼!

Turn the light off.
턴 더 라잇 어프
電気を消して！
덴끼오 케시떼

■ 나한테 맡겨.

Leave it to me.
리빗 투 미
私に任せて。
와따시니 마카세떼

■ 가득 채워주세요.

Fill her up, please.
휠 허럽 플리즈
いっぱいお願いします。
잇빠이 오네가이시마스

>>> 대화에 끼어듦

■ 말씀 중에 잠깐 실례해도 될까요?

May I interrupt you?
메아이 인터럽튜
お話中に少し失礼をしてもよろしいでしょうか。
오하나시츄-니 스꼬시 시쯔레- 시떼모 요로시이데쇼-까

■ 말씀 도중에 죄송합니다.

Sorry to interrupt, but ...
쏘리투 인터럽트 벗
お話の途中に申し訳ございません。
오하나시노 도츄-니 모우시와케 고자이마셍

Interrupt

interrupt는 뭔가를 가로막거나 말을 중단시킬 때 사용된다.

■ 저에게 말씀하시는 것입니까?

Are you speaking to me?
아유 스피킹 투미
私におっしゃることですか。
와따시니 옷하루고또데스까

■ 말하는 중에 끼어들지마!

Don't interrupt while I'm talking[speaking].
돈 인터럽트 와일 아임 톡킹[스피킹]
話の途中に割り込まないで！
하나시노 도쮸-니 와리코마나이데

割り込む(わりこむ)

끼어들다.

>>> 화제바꿈

■ 화제를 바꿉시다.

Let's change the subject.
렛쯔 췌인지더 써브젝트
話題を変えましょう。
와다이오 카에마쇼-

■ 다른 이야기를 합시다.

Let's talk about something else.
렛쯔 톡 어바웃 썸씽 엘쓰
他の話をしましょう。
호까노 하나시오 시마쇼-

■ 말을 바꾸지 마세요.

Don't change the words.
돈 췌인지더 워즈
話を変えないでください。
하나시오 카에나이데 쿠다사이

Part 05 일상사
Daily Life
日常

001. 의식주

잠/휴식
옷(의상)
세탁
식성
요리
설거지
맛
청소
고장(가전제품)

002. 집들이

초청(집들이)
환영
선물
집 구경
대접
화장실 사용
환송

003. 파티

초대
파티장에서

001 의/식/주

>>> 잠/휴식

■ 잠 잘 시간이야.

It's time to go to bed.
잇쯔 타임 투고투 베드
そろそろ寝る時間だよ。
소로소로 네루 지깐 다요

■ 잠 잘 준비를 할까요?

Are you ready to go to bed now?
아유 레디 투고투 베드 나우
寝る用意をしましょうか。
네루 요-이오 시마쇼-까

■ 아이들을 재워 줄래요?

Will you put the kids to bed?
윌유 풋더 키즈 투 베드
子供たちを寝かしてくれますか。
코도모다찌오 네카시떼 쿠레마스까

■ 아직 안자니?

Are you still up?
아유 스티럽
まだ寝てない?
마다 네떼 나이

■ 불 좀 꺼줄래요?

Will you turn off the lights?
윌유 터너프 더 라이츠
電気を消してくれますか。
뎅끼오 케시떼 쿠레마스까?

■ 일어날 시간이야!

It's time to get up!
잇쯔 타임 투 게럽
起きる機関だよ!
오키루 지깐다요

■ 일어났니?

Are you awake?
아유 어웨익
起きてるの?
오키떼루노

■ 일어나라, 늦겠다.

Get up now or you'll be late.
게럽 나우 오 유일 비 레잇
起きなさい、遅くなるのよ。
오키나사이 오소꾸나루노요

■ 이런, 늦잠을 잤어!

Oh no, I overslept!
오 노 아이 오버슬랩
しまった、寝坊しちゃった!
시맛따 네보-시짯따

■ 왜 안깨웠어요?

Why didn't you wake me up?
와이 디든츄 웨익 미 업
どうして起こしてくれなかったのですか。
도우시떼 오코시떼 쿠레나깟따노데스까

■ 악몽을 꿨어요.

I had a bad dream.
아이 해더 뱃 드림
悪夢をみました。
아꾸무오 미마시따

■ 세수를 할래요.

I need to wash my face.
아이 니투 와쉬 마이 훼이쓰
顔を洗います。
카오-오 아라이마스

■ 목욕할게요.

I'm going to take a bath.
아임 고잉투 테이커 배쓰
お風呂に入ります。
오후로니 하이리마스

■ 쉬고 싶어요.

I want to rest.
아이 원투 레슷
休みたいです。
야스미따이 데스

〉〉〉 옷/의상

■ 옷이 딱 맞습니다.

It fits you perfectly.
잇 휫츄 퍼훽틀리
服がぴったり合います。
후꾸가 삣따리 아이마스

■ 옷을 좀 사야해.

I need to buy some clothes.
아이 니투 바이 썸 클로쓰
服をちょっと買わなくちゃ。
후꾸오 좃또 카와나쿠챠

■ 누구에게 잘보이려고 그러세요?

Who are you trying to please?
후아유 츄라잉 투 플리즈
だれによく見せようとしてますか？
다레니 요꾸 미세요-또 시떼마스까

■ 그 디자인은 너무 요란해.

That design is loud.
댓 디자인 이즈 라우드
そのデザインは派手すぎる。
소노 데자인와 하데스기루

■ 그걸 입으니 젊어 보입니다.

It makes you look so young.
잇 메익쓰 유 룩 쏘 영
それを着ると若く見える。
소레오 키루또 와까꾸 미에루

■ 그것은 한 물 갔다.

That is out.
댓 이즈 아웃
それはすたれた。
소레와 스타레따

■ 별로 안 좋은데

It doesn't look good.
잇 더즌 룩 굿
あまりよくない。
아마리 요꾸나이

■ 그것이 약간 끼어요.

It's a little too tight.
잇쯔어 리를 투 타이트
それが少しきついです。
소레가 스꼬시 키쯔이데스

■ 이것이 빤 다음에 줄었어요.

This shrank after being washed.
디스 슈랭크 앱터 비잉 워쉬트
これが洗った後に縮みました。
고레가 아랏따 아또니 치지미마스따

■ 너무 커서 줄여야해요.

It's too big, so it needs to be shortened.
잇쯔 투 빅 쏘 잇 니즈 투비 쇼틴드
大きい過ぎて′縮めなければならないです。
오-키-스기떼 치지메나케레바 나라나이데스

■ 재봉틀을 어떻게 사용하는지 알고 있니?

Do you know how to use a sewing machine?
두유 노 하우 투 유저 쏘잉 머신
ミシンをどう使うのか知っている？
미싱오 도우 쯔까우노까 싯떼이루

■ 너 손으로 바느질 할 수 있어?

Can you sew by hand?
캔유 쏘 바이 핸
あなた′ぬいものができる？
아나따 누이모노가 데끼루

■ 새 신발이 편해요.

The new shoes are comfortable.
더 뉴 슈즈 아 컴훠터블
新しい靴が楽です。
아따라시이 쿠쯔가 라꾸데스

■ 이 옷은 기성복이예요.

This dress is ready-made.
디스 드뤼쓰 이즈 뤠디 메이드
この服は**既成服**です。
고노 후끄와 키세-후꾸데스

>>> 세탁

■ 세탁물을 분리해야합니다.

You should sort the laundry.
유 슈드 쏘트 더 런드뤼
洗濯物を分けなければなりません。
센타꾸모노오 와케나케레바 나리마셍

■ 먼저 세제를 넣으세요.

First add the detergent.
훠숫 애더 디터젼트
まず 洗剤を入れてください。
마즈 센자이오 이레떼 쿠다사이

■ 세탁을 하기 전에 거름망을 청소합니다.

Before doing the laundry, please clean the lint trap.
비훠 두잉더 런드뤼 플리즈 클린 더 린트랩
洗濯をする前に糸くずフィルターを掃除します。
센타꾸오 스루마에니 이또쿠즈 히루따-오 소-지 시마스

■ 빨래 좀 개줄래요?

Would you fold the laundry, please?
우쥬 홀더 런드뤼 플리즈
洗濯物を畳んでくれますか。
센타꾸모노오 타탄데 쿠레마스까

■ 그 옷은 다림질 해야해요.

The clothes have to be ironed.
더 클로쓰 햅 투비 아이언드
その服はアイロンをかけないといけないです。
고노 후꾸와 아이롱오 카케나이또 이케나이데스

■ 옷을 걸어주세요.

Please hang up the clothes.
플리즈 행 업더 클로즈
服を掛けてください。
후꾸와 카케떼 쿠다사이

>>> 식성

■ 전 고기를 못먹어요.

I don't eat meat.
아이 돈 잇 밋
私´肉は食べられません。
와따시와 니꾸와 타베레마셍

■ 전 채식주의자예요.

I'm a vegetarian.
아임어 베지테리언
私は菜食主義者です。
와따시와 사이쇼꾸슈기샤 데스

■ 이걸 먹으면 속이 좋지 않아요.

This makes me sick.
디스 메익쓰 미 씩
これを食べると腹の具合が悪くなります。
코레오 타베루또 하라노 구아이가 와루꾸 나리마스

■ 뭐든 잘 먹어요.

I eat about everything.
아이 이러바웃 에브리씽
何でもよく食べます。
난데모 요꾸 타베레마스

■ 전 식성이 까다로워요.

I'm a picky eater.
아임 어 피키 이터
私は食べ物の好き嫌いが激しいです。
와따시와 타베모노노 스끼키라이가 하게시이데스

■ 전 먹는 것은 까다롭지 않아요.

I'm not picky about food.
아임 낫 피키 어바웃 후드
私は食べ物の好き嫌いは激しくないです。
와따시와 타베모노노 스끼키라이와 하게시꾸 나이데스

■ 저는 매운 음식을 좋아하지 않아요.

I don't like hot[spicy] food.
아이 돈 라익 핫[스파이씨] 후드
私は辛い食べ物は好きではありません。
와따시와 카라이 타베모노와 스끼데와 아리마셍

■ 저는 기름진 음식을 좋아하지 않아요.

I don't like greasy food.
아이 돈 라익 그리시 후드
私は脂っこい食べ物は好きではありません。
와따시와 아부랏꼬이 타베모노와 스끼데와 아리마셍

■ 전 식욕이 왕성해요.

I have a big appetite.
아이 해버 빅 애피타잇
私は食欲が旺盛です。
와따시와 쇼꾸요꾸가 오-세- 데스

■ 전 매운 음식을 먹고 싶지 않아요.

I don't feel like eating spicy food.
아이 돈 휠 라익 이링 스파이씨 후드
私は辛い食べ物は食べたくありません。
와따시와 카라이 타베모노와 타베따꾸 아리마셍

好き嫌い(すききらい)

좋아함과 싫어함

■ 당신은 항상 그렇게 빨리 먹나요?

Do you always eat so fast?
두유 얼웨이즈 잇 쏘 홰슷
あなたはいつもそんなに早く食べますか。
아나따와 이쯔모 손나니 하야꾸 타베마스까

■ 당신은 대식가군요.

You are a big eater.
유아러 빅 이터
あなたは大食家ですね。
아나따와 타이쇼꾸까 데스네

■ 저는 다이어트 중입니다.

I'm on a diet.
아임 언어 다이엇
私はダイエット中です。
와따시와 다이엣또츄- 데스

■ 당신은 조금밖에 안 먹는군요.

You eat like a bird.
유 잇 라이커 버드
あなたは少ししか食べませんね。
아나따와 스꼬시 시까 타베레마셍

〉〉〉 요리

■ 당신이 즐기는 닭요리법은 무엇입니까?

What is your favorite way to cook chicken?
와리쥬어 훼이버릿 웨이투 쿡 치킨
あなたが好きな鶏肉の料理法は何ですか。
아나따가 스끼나 토리니꾸노 료-리호-와 난데스까

요리에 관한 표현

요리사 : cook
조리기구 : cooker
요리법 : recipe

001 의/식/주

■ 당근을 요리하는 좋은 방법은 무엇입니까?

What are good ways to cook carrots?
와라 굿 웨이즈 투 쿡 캐로츠
にんじんを料理するいい方法は何ですか。
닝징오 료-리스루 이이호-호-와 난데스까

■ 샌드위치에는 토마토와, 상추, 양파가 필요합니다.

Sandwich needs tomato, lettuce and onion.
쌘드위치 니즈 터메이토 레티쓰 앤 어니언
サンドイッチにはトマトとレタス′玉ねぎが要ります。
산도잇치니와 토마토또 레타스 다마네기가 이리마스

> **샌드위치 재료**
>
> 또다른 표현으로는 You need tomatos, lettuce and onions to make a sandwich(샌드위치에는 토마토, 상추, 양파가 필요하다)가 있다.

■ 스프에는 어떤 고기를 쓰죠?

What kind of meat do you use in soup?
왓 카인더브 밋 두유 유즈인 수프
スープにはどんな肉を使いますか。
스-프니와 돈나 니꾸가 쯔까이마스까

■ 생선은 냉동을 삽니까, 생물을 삽니까?

Do you buy fresh or frozen fish?
두유 바이 후레쉬 오 후로즌 휘쉬
魚は冷凍は買いますか′生物を買いますか?
사까나와 레-또-오 카이마스까 나마부쯔와 카이마스까

■ 제가 계란 프라이 할께요.

I'll fry the eggs.
아일 후라이 더 에그즈
私が卵フライを作ります。
와따시가 다마고프라이오 쯔끄리마스

■ 감자를 깎으려면 탈피기가 필요합니다.

You need a peeler to peel potatoes.
유 니더 필러 투 필 포테이토즈
じゃがいもを剥くためには皮むきが要ります。
쟈가이모오 무꾸 타메니와 가와무끼가 이리마스

287

■ 팬에 기름을 두르세요.

Grease the pan.
그리스 더 팬
フライパンに油を引いてください。
흐라이판니 아부라오 히이떼 쿠다사이

■ 계란을 깨서 잘 쳐서 저어야 합니다.

You should break eggs, beat well and stir.
유 슈드 브레이크 에그즈 비트 웰 앤 스터
卵を割ってよく混ぜます。
타마고오 왓떼 요꾸 마제마스

■ 다진 마늘과 저민 당근을 재료와 섞습니다.

Add chopped garlic and sliced carrots with the ingredients.
애드 챂트 갈릭 앤 슬라이쓰트 캐로츠 위더 인그레디언츠
みじん切りのにんにくとみじん切りのにんじんを材料と混ぜます。
미진키리노 닝니꾸또 미진키리노 닝징오 자이료또 마제마스

■ 물을 끓이세요.

Boil water
보일 워러
水を沸騰させてください。
미즈오 훗또- 사세떼 쿠다사이

>>> 설거지

■ 식사를 하면 바로 설거지를 합니다.

I wash the dishes right after each meal.
아이 워쉬 더 디쉬즈 롸잇 앺터 이츠 밀
食事が終ったらすぐ皿洗いをします。
쇼끄지가 오왓따라 스구 사라아라이오 시마스

설거지에 관한 표현

'설거지를 한다'고 표현할 때는 do the dishes, wash the dishes 두 가지를 사용한다.

■ 오븐은 종종 닦아줘야합니다.

You have to often clean the oven often.
유 햅 투 오픈 클린 디 오븐 오픈
オーブンは時々拭かなければなりません。
오-븐와 도끼도끼 후카나케레바 나리마셍

■ 식탁 치우는 것을 도와주시겠어요?

Will you help me clear[clean] the table?
윌유 헬프 미 클리어[클린] 더 테이블
食卓の片付けを手伝ってくれますか。
쇼꾸타꾸노 카타즈케오 테쯔닷떼 쿠레마스까

■ 식탁을 행주로 닦으세요.

Wipe the table with a kitchen towel, please.
와이프 더 테이블 위더 키친 타월 플리즈
食卓をふきんで拭いてください。
쇼꾸타꾸오 후킹데 후이떼 쿠다사이

■ 식기를 건조시키시지요.

Why don't you dry the dishes?
와이 돈츄 드라이더 디쉬즈
食器を乾燥させてください。
속끼오 칸소- 사세떼 쿠다사이

〉〉〉 맛

■ 맛이 어때요?

How does it taste?
하우 더짓 테이스트
味はどうですか。
아지와 도우데스까

■ 맛이 좋습니다.

It tastes good.
잇 테이스츠 굿
美味しいです。
오이시이 데스

■ 기대했던 것보다 더 좋습니다.

It's better than I expected.
잇쯔 베러 댄 아이 익스펙티드
期待していたよりもっと美味しいです。
키타이시떼이따 요리 못또 오이시이데스

■ 내 입맛에 맞지 않습니다.

This food doesn't suit my taste.
디스 후드 더즌 쑤트 마이 테이스트
私の口に合わないです。
와따시노 구찌니 아와나이데스

■ 음식이 군침 돌게 합니다.

The food makes my mouth water.
더 후드 메익쓰 마이 마우쓰 워러
食べ物がよだれが出て来そうにします。
타베모노가 요다레가 데떼키소우니 시마스

■ 고기가 기름기가 많아요.

The meat is fatty.
더 미티즈 훼티
肉に油気が多いです。
니꾸니 아부라케가 오오이데스

■ 고기가 기름기가 없어요.

The meat has a lot of fat.
더 밋 해저랏 어브 팻
肉に油気がないです。
니꾸니 아부라케가 나이데스

001 의/식/주

■ **고기가 연해요.**

The meat is tender.
더 미티즈 텐더
肉が柔らかいです。
니꾸가 야와라카이 데스

■ **고기가 질겨요.**

The meat is tough.
더 미티즈 터프
肉がかたいです。
니꾸가 카타이 데스

■ **맛있습니다.**

It's tasty.
잇쯔 테이스티
美味しいです。
오이시이 데스

■ **고소합니다.**

It's creamy.
잇쯔 크리미
香ばしいです。
코-바시이 데스

고소하다는 표현

creamy는 **크림이 많다, 부드럽다**라는 뜻으로 고소하다고 할 때 사용한다.

■ **달콤합니다.**

It's sweet.
잇쯔 스윗
あまいです。
아마이 데스

■ **십니다.**

It's sour
잇쯔 싸우어
すっぱいです。
슷빠이 데스

291

■ 싱겁습니다.

It's bland.
잇쯔 블랜드
味がうすいです。
아지가 우스이 데스

■ 비린내가 납니다.

It's fishy.
잇쯔 휘쉬
生臭いです。
나마쿠사이 데스

■ 씁니다.

It's bitter.
잇쯔 비터
苦いです。
니가이 데스

■ 맛있습니다.

It's delicious.
잇쯔 딜리셔스
美味しいです。
오이시이 데스

■ 부드럽습니다.

It's mild.
잇쯔 마일드
柔らかいです。
야와라카이 데스

■ 짭니다.

It's salty.
잇쯔 쏠티
塩辛いです。(しょっぱいです)
시오카라이데스(숏빠이데스)

맛의 표현

또 다른 표현으로는 yummy가 있으며 반대로 맛이 없다는 표현으로 yucky가 사용된다.

■ 역겹습니다.

It's disgusting.
잇쯔 디쓰거스팅
胸がむかつきます。
무네가 무까쯔끼마스

■ 맛이 없습니다.

It's tasteless.
잇쯔 테이스틀리쓰
美味しくないです。
오이시꾸 나이데스

■ 너무 맵습니다.

It's spicy.
잇쯔 스파이씨
よても辛いです。
도떼모 카라이데스

■ 신선합니다.

It's fresh.
잇쯔 후레쉬
新鮮です。
신센 데스

■ 맵습니다.

It's hot.
잇쯔 핫
辛いです。
카라이 데스

■ 상한 맛이 납니다.

It has gone bad.
잇 해즈 곤 배드
腐った味がします。
크샷따 아지가 시마스

〉〉〉 청소

■ 가구에 먼지를 털자.

Let's dust the furniture.
렛쯔 더스트 더 훠니처
家具にほこりを払おう。
카구니 호꼬리오 하라오우

■ 이제 카펫을 청소기로 청소하세요.

Now vacuum the carpet.
나우 배큠 더 카펫
これからカーペットを掃除機で掃除してください。
코레까라 카-펫또오 소-지끼데 소-지 시떼 쿠다사이

■ 바닥을 쓸어주세요.

Please, sweep the floor.
플리즈 스윕더 훌로어
床を掃いてください。
유까오 하이떼 쿠다사이

■ 나는 걸레질을 할테니 당신은 쓰레기통을 비우세요.

I'll mop the floor and you empty the waste-basket.
아일 맙더 홀로어 앤 유 엠티 더 웨이스트배스킷
私はぞうきんで拭きますからあなたはゴミ箱を空にしてください。
와따시와 죠-킹데 후끼마스까라 아나따와 고미바꼬오 카라니 시떼 쿠다사이

■ 장난감을 치우겠니?

Why don't you put the toys away?
와이 돈츄 풋더 토이즈 어웨이
おもちゃを片付けてくれる？
오모쨔오 카타즈께데 쿠레루

001 의/식/주

■ 네 방 청소해라.

Clean your room.
클린 유어 룸
お前の部屋を掃除しなさい。
오마에노 헤야오 소-지 시나사이

■ 창문을 닦을 때가 되었구나.

It's time to wash the windows.
잇쯔 타임투 워쉬더 윈도즈
窓を拭く時が来たね。
마도오 후꾸 도끼가 키따네

Wash의 쓰임새

세수하다 :
wash the hands and face
머리감다 : wash the hair
세차하다 : wash the car

■ 이부자리 정리 좀 해주겠니?

Will you make the bed, please?
윌유 메이크더 베드 플리즈
寝床を片付いてくれる？
네도꼬오 카타즈께데 쿠레루

■ 신문을 재활용해야합니다.

The newspapers should be recycled.
더 뉴스페이퍼스 슈드비 리싸이클
新聞をリサイクルしなければなりません。
신분와 리사이크루 시나케레바 나리마셍

リサイクル(recycle)

리사이클, 폐품 등의 재활용

■ 바닥을 세게 문지르세요.

Scrub the floor, please.
스크럽더 훌로어 플리즈
床を強く拭いてください。
유까오 쯔요꾸 후이떼 쿠다사이

〉〉〉 고장

■ 온수기가 고장입니다.

The water heater is not working.
더 워러 히터 이즈 낫 워킹
温水器が壊れました。
온스이키가 코와레마시따

■ 전원이 나갔어요.

The power is out.
더 파워 이즈 아웃
電源が切れました。
덴겐가 키레마시따

■ 싱크대가 넘쳐요.

The sink is overflowing.
더 씽크 이즈 오버홀로잉
料理台があふれています。
료-리다이가 아후레데 이마스

■ 수도관이 얼었어요.

The pipes are frozen.
더 파이프 아 후로즌
水道管が凍りました。
스이도-칸가 코오리마시따

■ 수도가 새고 있습니다.

The faucet is dripping.
더 포씻 이즈 드뤼핑
水道が漏れています。
스이도가 모레떼 이마스

■ 지붕이 샙니다.

The roof is leaking.
더 루휘즈 리킹
やねが漏れています。
야네가 모레떼 이마스

■ 변기가 막혔어요.

The toilet is stuffed.
더 토일릿 이즈 스터프드
便器が詰まっています。
벤끼가 쯔맛떼 이마스

■ 벽에 금이 갔어요.

The wall is cracked.
더 월 이즈 크렉트
壁にひびが入っています。
카베니 히비가 하잇떼 이마스

002 집들이

>>> 초청

■ 목요일에 저희 집에 오셔서 저녁식사 하실래요?

Will you come over to my house for dinner this Thursday?
윌유 컴 오버 투 마이하우스 훠 디너 디스 써즈데이
木曜日にうちの家で一緒に夕食どうですか。
모꾸요-비니 우찌노 이에데 잇쇼니 유-쇼꾸 도우데스까

■ 초청을 받아 주실래요?

Would you like to be my guest?
우쥬 라익투 비 마이 게스트
招待を受け入れてくれますか。
쇼-타이오 우케이레떼 쿠레마스까

■ 오늘 오후에 시간 있으세요?

Are you free this afternoon?
아유 후리 디스 앱터눈
今日の午後は時間ありますか。
쿄오노 고고와 지깐 아리마스까

■ 내일이 어떨까요?

How about tomorrow?
하우 어바웃 투머로우
明日はどうですか。
아시따와 도우데스까

■ 고맙지만(죄송하지만) 그 날은 안됩니다.

Thanks but not that day.
땡쓰 벗 낫 댓 데이
申し訳ないですが その日はだめです。
모우시와케나이데스가 소노히와 다메데스

■ 오늘은 가지 못하겠습니다.

I can't make it today.
아이 캔 메이킷 투데이
今日は行けません。
쿄오와 이케마셍

■ 가겠습니다.

I'll go.
아일 고
参ります。
마에리마스

■ 오늘 저녁에 초대하고 싶은데요.

I'd like to invite you to dinner.
아이드 라익투 인봐이츄 투 디너
今日の夜に招待したいですが。
쿄-노 요루니 쇼-타이 시따이 데스가

■ 고맙지만 선약이 있습니다.

Thanks but I have a previous[another] appointment.
땡스 벗 아이 해버 프리비어스[어나더] 어포인먼트
すみませんが 先約があります。
스미마셍가 센야꾸가 아리마스

■ 집에 가시는 길에 잠깐 들러 주실래요?

Would you drop by my house on your way home?
우쥬 드랍바이 마이 하우스 언 유어 웨이홈
家に帰られる途中にちょっと寄ってくれますか？
이에니 카에라레루 도츄-니 좃또 욧떼 쿠레마스까

>>> 환영

■ 어서 와요.

Come on in.
커먼 인
いらっしゃいませ。
이랏샤이마세

■ 초대해줘서 고맙습니다.

Thank you for inviting me.
땡큐 훠 인봐이링 미
ご招待させていただきまして、ありがとうございます。
고쇼-타이 사세떼 이따다키마시떼 아리가또- 고자이마스

■ 와주셔서 기쁩니다.

I'm glad you came.
아임 글랫 유 케임
来てくださって、嬉しいです。
키떼 쿠다삿떼 우레시이데스

■ 와주셔서 감사해요.

Thank you for coming.
땡큐 훠 커밍
来てくださって、ありがたいです。
키떼 쿠다삿떼 아리가따이데스

■ 어서 오십시오.

Welcome to my house.
웰컴 투마이 하우스
いらっしゃいませ。
이랏샤이마세

■ 기다리고 있었습니다.

I've been expecting you.
아이브 빈 익스펙팅 유
お待ちしておりました。
오마찌시떼 오리마시따

■ 만나서 기쁩니다.

I'm pleased to meet you.
아임 플리즈 투 미츄
お会いできてうれしいです。
오아이 데끼떼 우레시이데스

■ 들어와 앉으세요.

Come in and sit down, please.
컴 인 앤 씻 다운 플리즈
中の方にお掛けになってください。
나까노 호우니 오까케니 낫떼 쿠다사이

■ 오는 데 힘들지 않았나요?

Did you have any trouble coming here.
디쥬 햅 애니 츄러블 커밍 히어
ここまで大変だったのではないでしょうか。
고꼬마데 타이헹 닷따노데와 나이데쇼-까

■ 편히 계세요.

Make yourself at home.
메이큐어쎌프 앳홈
ごゆっくりどうぞ。
고윳꾸리 도우죠

■ 잘 오셨습니다.

It was very nice of you to come.
잇 워즈 베리 나이써뷰 투컴
ようこそいらっしゃいました。
요우꼬소 이랏샤이마시따

■ 오신 것을 환영합니다.

You are welcome to join us.
유아 웰컴투 조인 어쓰
お越しを心から歓迎いたします。
오코시오 고꼬로까리 칸에- 이따시마스

■ 동료들을 소개할게요.

Let me introduce my co-workers.
렛미 인트로듀쓰 마이 코워커쓰
同僚たちを紹介します。
도-료-다찌오 쇼-까이 시마스

소개에 관한 표현

모르는 사람을 서로 소개할 때의 표현으로는 This is …가 있다.

>>> 선물

■ 당신에게 드리는 선물입니다.

Here's something for you.
히얼즈 썸씽 훠유
あなたに差し上げるプレゼントです。
아나따니 사시아게루 프레젠또 데스

선물에 관한 표현

선물 : present/gift
기념품 : souvenir

■ 약소하지만 받아주십시오.

Please accept this little trifle.
플리즈 액셉트 디스 리를 트리흘
つまらないものですが 受け取ってください。
쯔마라나이 모노데스가 우케톳떼 쿠다사이

■ 축하선물입니다.

I brought you a congratulatory gift.
아이 브로츄어 컨그래츌래이토리 기프트
お祝いプレゼントです。
오이와이 프레젠또 데스

■ 저희 집에 필요한 물건이군요.

This is just what I needed in this house.
디스 이저슷 왓 아이 니딧 인 디스 하우스
私の家に必要なものですね。
와따시노 이에니 히쯔요-나 모노 데스요

■ 좋은 선물 감사합니다.

Thanks for your nice present.
땡쓰 훠유어 나이스 프레즌트
いいプレゼントありがとうございます。
이이프레젠또 아리가또- 고자이마스

>>> 집 구경

■ 집을 구경시켜드리겠습니다.

Let me show you around the house.
렛미 쇼 유 어롸운더 하우스
家をお見せいたします。
이에오 오미세 이따시마스

■ 저희 집 좀 구경하실래요?

Will you like to take a look around our house?
윌유 락익 투 테이커 룩 어롸운드 아워 하우스
家を見てみますか。
이에오 미떼 미마스까

■ 집에 방이 몇 개나 있습니까?

How many rooms does this house have?
하우매니 룸즈 더즈 디스 하우스 햅
家に部屋が何個ありますか。
이에니 헤야가 난꼬 아리마스까

원룸

우리가 흔히 말하는 원룸은 studio apartment라고 표현한다.

■ 멋진 집에서 사시는 군요.

You live in a nice house.
유 리브 리빙 인어 나이쓰 하우스
素敵な家に住んでいらっしゃいますね。
스떼끼나 이에니 슨데 이랏샤이마스네

■ 아주 멋진 집이군요.

You have a very nice home.
유 해버 베리 나이스 홈
よても素敵な家ですね。
도떼모 스떼끼나 이에 데스네

■ 화장실은 두 개 입니다.

My house has two bathrooms.
마이 하우스 해즈 투 배쓰룸
トイレは二つです。
토이레와 후따쯔 데스

■ 방을 정말 잘 꾸며놓으셨습니다.

You really decorated the room very well.
유 뤼얼리 데코레이팃 더 룸 베리 웰
部屋をほんとうにきれいに飾っていますね。
헤야오 혼또-니 키레이니 카잣떼 이마스네

>>> 대접

■ 한 잔 하시겠어요?

Would you like to drink?
우쥬 라익투 드링크
いっぱいどうですか。
잇빠이 도우데스까

■ 마실 것 좀 갖다 드릴께요.

I'll get you something to drink.
아일 겟츄 썸씽투 드링크
飲み物をちょっと持って来ます。
노미모노오 좃또 못떼 키마스

■ 식사가 준비됐습니다.

Dinner is ready.
디너 이즈 뢰디
食事が準備できました。
쇼꾸지가 준비 데끼마시따

■ 많이 드세요.

Help yourself.
헬퓨어쎌프
たくさん召し上がってください。
닥상 메시아갓떼 쿠다사이

■ 좀 더 드시겠어요?

Would you have some more?
우쥬 햅 썸 모어
もっと召し上がりますか？
못또 메시아가리 마스까

■ (음식) 남기지 마세요.

Finish up your plate.
휘니쉬 업 유어 플레잇
(食べ物) 残さないでください。
(타베모노)노코사나이데 쿠다사이

■ 좀 더 주실래요?

Is there anymore of this?
이즈 데어 애니모어러브 디스
もっといただけますか？
못또 이따데케 마스까

■ 더 먹을 수 있나요?

Can I have seconds?
캐나이 햅 쎄컨즈
もっと食べられますか？
못또 타베라레마스까

■ 주저 말고 더 드세요.

Feel free to eat more .
휠 후리 투 잇 모어
ご遠慮なくもっと食べてください。
고엔료나꾸 못또 타베떼 쿠다사이

■ 많이 먹었어요.

I had enough.
아이 해디너프
たくさん食べました。
닥상 타베마시따

■ 저는 배가 부릅니다.

I'm stuffed.
아임 스터프트
私はお腹がいっぱいです。
와따시와 오나까가 잇빠이데스

■ 식사 잘 했습니다.

I enjoyed the meal.
아이 인죠이더 밀
ごちそうさまでした。
고찌소우사마 데시따

■ 한 잔 더 하시겠어요?

Can you have another drink?
캔유 햅 어나더 드륑크
もういっぱいしますか？
못또 잇빠이 시마스까

한 번 더 먹을 때

more, another, second 등은 한 번 먹거나 마시고 나서 또 먹을 때 표현한다.

- 스카치 위스키에 물 넣어서요.

    Scotch Whisky and water, please.
    스카치 위스키 앤 워러 플리즈
    スカイウィスキーに水を入れてください。
    스카이위스키-니 미즈오 이레떼 쿠다사이

- 얼음 채운 위스키요.

    Whisky on the rocks, please.
    위스키 온 더 락스 플리즈
    氷にウィスキーを入れてください。
    코오리니 위스키-오 이레떼 쿠다사이

- 포도주 한 잔 따르겠습니다.

    Let me pour the wine.
    렛미 포어더 와인
    ワインを一杯注ぎます。
    와인오 잇빠이 쯔기마스

- 예, 그러세요.

    Yes, please.
    예스 플리즈
    はい、どうぞ。
    하이 도우죠

- 커피 한 잔 하시겠어요?

    Would you care for a cup of coffee?
    우쥬 캐어 훠러 커버브 커피
    コーヒーはいかがですか?
    코-히-와 이까가데스까

- 집에서 직접 만든 이 쿠키 좀 드셔보세요.

    Help yourself to these home-made cookies.
    헬푸어쎌프 투 디즈 홈메이드 쿠키즈
    手作りのクッキーですが 召し上がってみてください。
    데즈끄리노 쿡키-데스가 메시아갓떼 미떼 쿠다사이

手作り(てづきり)

수제, 손수 만듦 또는 만든 것.

■ 음식은 어땠나요?

How did you like the meal?
하우 디쥬 라익더 밀
食べ物はどうでしたか?
타베모노와 도우데시따까

■ 맛있게 드셨다니 기쁩니다.

I'm glad you enjoyed the meal.
아임 글래쥬 인죠이더 밀
美味しく召し上がっていただいて嬉しいです。
오이시꾸 메시아갓떼 이따다이떼 우레시이데스

〉〉〉 화장실 사용

■ 화장실은 어디입니까?

Where is the toilet?
웨어리즈더 토일릿
トイレはどこですか。
토이레와 도꼬데스까

■ 화장실에 가도 되겠습니까?

May I be excused?
메아이 비 익스큐즈드
トイレに行ってもいいですか。
토이레니 잇떼모 이이데스까

■ 화장실에 가고 싶어요.

Nature is calling.
네이춰 이즈 콜링
トイレに行きたいです。
토이레니 이키따이데스

■ 죄송합니다만, 속이 안좋은데요.

Excuse me, but I feel sick.
익스큐즈미 벗 아이 휠 씩

すみませんが、腹の具合が悪いですが。
스미마셍가 하라노 구아이가 와루이데스가

■ 소변 좀 봐야겠습니다.

I have to pee.
아이 햅 투 피

小便がしたいです。
쇼-벤가 시따이데스

■ 화장실 좀 사용해야겠어요.

I have to use the bathroom.
아이 햅 투 유즈더 배쓰룸

トイレをちょっと使いたいですが。
토이레오 좃또 쯔까이따이 데스가

> **용변에 관한 표현**
>
> pee(오줌누다), poop(똥누다)은 아이 때 주로 사용하는 표현들이다.

〉〉〉 환송

■ 죄송하지만 지금 가야겠어요.

I'm sorry I have to leave.
아임쏘뤼 아이 햅 투 리브

すみませんが 今帰らなければなりません。
스미마셍가 이마 카에라나케레바 나리마셍

> **Leave**
>
> Leave는 **떠나다**와 **남겨두다**의 두 가지 뜻이 있으므로 잘 구분해서 사용해야 한다.

■ 가신다는 말씀이네요?

You mean you are going?
유 민 유아 고잉
帰られるという話ですか？
카에라레루또이우 하나시 데스까

■ 벌써 시간이 그렇게 됐나요?

Is that really that time?
이즈댓 뤼얼리 댓 타임
もうそんな時間になってますか？
모우 손나 지깐니 낫떼마스까

■ 좀 더 계실수는 없나요?

Can't you stay a little longer?
캔츄 스테이 어 리를 롱거
もっといらっしゃれないですか？
못또 이랏샤레나이 데스까

■ 재미있었습니다.

I had a good time.
아이 해더 굿 타임
面白かったです。
오모시로깟따데스

■ 즐거웠습니다.

I enjoyed it.
아이 인죠이딧
楽しかったです。
타노시깟따데스

■ 정말 즐거웠습니다.

I've enjoyed myself.
아이브 인죠이드 마이쎌프
本当に楽しかったです。
혼또―니 타노시깟따데스

■ 재미있게 보냈습니다.

We had a ball.
위 해더 볼
面白く過ごしました。
오모시로꾸 스고시 마시따

■ 정말 훌륭한 시간이었습니다.

I had a wonderful time.
아이 해더 원더훌 타임
本当に素敵な時間でした。
혼또-니 스떼끼나 지깐데시따

■ 최고로 즐거운 시간이었습니다.

I had a most enjoyable time.
아이 해더 모스트 인죠이어블 타임
最高に楽しい時間でした。
사이꼬-니 타노시이 지깐데시따

■ 함께 해주셔서 정말 즐거웠습니다.

It's been great having you here.
잇쯔 빈 그뤠잇 해빙 유 히어
ご一緒にさせていただいて本当に楽しかったです。
고잇쇼니 사세떼 이따다이떼 혼또-니 타노시깟따데스

■ 환대해 주셔서 감사합니다.

Thank you for your hospitality.
땡큐 훠 유어 하스퍼텔러티
歓待していただいてありがとうございます。
칸따이시떼 이따다이떼 아리가또-고자이마스

■ 종종 오세요.

Come and see me often.
컴엔 씨 미 어픈
時々来てください。
토끼도끼 키떼 쿠다사이

■ 살펴가세요.

Take care of yourself.
테익 캐어럽 유어쎌프
お気を付けてお帰りなさい。
오키오쯔께데 오카에리나사이

■ 또 봅시다.

We will see you again.
위윌 씨 유 어겐
また会いましょう。
마따 아이마쇼—

03 파티

>>> 초대

■ **당신을 파티에 초대하고 싶습니다.**

I'd like to invite you to a party.
아이드 라익투 인봐이트 유 투어 파리
あなたをパーティに招待したいです。
아나따오 파-티니 쇼-타이 시따이데스

■ **초청을 받아주시겠어요?**

Would you care to be my guest?
우쥬 캐어 투비 마이 게스트
招待を受け入れてくれますか？
쇼-타이오 우케이레떼 쿠레마스까

■ **무슨 파티인데요?**

What kind of party?
왓 카인더브 파리
どんなパーティーですか。
돈나 파-티-데스까

■ **생일파티입니다.**

It's a birthday party.
잇쯔어 버쓰데이 파리
誕生日パーティーです。
탄죠-비-파-티- 데스

■ **남편을 위한 깜짝 파티입니다.**

It's a surprise party for my husband.
잇쯔어 써프라이즈 파리 훠 마이 허즈번드
旦那のためのびっくりパーティーです。
단나노 타메노 빗꾸리 파-티- 데스

파티의 종류

생일 : birthday party
야외 요리 : cookout
깜짝 : surprise party
새해 : New Year's party
졸업 : graduation party
연말 : end of the year party
밤샘 : overnight party
파자마 : slumber party

313

■ 파티에 참석할 수 있지요?

Can you come to the party?
캔유 컴 투더 파리
パーティーに参加できますか？
파-티-니 산까 데끼마스까

■ 고맙습니다. 언제요?

It's very kind of you. When?
잇쯔 베뤼 카인더뷰 웬
ありがとうございます。いつですか。
아리가또-고자이마스 이쯔데스까

■ 저희가 이번 휴일에 파티를 할겁니다.

We are having a party this holiday.
위아 해빙어 파리 디스 할러데이
この休日にパーティをするつもりです。
고노 큐-지쯔니 파-티오 스루 쯔모리데스

■ 파티를 몇시에 합니까?

What time is the party?
왓 타임 이즈더 파리
パーティーは何時ですか？
파-티-와 난지 데스까

■ 거기 몇 시에 가야합니까?

What time should I get there?
왓 타임 슈다이 겟 데어
そこに何時まで行かなければなりませんか？
소꼬니 난지마데 이까나케레바 나리마셍까

■ 파티는 몇 시에 와야하죠?

What time shall I come?
왓 타임 쉘아이 컴
パーティは何時からですか。
파-티와 난지까라 데스까

■ 저녁 7시입니다.

It's 7 in the evening.
잇쯔 쎄븐 인디 이브닝
夜の7時です。
요루노 시찌지 데스

■ 데리러 갈께요.

I'll pick you up.
아일 픽유 업
迎えに行きます。
무까에니 이끼마스

■ 당신이 오시면 좋겠습니다. (기쁘겠습니다.)

I'd like to have you come over.
아이드 라익투 해뷰 컴 오버
あなたが来てくれたら嬉しいです。
아나따가 키떼 쿠레따라 우레시이데스

■ 당신이 오셔야 합니다.

You have to come.
유 햅 투 컴
ぜひ来てください。
제히 키떼 쿠다사이

■ 부인도 데려오세요.

Please bring your wife.
플리즈 브링 유어 와이프
奥様もご一緒にいらっしゃってください。
옥사마모 고잇쇼니 이랏샷떼 쿠다사이

■ 먼저 물어보고요.

I'll ask my wife first.
아일 애스크 마이 와이프 훠숫
聞いてみます。
키이떼 미마스

■ 왜 부인을 데려오시지 않았나요?

Why didn't you bring your wife?
와이 디든츄 브링 유어 와이프
どうして奥様とご一緒にいらっしゃらなかったですか。
도우시떼 옥사마또 고잇쇼니 이랏샤라나깟따데스까

■ 어딘데요?

Where is it?
웨어리짓
どこでしますか？
도꼬데 시마스까

■ 어디서 파티를 합니까?

Where will you have the party?
웨어 윌유 햅 더 파리
どこでパーティーをしますか？
도꼬데 파ー티ー오 시마스까

■ 파티 장소는 어디입니까?

Where is the party place?
웨어리즈더 파리 플레이쓰
パーティの場所はどこですか。
파ー티노 바쇼와 도꼬데스까

■ 우리집이요.

At my house.
앳 마이 하우스
私の家です。
와따시노 이에 데스

■ 우리집에서요.

At my home.
앳 마이 홈
うちの家です。
우찌노 이에데스

■ 제 파티에 동참하시겠어요?

Will you come to my party?
윌유 컴투 마이 파리
パーティに参加しませんか。
파-티니 산까 시마셍까

■ 아직 결정을 못했습니다. (잘 모르겠습니다.)

I haven't decided yet.
아이 해븐 디싸이딧 옛
まだよく分かりません。
마따 요꾸 와까리마셍

■ 예, 갈께요.

Yes, I'm coming.
예스 아임 커밍
はい、行きます。
하이 이끼마스

■ 제가 꼭 가겠습니다.

I'll make sure to be there.
아일 메익 슈어 투비 데어
ぜひ行きます。
제히 이끼마스

■ 기꺼이 가겠습니다.

Thank you. I'd love to.
땡큐 아이드 럽 투
喜んで行きます。
요로콘데 이끼마스

■ 무슨 일이 있어도 가겠습니다.

I'm coming, rain or shine.
아임 커밍 레인 오 샤인
何かあっても行きます。
나니가 앗떼모 이끼마스

PART05 일상사

■ 나중에 알려드릴께요.

I'll let you know.
아일 렛츄 노
後で教えます。
아또데 오시에마스

■ 초대해 주셔서 감사합니다.

Thank you for your invitation.
땡큐 휘 유어 인비테이션
ご招待してくださって'ありがとうございます。
고쇼-타이시떼 쿠다삿떼 아리가또-고자이마스

■ 초대해줘서 고맙습니다.

Thank you for inviting me.
땡큐 휘 인봐이링 미
招待してくださってありがとうございます。
쇼-타이 시떼 쿠다삿떼 아리가또- 고자이마스

■ 무엇을 입어야 합니까?

What should I wear?
왓 슈다이 웨어
どれを着たらいいですか。
도레오 키따라 이이데스까

■ 차려입어야 하나요?

Should I dress up?
슈다이 드뢰쓰 업
着飾る必要がありますか。
키카자루 히쯔요-와 아리마스까

■ 파티에 정장을 입어야 하나요?

Should I dress formally for the party?
슈다이 드뢰쓰 훠멀리 훠더 파리
パーティは正装しなければなりませんか。
파-티와 세이소우 시나케레바 나리마셍

나중에 알려드릴께요

또다른 표현으로는 I'll let you know later가 있다.

■ 평상복도 괜찮습니다.

Casual wear is okay.
캐쥬얼 웨어 이즈 오케이
ふだん着でいいです。
후단기데 이이데스

■ 아무거나 편한 걸로 입으세요.

Wear whatever is comfortable.
웨어 와레버 이즈 컴훠터블
なんでも気楽な服を着てください。
난데모 키라쿠나 후쿠오 키떼 쿠다사이

아무거나 입으세요.

또다른 표현으로는 Wear anything comfortable가 있다.

■ 정장을 하세요.

Dress up formally.
드뤼쓰 업 훠멀리
正装してください。
세이소우 시떼 쿠다사이

■ 이번에도 갈 수가 없어요.

I can't make it this time.
아이 캔 메이킷 디스 타임
今回は行けませんね。
콘까이와 이케마셍

■ 미안하지만 못 갈 것 같아요.

Sorry, I'm afraid I can't be there.
쏘리 아임 어후레이드 아이 캔 비 데어
申し訳ないですが 行けそうじゃありません。
모우시와케나이데스가 이케소우쟈 아리마셍

■ 고맙지만 오늘은 안됩니다.

Thanks, but not today.
땡스 벗 낫 투데이
ありがたいですが 今日はできません。
아리가따이데스가 쿄-와 데끼마셍

PART05 일상사

■ 미안하지만 할 수가 없군요.

I'm sorry but I can't.
아임쏘뤼 벗 아이 캔

すみませんが 行けません。
스미마셍가　이케마셍

■ 나중에 (다음에) 가죠.

Maybe later.
메이비 레이러

また今度行きます。
마따 콘도 이끼마스

■ 이번에는 어쩔 수가 없군요.

I can't make it this time.
아이 캔 메이킷 디스 타임

今回は仕方ないですね。
콘까이와 시가타나이 데스네

■ 선약이 있습니다.

I have a previous engagement.
아이 해버 프레비어스 인게이쥐먼트

先約があります。
센야꾸가 아리마스

■ 가고 싶지만 시간이 없어요.

I want to come, but I don't have time.
아이 원 투 컴 벗 아이 돈 햅 타임

行きたいですが 時間がありません。
이끼따이 데스가 지깐가 아리마셍

■ 그러고 싶지만 시간이 없네요.

I'd love to, but I don't have time.
아이드 럽 투 벗 아이 돈 햅 타임

行きたいですが 時間がありません。
이끼따이데스가 지깐가 아리마셍

파티에 관한 표현

give a party는 누군가에게 **파티를 열어준다**는 뜻이고 have a party는 **파티를 즐긴다**는 뜻으로 표현되기도 한다.

>>> 파티장에서

■ 참석해주셔서 감사합니다.

Thanks for coming.
땡큐 훠 커밍
ご参加してくださって、ありがとうございます。
고산가시떼 쿠다삿떼 아리가또- 고자이마스

■ 오셔서 기쁩니다.

I'm glad you've come.
아임 글랫 유브 컴
来ていただいて嬉しいです。
키떼 이따다이떼 우레시이데스

■ 늦어서 죄송합니다.

I'm sorry I'm late.
아임 쏘뤼 아임 레잇
遅くなって申し訳ございません。
오소꾸 낫데 모우시와케 고자이마셍

■ 그렇게 늦지 않았습니다.

You are not that late.
유아 낫 댓 레잇
そんなに遅くなってないです。
손나니 오소꾸 낫떼 나이데스

■ 당신이 오시니까 좋습니다. (기쁩니다.)

It was so nice for you to come.
잇 워즈 쏘 나이쓰 훠유 투 컴
あなたが来てくださって嬉しいです。
아나따가 키떼 쿠다삿떼 우레시이데스

■ 기다리게 해서 미안합니다.

I'm sorry to have kept you waiting.
아임 쏘뤼 투 햅 켑트 유 웨이링
お待たせしまして**申し訳**ございません。
오마따세 시마시떼 모우시와케 고자이마셍

■ 멋진 파티군요.

What a wonderful party!
와러 원더풀 파리
素敵なパーティですね。
스떼키나 파-티 데스네

■ 정말 멋진 파티군요!

What a great party!
와러 그뤼잇 파리
本当に素敵なパーティーですね！
혼또-니 스떼끼나 파-티-데스네

■ 멋진 파티 아닙니까?

Nice party, isn't it?
나이쓰 파리 이즌 잇
素敵なパーティーじゃないですか？
스떼끼나 파-티-쟈 나이데스까

■ 즐거운 시간 되세요.

Make yourself comfortable.
메이큐어쎌프 컴훠터블
楽しんでください。
타노신데 쿠다사이

■ 정말 즐거운 파티입니다.

It's a lovely party.
잇쯔어 러블리 파리
本当に楽しいパーティーです。
혼또-니 타노시이 파-티- 데스

楽しむ(たのしむ)

즐기다. 즐겁게 지내다.

003 파티

■ **뭘 마시겠습니까?**

What would you like to drink?
와루쥬 라익투 드륑크
何を飲まれますか？
나니오 노마레마스까

■ **한 잔 하실래요?**

Will you have a drink?
윌유 해버 드륑크
もう一杯しますか？
모우 잇빠이 시마스까

■ **한 잔 더 갖다 드릴까요?**

Can I get you another drink?
캐나이 겟츄 어나더 드륑크
もう一杯 お持ちしましょうか？
모우 잇빠이 오모찌 시마쇼-까

■ **이리 오셔서 저녁드세요.**

Please come this way for dinner.
플리즈 컴 디스 웨이 훠 디너
こちらにいらっしゃって 夕食を召し上がってください。
고찌라니 이랏샷떼   유-쇼꾸오 메시아갓떼 쿠다사이

■ **맥주 한잔 하고 싶군요.**

I'd like to a glass of beer.
아이드 라익투 어 글래써브 비어
ビールが一杯飲みたいですね。
비-루가 잇빠이 노미따이데스네

■ **마음껏 드세요.**

Help yourself.
헬퓨어쎌프
思いきり召し上がってください。
오모이키리 메시아갓떼 쿠다사이

思いきり

마음껏, 실컷

323

■ 많이 드세요.

Please, help yourself.
플리즈 헬퓨어셀프
たくさん召し上がってください。
닥상 메시아갓떼 쿠다사이

■ 마실 것 좀 갖다 드릴께요.

I'll get you something to drink.
아일 겟츄 썸씽 투 드링크
飲み物をお持ちします。
노미모노오 오모찌 시마스

■ 저녁 식사 감사합니다.

Thank you for the dinner.
땡큐 훠더 디너
夕食ごちそうさまでした。
유-쇼꾸 고찌소우사마 데시따

■ 식사 잘 했습니다.

I enjoyed your meal.
아이 인죠이드 유어 밀
ごちそうさまでした。
고찌소우사마 데시따

■ 이거 더 있어요?

Is there anymore of this?
이즈 데어 애니모어 어브 디스
これもっとありますか？
코레 못또 아리마스까

■ 이만하면 됐습니다.

It's good enough for me.
잇쯔 굿 이너프 훠미
これで十分です。
코레데 쥬-분데스

■ 당신을 모두에게 소개할게요.

Let me introduce you to everyone.
렛미 인트로듀쓰 유 투 에브리원
あなたを皆に紹介します。
아나따오 민나니 쇼-까이 시마스

■ 저 사람 누군지 아세요?

Do you know who that man is?
두유 노 후 댓 맨 이즈
あの人がだれか知っていますか？
아노히또가 다레까 싯떼 이마스까

■ 제게도 초면입니다.

I've never seen him before.
아이브 네버 씬 힘 비훠
私も初対面です。
와따시모 쇼타이멘 데스

■ 주인과는 어떻게 아십니까?

How do you know the host?
하우 두유 노 더 호스트
ホストとはどんなお知り合いでしょうか。
호스토또와 돈나 오시리아이 데쇼-까

■ 당신과의 관계가 어떻게 됩니까?

What's your relationship?
왓쯔 유어 륄레이션쉽
あなたとはどんな関係ですか。
아나따또와 돈나 칸께- 데스까

■ 인사나 나누는 정도입니다.

We are just getting acquainted.
위아 저슷 게링 억퀘인티드
挨拶する程度です。
아이사쯔스루 테-도 데스

그를 어떻게 알죠?

비슷한 표현으로는 How do you know him?이 있다.

■ 춤추고 싶으세요?

Would you like to dance?
우쥬 라익투 댄쓰
踊りたいですか?
오도리따이 데스까

■ 춤출 줄 모릅니다.

I don't know how to dance.
아이 돈 노 하우 투 댄쓰
踊ることができません。
오도루고또가 데끼마셍

■ 우리 춤 출까요?

Shall we dance?
쉘위 댄쓰
一緒に踊りますか?
잇쇼니 오도리마스까

■ 막 췄어요.

I just danced.
아이 저숫 댄쓰트
いま ́ 踊ったばかりです。
이마 오돗따 바까리데스

■ 파티 정말 즐거웠어요.

I really enjoyed the party.
아이 뤼얼리 인죠이더 파리
本当にパーティは楽しかったです。
혼또ー니 파ー티와 타노시깟따 데스

■ 이제 (슬슬) 가야겠어요.

I must be on my way now.
아이 머슷비 언마이 웨이 나우
そろそろ帰りますね。
소로소로 카에리마스네

そろそろ
슬슬

■ 갈게요.

I'll be there.
아일 비 데어
行きます。
이끼마스

Part 06 전화

Telephone
電話

001. 일반표현 (전화)

전화기 사용
전화받기
신원확인
전화교환
전화걸기
통화 중일 때
부재 중일 때
답신전화
연락처
전화 끊을 때
전화기 문제
공중전화

002. 통화 서비스

자동 응답 메시지(OGM)
자동 응답 메시지(IGM)
국제전화

001 일반 표현(전화)

>>> 전화기 사용

■ 실례합니다, 제가 전화 좀 써도 되겠습니까?

Excuse me. May I use the phone?
익쓰큐즈미 메아이 유즈더 폰
失礼します゛お電話貸していただけますか。
시쯔레-시마스 오뎅와 카시떼 이따다께마스까

■ 전화 걸 데가 있나요?

Do you have any phone calls to make?
두유 햅 애니 폰콜즈 투 메익
お電話するところがありますか。
오뎅와 스루 도꼬로가 아리마스까

■ 전화를 기다리고 있습니다.

I'm expecting a call.
아임 익쓰펙팅 어콜
電話を待っています。
뎅와오 맛떼 이마스

■ 예, 어서 쓰세요.

Okay. Go ahead.
오케이 고 어헷
はい゛お先にどうぞ。
하이 오사끼니 도우죠

■ 제가 먼저 쓸께요.

Let me use the phone first.
렛미 유즈더 폰 훠숫
私か先に使います。
와따시가 사끼니 쯔까이마스

■ 당신이 먼저 하세요.

After you.
앺터 유
あなたが先に使ってください。
아나따가 사끼니 쯔깟떼 쿠다사이

■ 가능하다면 간단히 통화하세요.

Please be as brief as possible.
플리즈 비 애즈 브리프 애즈 파써블
できるだけ簡単に話してください。
데끼루다케 간딴니 하나시떼 쿠다사이

■ 통화 길게 하지 마세요.

Don't talk too long on the phone.
돈 톡 투 롱 언더폰
話は長くしないでください。
하나시와 나가꾸 시나이데 쿠다사이

■ 빨리 끝내 주시겠어요?

Would you please finish soon?
우쥬 플리즈 휘니쉬 쑨
早く終わらせてくれませんか。
하야꾸 오와라세떼 쿠레마셍까

■ 간단히 끝낼께요.

I'll try to cut it short.
아일 츄라이 투 컷잇 숏
すぐ終ります。
스그 오와리마스

■ 빨리 전화할 데가 있습니다. (긴급통화)

I need to make an urgent[emergency] call.
아이 니투 메이컨 어전트[이머전시] 콜
急ぎで電話するところがあります。
이소기데 뎅와스르 도꼬로가 아리마스

긴급 통화

0을 누른 후 교환이 나오면 This is an emergency call이라고 하여 긴급전화가 들어와 있음을 상대에게 알릴 수 있다.

〉〉〉 전화받기

■ 전화 벨이 울린다.

The phone is ringing.
더 폰 이즈 륑잉
電話が鳴っている。
뎅와가 낫떼이루

■ 전화 좀 받을래요?

Would you get the phone?
우쥬 겟더 폰
ちょっと電話に出てくれますか。
좃또 뎅와니 데떼 쿠레마스까

■ 전화 좀 받아요.

Pick up the phone.
피컵 더 폰
電話に出てください。
뎅와니 데떼 쿠다사이

■ 전화 좀 받아주세요.

Please, answer it.
플리즈 앤써릿
ちょっと電話に出てもらえますか。
좃또 뎅와니 데떼 모라에마스까

■ 받아보죠.

I'll take it.
아일 테이 킷
出てみます。
데떼 미마스

Answer의 활용 표현

전화를 받다 :
answer the phone
편지에 답장하다 :
answer the letter
질문에 답하다 :
answer the question

제가 받을게요.

I'll get it.
아일 게릿
私が出ます。
와따시가 데마스

전화는 제가 받을게요.

I'll cover the phone.
아일 커버더 폰
電話は私が出ます。
뎅와와 와따시가 데마스

네게 온 전화다.

You have a phone call.
유 해버 폰 콜
おまえの電話だ。
오마에노 뎅와다

당신에게 전화왔어요.

There's a call for you.
데어저 콜 훠유
あなたの電話です。
아나따노 뎅와데스

전화왔어요.

There's a call for you.
데어저 콜 훠유
電話です。
뎅와데스

제가 받을게요.

또다른 표현으로는 I'll get the phone 혹은 I'll answer the phone이 있다.

〉〉〉 신원확인

■ 누구시죠?

Who's calling?
후즈 콜링
どちらさまでいらっしゃいますか。
도찌라사마데스까

■ 누구를 찾으시죠?

Who are you calling?
후아유 콜링
どなたにおかけでしょうか。
도나따니 오가게데쇼-까

■ 전화 거는 분은 누구시죠?

May I ask who's calling?
메아이 에스크 후즈 콜링
失礼ですが゛どちら様でしょうか。
시쯔레-데스가 도찌라사마데쇼-까

■ 접니다.

This is he.
디스 이즈 히
私です。
와따시데스

■ 여보세요, 김입니다.

Hello, Kim speaking.
헬로 김 스피킹
もしもし、キムです。
모시모시 키무데스

- 무슨 용건이시죠?

    May I ask what this is regarding?
    메아이 에스크 왓 디스 이즈 뤼가딩
    ご用件はなんでしょうか。
    고요-껭와 난데쇼-까

>>> 전화교환

- 누구 바꿔 드릴까요?

    Who do you wish to speak to?
    후 두유 위쉬 투 스픽투
    どの方におつなぎいたしましょうか。
    도노가따와니 오쯔나기 이따시마쇼-까

- 누구를 바꿔달라고요?

    Who were you looking for?
    후 워 유 루킹 훠
    どの方におつなぎしたらよろしいですか。
    오노가따니 오쯔나기 시따라 요로시이데스까

- 어디로 연결해드릴까요?

    How can I direct your call?
    하우 캐나이 디렉트 유어 콜
    どちらにおつなぎいたしましょうか。
    도찌라니 오쯔나기 이따시마쇼-까

- 브라운(다나카)씨 좀 바꿔주세요.

    May I speak to Mr. Brown?
    메아이 스픽투 미스터브라운
    田中さんをお願いします。
    다나까상오 오네가이시마스

PART06 전화

■ 잠깐만 기다려주십시오.

Hold on a second, please.
홀드언어 쎄컨 플리즈
少々お待ちください。
쇼-쇼- 오마찌 쿠다사이

■ 그 분을 바꿔드리겠습니다.

I'll get him for you.
아일 게림 훠유
その方におつなぎします。
소노가따니 오쯔나기시마스

■ 미스터 강(스즈끼)한테 전화를 돌려드리겠습니다.

I'll put you through to Mr. Kang.
아일 풋츄 쓰루 투 미스터 강
鈴木のほうにお電話を回します。
스즈끼노 호우니 오뎅와오 마와시마스

■ 통화가 끝나는 대로 연결해드리겠습니다.

I will transfer your call as soon as he's available.
아이윌 트랜스훠 유어콜 애즈 쑨 애즈 히즈 어베일러블
話が終り次第´おつなぎいたします。
하나시가 오와리시다이 오쯔나기이따시마스

次第(しだい)
하자마자

■ 전화를 담당 부서로 연결해드리겠습니다.

I'll connect you with the department concerned.
아일 커넥트 유 위더 디파르먼트 컨썬드
担当部署の方におつなぎいたします。
탄또-부쇼노 호우니 오쯔나기이따시마스

■ 4번 전화받으세요.

Pick up the phone on line 4, please.
피겁 더 폰 언라인 훠 플리즈
4番の電話に出てください。
욘방노 뎅와니 데떼 쿠다사이

■ 당신에게 온 전화입니다.

There's a phone call for you.
디어즈 어 폰 콜 훠유
あなたの電話です。
아나따노 뎅와데스

■ 제인(다나카)양이 전화했습니다.

Miss Jane is on the line for you.
미스 제인 이즈 언더라인 훠유
田中さんから電話がありました。
다나까상까라 뎅와가 아리마시따

〉〉〉 전화걸기

■ 전화기를 사용해도 될까요?

May I use your phone?
메아이 유즈 유어 폰
お電話使ってもよろしいですか。
오뎅와 쯔깟떼모 요로시이데스까

■ 전화번호부가 있습니까?

Do you have a telephone directory?
두유 해버 텔러폰 디렉토리
電話帳はありますか。
뎅와쵸-와 아리마스까

■ 전화를 걸어주시겠습니까?

Could you call me, please.
쿠쥬 콜미 플리즈
お電話をかけていただけますか。
오뎅와오 가께떼 이따다케마스까

■ 여보세요, 저는 톰(다나까)입니다.

Hello! This is Tom.
헬로 디스 이즈 탐
もしもし´田中です。
모시모시 다나까데스

■ 톰(다나까)씨 거기 있습니까?

Is Mr. Tom there?
이즈 미스터 탐 데어
田中さんはそちらにいらっしゃいますか。
다나까상와 소찌라니 이랏샤이마스까

■ 접니다, 말씀하세요.

Speaking.
스피킹
お電話かわりました。どうぞ。
오뎅와 카와리마시따 도우죠

■ 거기 톰(다나까)씨 댁 아닌가요?

Isn't this the Tom,s residence?
이즌 디스더 탐즈 뢰지던스
田中さんのお宅ですよね。
다나까상노 오타꾸 데스요네

■ 미스터 톰(다나까)이 계신 방 좀 대주세요.

Would you ring Mr. Tom's room?
우쥬 링 미스터 탐스 룸
田中さんのお部屋の方にお願いします。
다나까상노 오헤야노 호우니 오네가이시마스

■ 전화 받으시는 분은 누구시죠?

Who am I speaking to?
후 엠아이 스피킹 투
お電話出ている方はどなた様ですか。
오뎅와 데떼이루 가따와 도나따사마데스까

001 일반 표현

■ 여보세요, 톰(다나까) 좀 바꿔주세요.

Hello, May I speak to Tom?
헬로 메아이 스픽투 탐
もしもし´田中さんに代わってください。
모시모시 다나까상니 카왔떼 쿠다사이

■ 여보세요, 톰(다나까)와 통화하고 싶습니다.

Hello, I'd like to talk to Mr. Tom, please.
헬로 아이드 라익투 톡투 미스터 탐 플리즈
もしもし´田中さんとお話ししたいですが。
모시모시 다나까상또 오하나시 시따이 데스가

■ 무슨 일로 전화하셨습니까?

What are you calling about?
와라유 콜링 어바웃
どんなご用ですか。
돈나 고요-데스까

■ 거기 경찰서 아닙니까?

Isn't this the police station?
이즌 디스더 폴리스테이션
あの、警察署ですか。
아노 케이사쯔쇼 데스까

■ 시청입니까?

I'm calling City Hall.
아임 콜링 씨리홀
市役所ですか。
시야꾸쇼 데스까

PART06 전화

〉〉〉 잘못건 전화

■ 제가 전화를 잘 못 걸었습니다.

I must have the wrong number.
아이 머슷 햅 더 렁넘버

電話番号を間違えたようです。
뎅와방고-오 마찌가에따요-데스

Wrong의 쓰임새

잘못된 번호 :
wrong number
잘못된 주소 :
wrong address
잘못 가져온 책 :
wrong book

■ 미안합니다만, 여기 톰이라는 사람 없습니다.

I'm sorry, we don't have a Tom here.
아임쏘뤼 위 돈 해버 탐 히어

失礼ですが こちらに**田中**という方はいらっしゃらないですが。
시쯔레-데스가 고찌라니 다나까또이우가따와 이랏샤라나이데스가

■ 그런 분은 없습니다.

There's no one here by that name.
데어즈 노원 히어 바이 댓 네임

そういう方はいらっしゃいません。
소우이우가따와 이랏샤이마셍

■ 전화 잘 못 거신 것 같군요.

I'm afraid you have the wrong number.
아임 어후레이드 유 햅 더 렁넘버

電話番号が違っているようです。
뎅와방고-가 마찌갓떼 이루요-데스

■ 몇 번을 돌리셨나요?

What number did you dial?
왓 넘버 디쥬 다이얼

何番におかけになりましたか。
난방니 오카케니나리마시따까

001 일반 표현

- 전화번호를 다시 확인해보세요.

    You'd better check the number again.
    유드 베러 첵더 넘버 어겐
    もう一度電話番号を確認してみてください。
    모-이찌도 뎅와방고-오 카끄닝 시떼미떼 쿠다사이

- 귀찮게 해서 죄송합니다.

    Sorry for bothering you.
    쏘리훠 바더링 유
    ご迷惑をおかけしまして申し訳ございません。
    고 메-와쿠오 오카케시마시떼 모우시와케 고자이마셍

迷惑(めいわく)

폐, 귀찮음, 성가심

〉〉〉 통화 중일 때

- 통화중 입니다.

    The line is busy.
    더 라인이즈 비지
    話し中です。
    하나시츄- 데스

- 그 분이 지금 통화중이시군요.

    His line is busy now.
    히즈 라인이즈 비지 나우
    ただいまほかの電話に出ておりますが。
    타마이마 호까노 뎅와니 데떼 오리마스가

- 다른 전화를 받고 계십니다.

    He's on another line.
    히즈언 어나더 라인
    他の電話に出ておりますが。
    호까노 뎅와니 데떼 오리마스가

받을 수 없다

또다른 표현으로는 He's not available(그를 사용할 수 없다)가 있다.

341

PART06 전화

■ 다시 거시겠습니까?

Will you call again?
윌유 콜 어겐
また´かけ直しますか。
마따 카케나오시마스까

かけなおす

かける(걸다)+なおす(다시…하다)

■ 기다리시겠습니까?

Will you hold on, please?
윌유 홀드 언 플리즈
お待ちになりますか。
오마찌니 나리마스까

■ 5분 후에 다시 걸겠습니다.

I'll call again in 5 minutes.
아일 콜 어겐인 화이브 미닛
5分後にまたかけ直します。
고훙고니 마따 카케 나오시마스

■ 나중에 걸겠습니다.

I'll call later.
아일 콜 레이러
のちほどおかけします。
노찌호도 오카케시마스

>>> 부재 중일 때

■ 잠깐 나가셨네요.

He just stepped out for a moment.
히 저슷 스텝트 아웃 훠러 모먼
ちょっと出かけています
좃또 데까께떼 이마스

外出(がいしゅつ)

외출

001 일반 표현

■ 지금 자리에 안계십니다.

I'm sorry, but he's not in.
아임 쏘뤼 벗 히즈 낫 인
ただ今席をはずしております。
타다이마 세끼오 하즈시떼 오리마스

席をはずす
자리를 비우다.

■ 곧 들어오실까요?

Do you expect him back soon?
두유 익스펙트 힘 백 쑨
すぐお戻りになりますか。
스구 오모도리니 나리마스까

■ 언제 오실지 아십니까?

Do you know when he will be back?
두유 노 히윌비 백
いつ頃お戻りになるか分かりますか。
이쯔고로 오모도리니 나리마스까

■ 언제 돌아오실까요?

When do you expect him back?
웬 두유 익스펙트 힘 백
いつ頃お戻りになりますか。
이쯔고로 오모도리니 나리마스까

부재중일 때
부재중일 때는 음성 우편함임 voice mail을 이용할 수 있다.

■ 곧 돌아오실겁니다.

He'll be back in a minute.
히일 비 백 인어 미닛
すぐ戻ると思います。
스구 모도루또 오모이마스

곧 오실 겁니다
또다른 표현으로는 He's on his way가 있다.

■ 성함을 말씀하세요, 바로 전화하라고 하겠습니다.

May I have your name, please? I'll have him call you right back.
메이아이 햅 유어 네임 플리즈 아일 햅 힘 콜유 롸잇백
お名前をお願いします 戻り次第 お電話するよう申し伝えます。
오나마에오 오네가이시마스

次第(しだい)
~하자마자

343

- 지금 회의중입니다.

    He's attending a meeting.
    히즈 어텐딩어 미링
    ただ今´会議中です。
    타다이마 카이기츄- 데스

- (벌써)퇴근하셨어요?

    He's out for the day.
    히즈 아웃 훠러데이
    既に失礼させていただきました。
    스데니 시쯔레-사세떼 이따끼마시따

既に(すでに)

이미, 벌써

- 오늘 안나오셨어요.

    He's not with us today.
    히즈 낫 위더스 투데이
    今日はお休みですが。
    쿄오와 오야스미데스가

- 지금 휴가중이십니다.

    'm sorry, but he's on vacation.
    아임쏘뤼 벗 히즈 언 배케이션
    本日は休みをいただいております。
    혼지찌와 야스미오 이따다이떼 오리마스

>>> 답신전화

- 여보세요, 미스 브룩(스즈끼)입니까?

    Hello. Am I speaking to Miss Brook?
    헬로 엠아이 스피킹투 미쓰브룩
    もしもし´鈴木さんですか。
    모시모시 스즈끼상 데스까

001 일반 표현

■ 저 윤입니다.

Hi. This is Yoon.
하이 디스 이즈 윤
私´ ユンです。
와따시 윤데스

■ 전화하셨다고요?

I'm returning your call.
아임 뤼턴잉 유어 콜
お電話しましたか。
오뎅와 시마시따까

■ 전화 달라는 메모 받고 전화했습니다.

I had a message to call you.
아이 해더 메씨지 투 콜유
ご伝言をいただきまして´折り返しお電話しました。
고뎅공오 이따다끼마시떼 오리카에시 오뎅와 시마시따

■ 전화 못 받아 미안합니다.

I'm sorry to have missed your call.
아임쏘뤼 투 햅 미쓰트 유어 콜
電話に出れなくて申し訳ございません。
뎅와니 데레나꾸떼 모우시와케 고자이마셍

> **いただく**
> もらう(받다)의 겸양어

〉〉〉 연락처

■ 어떻게 연락하면 될까요?

How can I reach you?
하우 캐나이 리치유
どう連絡したらいいですか。
도우 렌라쿠 시따라 이이데스까

345

PART06 전화

■ 전화번호가 어떻게 됩니까?

What's your phone number?
왓쯔 유어 폰넘버
お電話番号は何番ですか。
오뎅와방고-와 난방 데스까

■ 전화번호를 알려주시겠습니까?

Can I have your phone number?
캐나이 햅 유어 폰 넘버
お電話番を教えていただけますか。
오뎅와방고-오 오시에떼 이따다께마스까

■ 제 번호는 6745-8286입니다.

My number is 6745-8286
마이넘버 이즈 씩쓰쎄븐훠파이브에잇투에잇씩쓰
私の電話番号は６７４５－８２８６です。
와따시노 뎅와방고-와 로꾸나나용고 하찌니하찌로꾸 데스

■ 223-3322로 전화해주세요.

Call me at 223-3322.
콜미 앳 투투쓰리쓰리쓰리투투
２２３－３３２２に電話してください。
니니산 산산니니니 뎅와시떼 쿠다사이

■ 메모 좀 할게요.

I'll make a note
아일 메이커 노트
ちょっとメモします。
좃또 메모 시마스

■ 언제가 좋겠습니까?

When will it be convenient to reach you?
웬 위릿비 컨비니언트 투 리치유
いつがよろしいですか。
이쯔가 요로시이데스까

■ 오후에 전화하시겠어요?

Will you call me this afternoon?
윌유 콜미 디스 앱터눈
午後にお電話してくれますか。
고고니 오뎅와 시떼 쿠레마스까

■ 아무 때나 전화하세요.

Call any time.
콜 애니타임
いつでもお電話ください。
이쯔데모 오뎅와 쿠다사이

■ 아무 때나 상관없어요.

No matter when.
노매러 웬
いつでもかまいません。
이쯔데모 카마이마생

■ 여기 제 휴대전화 번호입니다.

Here's my cell phone number.
히얼즈 마이 쎌폰 넘버
これは私の携帯番号です。
고레와 와따시노 케-타이 방고-데스

■ 이 번호는 낮에만 연락이 됩니다.

This is my day-time number only.
디스 이즈 마이 데이타임넘버 온리
この番号は昼だけ連絡できます。
고노 방고-와 히루다께 렌라쿠 데끼마스

■ 이 번호로는 밤에 연락이 가능합니다.

You can reach me at this number at night.
유 큰 뤼치미 앳디스 넘버 앳나잇
この番号では夜に連絡できます。
고노 방고-데와 요루니 렌라꾸데끼마스

>>> 전언

■ 그에게 메시지를 전해드릴까요?

May I take a message for him?
메아이 테이커 메씨지 훠힘
彼にご伝言を伝えましょうか。
카레니 고뎅공오 쯔따에마쇼-까

■ 메시지를 남기시겠습니까?

Would you like to leave a message?
우쥬 라익투 리브 어 메씨지
ご伝言を承りましょうか。
고뎅공오 우케다마와리마쇼-까

承る(うけたまわる)

받다의 겸양어

■ 전하실 말씀이 있나요?

Any messages?
애니 메씨지스
なにかご伝言はありますか。
나니까 고뎅공와 아리마스까

■ 그에게 말씀 좀 전해주시겠어요?

Can you give him a message for me?
캔유 기브힘어 메씨지 훠미
彼にご伝言をお願いできますでしょうか。
카레니 고뎅공오 오네가이 데끼마스데쇼-까

■ 그에게 제가 다시 전화하겠다고 전해주십시오.

Tell him I'll call back.
텔힘 아일 콜 백
彼に私のほうからまたお電話すると伝えてください。
카레니와따시노호우까라마따 오뎅와스루또 쯔따에떼 쿠다사이

■ 그에게 제게 전화하라고 전해주십시오.

Please tell him to call me back.
플리즈 텔힘 투 콜미 백
彼に私の方にお電話するよう伝えてください。
카레니 와따시노 호우니 오뎅와 스루요- 쯔따에떼 쿠다사이

■ 메모 남겨도 될까요?

May I leave a message?
메아이 리브 어 메씨지
ご伝言をお願いしてもよろしいですか。
고뎅공오 오네가이 시떼모 요로시이 데스까

■ 제가 전화했다고 전해주세요.

Just tell him called.
저슷 텔 힘 아이 콜드
私からの電話があったことを伝えてください。
와따시까라노 뎅와가 앗따고또오 쯔따에떼 쿠다사이

■ 스미스(기무라)씨에게 말씀을 전하겠습니다.

I'll give Mr. Smith your message.
아일 깁 미스터 스미쓰 유어 메씨지
木村さんに申し伝えます。
키무라상니 모우시 쯔따에마스

■ 엄마가 통화를 했으면 한다고 전해주세요.

Please tell her that her mom wanted to get in touch with her.
플리즈 텔 댓 허 맘 원팃 투 겟인 터치 윗 허
お母さんが電話を待ってると伝えてください。
오까-상가 뎅와오 맛떼루또 쯔따에떼 쿠다사이

■ 전화 좀 해달라고 해주시겠어요?

Would you have him return my call, please?
우쥬 햅 힘 뤼턴 마이 콜 플리즈
お電話するよう伝えてもらえますか。
오뎅와스루요-쯔따에떼 모라에마스까

Message의 쓰임새

전언을 남기다 :
leave a message
전언을 받아 전하다 :
take a message

■ 그렇게 전하겠습니다.

I'll let him know.
아일 렛힘 노우
そのように申し伝えます。
소노요-니 모우시쯔따에마스

메지지를 전하다.

또다른 표현으로는 I'll give him the message.가 있다.

〉〉〉 전화 끊을 때

■ 전화를 끊어야하겠습니다.

I have to hang up.
아이 햅 투 행업
お電話切りますので。
오뎅와 키리마스노데

■ 미안합니다, 긴 얘기는 못하겠어요.

I'm sorry. I can't talk long.
아임쏘뤼 아이 캔 톡 롱
すみませんが 長いお話はできません。
스미마셍가 나가이 오하나시와 데끼마셍

■ 바쁘신 것 같으니 이만 끊겠습니다.

I know you're busy, so I'll let you go.
아이 노 유아 비지 쏘 아일 렛유고
お忙しいようなので 失礼します。
오이소가시-요-나노데 시쯔레-시마스

■ 다시 전화드리겠습니다.

I'll call you right back.
아일 콜유 롸잇 백
またお電話いたします。
마따 오뎅와 이따시마스

전화 끊을 때의 표현

끊지 않고 기다린다 : hold on
끊는다 : hang up

>>> 전화기 문제

■ 잘 안들립니다.

I can't hear you well.
아이 캔 히어유 웰
よく聞こえません。
요꾸 키꼬에마셍

■ 전화가 계속 끊깁니다.

We keep getting cut off.
위 킵 게링 커러프
通話状態が悪いです。
쯔-와죠-따이가 와루이데스

通話状態

통화상태

■ 혼선이 됐나봅니다.

The lines are crossed.
더 라인즈 아 크로쓰트
混線しているようです。
콘셍 시떼이루 요-데스

■ 전화가 불통입니다.

The line is dead.
더 라인 이즈 데드
電話が不通です。
뎅와가 후쯔- 데스

>>> 공중전화

■ 근처에 공중전화가 있나요?

Is there a pay phone around here?
이즈 데어러 페이폰 어롸운드 히어
近くに公衆電話がありますか。
치카끄니 코-슈-뎅와가 아리마스까

■ 공중전화가 어디에 있는지 아세요?

Do you know where a pay phone is?
두유 노 웨어 어 페이폰 이즈
公衆電話はどこにあるのか分かりますか。
코-슈-뎅와와 도꼬니 아루노까 와까리마스까

■ 공중전화 박스는 저쪽에 있습니다.

A telephone booth is over there.
어 텔리폰 부쓰 이즈 오버 데어
公衆電話はあちらにあります。
코-슈뎅와와 아찌라니 아리마스

■ 공중전화에 사용할 동전이 필요합니다.

I need some change for a pay phone call.
아이 니썸 체인지 훠러 페이폰 콜
公衆電話に使う小銭が必要です。
코-슈뎅와니 쯔까우 코제니가 히쯔요-데스

■ 전화카드를 파는 곳이 어디입니까?

Where can I buy a phone card?
웨어 캐나이 바이어 폰카드
電話カードはどこで売ってますか。
뎅와카-도와 도꼬데 웃떼마스까

小銭(こぜに)

잔돈

■ 전화번호 안내는 몇 번입니까?

What do I dial for directory assistance?
왓 두아이 다이얼훠 디렉토리 어씨스턴쓰
電話番号の案内は何番ですか。
뎅와방고-노 안나이와 난방데스까

■ 전화번호부를 찾아보세요.

Why don't you look it up in the directory?
와이 돈츄 루키럽 인더 디렉토리
電話帳を調べてみてください。
뎅와쵸-오 시라베떼 미떼 쿠다사이

002 통화 서비스

>>> 자동 응답 메시지 (OGM/IGM)

■ 안녕하세요, 지금은 전화를 받을 수 없으니,
삐 소리가 난 후 메시지를 남겨주세요.

Hi, I can't come to the phone, right now.
하이 아이 캔 컴투더 폰 롸잇나우

Please, leave your message after you hear the beep.
플리즈 리브 유어 메씨지 앺터 유 히어더 비프

ただいま電話に出られません。 ピーッとなったらメッセージを入れてください。

타다이마 뎅와니 데라레마셍 핏-또 낫따라 멧세-지오 이레떼 쿠다사이

■ 가능한 신속히 전화드리겠습니다, 전화해 주셔서
감사합니다.

I'll call you back as soon as possible.
아일 콜 유 백 애즈 쑨 애즈 파써블

Thank you for calling.
땡큐 휘 콜링

なるべく早く折り返しいたします。 お電話ありがとうございます。

나루베꾸 하야꾸 오리카이시 이따시마스 오뎅와 아리가또- 고자이마스

■ 안녕하세요, 톰(김)입니다. 그냥 안부 전했습니다.
안녕히 계세요.

Hi, this is Tom. I just called to say hello. Goodbye.
하이 디스 이즈 톰 아임 저슷 콜투 쎄이헬로 굿바이

こんにちは。 キムです。 安否の電話しました。 それでは また。

곤니찌와 키무데스 안삐노 뎅와 시마시따 소레데와 마따

- 안녕하세요, 잭(다나까)이 전화했다고 폴(김)에게 전해주세요.

    Hi, there. Tell Paul that Jack called to…
    하이 데어 텔 폴 댓 잭 콜투
    こんにちは。田中から電話があったことをキムに伝えてね。
    곤니찌와 다나까까라 뎅와가 앗따고또오 키무니 쯔따에떼네

- 안녕하세요, 이번 주말 회의 건으로 전화드렸습니다. 전화주세요.

    Hi, I wanted to reach you regarding this weekend's meeting. Call me back.
    하이 아이 원팃 투 뤼치유 뤼가딩 디스 위켄즈 미링 콜미백
    こんにちは。今週週末の会議の件で電話したよ。折返しちょうだい。
    곤니찌와 곤슈-슈-마쯔노 카이기노 켄데 뎅와시따노 오리카에시 쵸-다이

〉〉〉 국제전화

- 교환입니다, 뭘 도와드릴까요?

    Operator. Can[May] I help you?
    오퍼레이터 캐나[메]이 헬퓨
    交換です。ご用件をどうぞ。
    코-깐데스 고요-켄오 도우죠

- 한국으로 지명전화를 하고 싶은데요.

    I'd like to make a personal call to Korea.
    아이드 라익투 메이커 퍼스널 콜투 코뤄아
    韓国に指名電話をしたいですが。
    캉꼬꾸니 시메-뎅와오 시따이네스가

전화의 유형

수신자부담 : collect call
국제전화 : international call
긴급전화 : emergency call
번호통화 : station call
시내전화 : local call
장거리 : long distance call

■ 미국으로 국제 전화를 신청하겠습니다.

I'd like to place an international call to America.
아이드 라익투 플레이쓰 언 인터네셔널 콜투 어메리카
アメリカに国際電話を申し込みます。
아메리카니 고꾸사이뎅와오 모우시코미마스

■ 콜렉트 콜로 해주세요.

Make it a collect call, please?
메이키러 콜렉트콜 플리즈
コレクトコールでお願いします。
코레크또 코-루데 오네가이시마스

> コレクトコール
> 콜렉트 콜, 수신자 부담

■ 국가번호와 전화번호를 말씀해주세요.

Country code and number, please?
칸츄리 코드 앤 넘버 플리즈
国番号と電話番号をおっしゃってください。
쿠니방고-또 뎅와방고-오 옷샷떼 쿠다사이

> おっしゃる
> 말씀하시다.

■ 국가코드 82, 지역번호 02, 6674 - 5484입니다.

The country code is 82 area code is 02 and 6647-5484.
더 칸츄리 코드 이즈 에잇투 에어리어 코드 이즈 지로투 앤 씩쓰씩쓰쎄븐화이브훠에잇훠
国番号は８２、市外局番は０２、６６７４-５４８４です。
쿠니방고-와 하찌니, 시가이쿄꾸방와 제로니, 로꾸로꾸나나용 고용하찌용

> 市外局番(しがいきょくばん)
> 일본의 지역번호를 가르키는 말.

■ 수화기를 내려놓고 기다려주세요.

Hang up and wait, please.
행 업 앤 웨잇 플리즈
受話器をはずしておいて、お待ちください。
쥬와키오 하즈시떼 오이떼 오마찌 쿠다사이

> 受話器をはずしておく
> 수화기를 내려놓다.

002 통화 서비스

- 연결되었습니다.

    The line is connected.
    더 라인 이즈 커넥티드
    つながりました。
    쯔나가리마시따

- 신호는 가는데 받지 않습니다.

    It's ringing but no one is answering.
    잇쯔 륑잉 벗 노원 이즈 엔써링
    電話の音は鳴っていますが 出ません。
    뎅와노 오또와 낫떼 이마스가 데마셍

    鳴る(なる)
    소리가 나다. 울리다.

- 전화가 끊겼습니다. 다시 연결해주세요.

    I was disconnected. Place a call again, please.
    아이워즈 디스커넥티드 플레이쓰 어 콜어겐 플리즈
    電話が切られました もう一度つないでもらえますか。
    뎅와가 키라레마시따 모-이찌도 쯔나이데 모라에마스까

- 통화를 취소해주십시오.

    Please cancel the call.
    플리즈 캔썰더 콜
    お電話をキャンセルしてください。
    오뎅와오 칸세루시떼 쿠다사이

    キャンセル
    취소

- 김선생님에게 수신자 부담 전화가 신청되었습니다.

    Hello. I have a collect call from a Mr.Kim.
    헬로 아이 해버 콜렉트콜 후럼어 미스터 김
    キム先生にコレクトコールのお電話が申し込まれました。
    키무센세-니코레크또코-루노오뎅와가모우시고마레마시따

- 받으시겠습니까?

    Will you receive the call?
    윌유 뤼씨브 더 콜
    出られますか。
    데라레마스까

357

Part 07 교통
Traffic
交通

001. 일반표현(교통)

길 묻기
길 알려주기

002. 대중교통

요금문의
버스
택시
지하철
기차

003. 승용차

운전
승차
고장(자동차)
교통사고
카센터
주유
교통위반
렌터카

001 일반 표현(교통)

〉〉〉 길 묻기

■ 백화점은 어디에 있습니까?

Where's the department store?
웨어즈더 디파르먼트 스토어
デパートはどこにありますか。
데파-토와 도꼬니 아리마스까

■ 역까지 멉니까?

Is it far from the station?
이짓 화 후롬더 스테이션
駅までは遠いですか。
에끼마데와 토오시데스까

■ 역까지 가는 길을 가르쳐 주세요.

Please tell me the way to the station.
플리즈 텔미 더 웨이 투더 스테이션
駅までの道を教えてください。
에끼마데노 미찌오 오시에떼 쿠다사이

■ 도서관으로 가는 길 좀 알려줄래요?

Will you show me the way to library?
윌유 쇼 미더 웨이투 라이브러뤼
図書館まで行く道を教えてくれますか。
토쇼깡마데 이꾸 미찌오 오시에떼 쿠레마스까

■ 문화센터 가려면 어떻게 해야 합니까?

How can I get to the community center?
하우 캐나이 겟투더 커뮤니티 쎈터
文化センターまではどう行きますか。
분카센타-마데와 도우 이끼마스까

길 물을 때

길을 직접적으로 가르쳐 달라고 할 때는 Please show(tell) me the way to를 사용한다.

■ 실례지만 지하철역까지 이 길로 가면 됩니까?

Excuse me, but is this the right way to the subway station?
익스큐즈미 벗 이즈 디스 더 롸잇 웨이투더 썹웨이 스테이션
すみませんが 地下鉄駅まではこの道を行けばいいですか。
스미마셍가 치카데쯔에끼마데와 고노 미찌오 이케바 이이데스까

■ 그곳에 가는 가장 좋은 방법은 무엇입니까?

What is the best way to get there?
와리즈더 베스트웨이 투 겟 데어
そこまで行く一番いい方法は何ですか。
소꼬마데 이스 이찌방 이이호우호우와 난데스까

■ 가장 빠른 길은 무엇입니까?

What is the fastest way there?
와리즈더 훼슷티슷 웨이 데어
一番早い道はどこですか。
이찌방 하야이미찌와 도꼬데스까

■ 지름길은 무엇입니까?

What is the shortcut?
와리즈더 쇼컷
近道はどこですか。
치카미찌와 도꼬데스까

■ 이 주위에 찻집이 있습니까?

Is there a coffee shop around here?
이즈 데어러 커피샵 어라운드 히어
この近くに喫茶店はありますか。
고노 치까끄니 킷사뗑와 아리마스까

■ 여기가 어디입니까?

Where am I?
웨어 앰 아이
ここはどこですか。
고꼬와 도꼬데스까

喫茶店(きっさてん)

찻집

■ 제가 지금 있는 곳이 어디입니까?

Can you tell me where I am?
캔유 텔미 웨어 아이 앰
私が今いる所はどこですか。
와따시가 이마이루 도꼬로와 도꼬데스까

■ 우리가 길을 잘못 들었습니까?

Are we on the wrong street?
아 위 언더 렁스트릿
私たちは道を間違ってますか。
와따시다찌가 미찌오 마찌갓떼마스까

■ 길을 잃었어요, 가르쳐 주시겠어요?

I have lost my way. Will you help me?
아이 햅 로슷 마이 웨이 윌유 헬프미
道を迷いました。教えていだだけますか。
미찌오 마요이마시따 오시에떼 이따다케마스까

道を迷う

길을 잃다.

>>> 길 알려주기

■ 앞으로 곧장 가세요.

Go straight.
고 스트레잇
前の道をまっすぐ行ってください。
마에노 미찌오 맛스구 잇떼 쿠다사이

■ 계속 가세요.

Keep going.
킵 고잉
ずっと行ってください。
즛또 잇떼 쿠다사이

001 일반 표현

■ **이리로 계속 가세요.**

Keep on this way.
키펀 디스웨이
ここをまっすぐ行ってください。
고꼬오 맛스구 잇떼 쿠다사이

■ **이 길을 따라 가세요.**

Follow this road[street].
활로 디스 로드[스트릿]
この道を沿って行ってください。
고노 미찌오 솟떼 잇떼 쿠다사이

沿う(そう)

좇다. 따르다.

■ **길을 잘못 들었습니다.**

You took the wrong way.
유 툭더 렁웨이
道を間違いました。
미찌오 마찌가이마시따

■ **잘못 돌았어요.**

You took the wrong turn.
유 툭더 렁턴
間違って曲がりました。
마찌갓떼 마가리마시따

■ **당신은 반대로 가고 있어요.**

You are going in the opposite direction.
유아 고잉인디 아파씻 디렉션
あなたは反対側に行ってます。
아나따와 한따이가와니 잇떼마스

■ **죄송합니다만 저도 여기는 잘 모릅니다.**

I'm afraid I'm a stranger here.
아임 어후레이드 아임어 스트레인져 히어
すみませんが 私もこの辺はよく分かりません。
스미마셍가 와따시모 고노 헹와 요꾸 와까리마셍

辺(へん)

근처, 부근

■ 이 주변일 겁니다.

It's somewhere around here.
잇쯔 썸웨어 어라운드 히어
この辺りだと思います。
고노 아타리다또 오모이마스

辺り(あたり)
부근, 근처, 주변

■ 저기 있습니다.

It's over there.
잇쯔 오버 데어
あそこにあります。
아소꼬니 아리마스

■ 길을 건너세요.

Cross the street.
크로쓰더 스트릿
道を渡ってください。
미찌오 와탓떼 쿠다사이

■ 약국 옆에 있습니다.

It's next to a drug store.
잇쯔 넥쓰투어 드럭 스토어
薬屋の隣にあります。
쿠스리야노 토니리니 아리마스

■ 되돌아가세요.

You should turn back
유 슈드 턴 백
引き返してください。
히키카에시떼 쿠다사이

引き返す(ひきかえす)
되돌아가다.

■ 왼쪽에 그 건물이 있습니다.

There is the building on the left.
데어리즈더 빌딩 언더 렙트
左側にその建物があります。
히다리가와니 소노 다떼모노가 아리마스

建物(たてもの)
건물

■ 그 앞에 편의점이 있을 것입니다.

You will find a convenience store in the front.
유 윌 화인더 컨비니언스 스토어 인더 후론트
その前にコンビニがあると思います。
소노 마에니 콘비니가 아루또 오모이마스

■ 그건 공원 반대편에 있습니다.

You can see it on the opposite side of the park.
유 큰 씨릿 언디 아퍼씻 싸이더브 더 파크
それは公園の反対側にあります。
소레와 코-엔노 한따이가와니 아리마스

■ 여기서 두 번째 건물입니다.

It's the second building from here.
잇쯔더 쎄컨 빌딩 후럼 히어
ここから二つ目の建物です。
고꼬까리 후따쯔메노 다떼모노데스

■ 바로 모퉁이를 돌면 있습니다.

It's just around the corner.
잇 저슷터라운 코너
すぐ角を曲がったらあります。
스구 카도오 마갓따라 아리마스

■ 첫 번째 모퉁이에서 왼쪽으로 돌아가세요.

Turn left at the first corner.
턴 렏트 앳 더 훠슷 코너
最初の角で右に曲がってください。
사이쇼노 카도데 미기니 마갓떼 쿠다사이

■ 영화관은 바로 거기 있습니다.

The movie theater is right there.
더 무비 씨어러 이즈 롸잇 데어
映画館はすぐそこにあります。
에-가깡와 스구 소꼬니 아리마스

위치 표현

다음에 : Next to
모퉁이에 :
around the corner
우측편에 : on the right
좌측편에 : on the left
앞에 : in front of
맞은 편에 : across
판대편에 :
on the opposite side

■ 오른편에 있을 겁니다.

You will see it on your right.
유 윌 씨릿 언 유어 롸잇
左側にあると思います。
미기가와니 아루또 오모이마스

■ 제가 약도를 그려드릴께요.

Let me draw the direction.
렛미 드로더 디렉션
私が地図をかいてあげます。
와따시가 치즈오 카이떼 아게마스

■ 저도 방향이 같습니다.

I'm going that way.
아임 고잉 댓 웨이
私も同じ方向です。
와따시모 오나지 호우꼬-데스

■ (당신이)가는 곳까지만 같이 갑시다.

I'll go with you part of the way.
아일 고 위듀 파러브더 웨이
行ける所まで一緒に行きましょう。
이케루 도꼬로마데 잇쇼니 이키마쇼-

■ 찾기 쉬워요.

You can't miss it.
유 캔 미씻
探しやすいです。
사가시야스이 데스

■ (그 곳에 가는 데)얼마나 걸립니까?

How long does it take (to get there)?
하우롱 더짓 테익(투겟 데어)
どれくらいかかりますか。
도레그라이 카카리마스까

■ 여기서 시청까지 얼마나 멉니까?

How far is it from here to City Hall?
하우 화 이짓 후럼 히어투 씨리홀
ここから市役所まではどれくらいかかりますか。
고꼬까라 시야꾸쇼마데와 도레그라이 카카리마스까

■ 걸어서 갈 수 있습니까?

Can I walk there?
캔아이 웍 데어
歩いて行けますか。
아루이떼 이케마스까

■ 거기까지 걸어갈 수 있습니다.

You can walk there.
유 큰 웍 데어
そこまで歩けます。
소꼬마데 아루케마스

■ 걸어서 몇 분 걸립니까?

How many minutes does it take by foot?
하우매니 미니츠 더짓 테익 바이 훗
歩いて何分かかりますか。
아루이떼 난뿡 카카리마스까

■ 걸어서 10분 거리입니다.

It's 10 minutes on foot.
잇쯔 텐 미니츠 언 훗
歩いて10分の距離です。
아루이떼 쥬ㅅ뽕노 쿄리데스

■ 여기서 가깝습니다.

It's near here.
잇쯔 니어 히어
ここから近いです。
고꼬까리 치카이데스

■ 여기서 그렇게 멀지 않습니다.

It's not so far from here.
잇쯔 낫 쏘 화 후럼 히어
ここからそんなに遠くないです。
고꼬까라 손나니 토오꾸 나이데스

■ 차를 타는 것이 좋습니다.

It's better ride.
잇쯔 베러 롸이드
車に乗ったほうがいいです。
쿠루마니 놋따 호우가 이이데스

교통편을 권할 때

비슷한 표현으로는 I prefer going there by car.(차를 타고 가는 것을 선호합니다.)가 있다.

■ 버스로 몇 시간 걸립니까?

How many hours (does it take) by bus?
하우매니 아우어즈(더즈잇 테익) 바이 버스
バスで何時間かかりますか。
바스데 난지깐 카카리마스까

■ 자동차로 10분걸립니다.

It takes 10 minutes by car.
잇 테익스 텐 미니츠 바이 카
車で10分かかります。
쿠루마데 쥬ㄱ뿐 카카리마스

다양한 도로 명칭

가로지르는 도로 : Boulevard(Blvd)
동서로 연결된 도로 : street (St)
대로 : Avenue(Ave)
샛길 : Road(Rd)

02 대중교통

>>> 요금문의

■ 요금이 얼마예요?

What's the fare?
왓쯔 더 훼어
料金はいくらですか。
료-킹와 이꾸라 데스까

■ 뉴욕(도쿄)행 요금이 얼마입니까?

How much is a ticket to New York?
하우머취 이저 티킷투 뉴욕크
東京行きの**料金**はいくらですか。
토-쿄-유끼노 료-킹와 이꾸라 데스까

行き(ゆき)
목적지를 향해서 감, ~행

■ 밤에는 요금이 더 드나요?

Is the fare more expensive at night?
이즈 더 훼어 모어 익쓰펜시브 앳 나잇
夜は**追加料金**がかかりますか。
요루와 쯔이까 료-킹가 카카리마스까

■ 거리에 비해 요금이 너무 비싸군요.

The fare is too high for the distance
더 훼어 이즈 투하이 훠더 디스턴쓰
距離のわりには**料金**が**高**すぎますね。
쿄리노 와리니와 료-킹가 다까스기마스네

요금이 비싸군요
또다른 표현으로는 The fare is expensive.가 있다.

わり
어떤 것으로부터 짐작되는 정도, ~에 비해

■ 요금이 잘못된 것 같군요.

That fare doesn't seem right.
댓 훼어 더즌씸 롸잇
料金が**間違**ってますか。
료-킹가 마찌갓떼마스까

〉〉〉 버스

■ 어느 버스가 시애틀(도쿄)로 갑니까?

Which bus goes to Seattle?
위치 버스 고즈투 씨애틀

どのバスが東京行きですか。
도노 바스가 토-쿄-유끼 데스까

■ 시내로 갈려면 어느 버스를 타야합니까?

Which bus should I take to go downtown?
위치 버스 슈다이 테익 투고 다운타운

市内に行きたいですが どのバスに乗ったらいいですか。
시나이니 이키따이데스가 도노 바스니 놋따라 이이데스까

■ 이거 북 고등학교 갑니까?

Does this go to North High school?
더즈 디스 고투 노스 하이스쿨

このバス' 北高校まで行きますか。
고노바스 키타코-꼬-마데 이끼마스까

■ 이 버스 애플톤(긴자) 갑니까?

Does this bus go to Appleton?
더즈 디스 버스 고투 애플톤

このバスは銀座まで行きますか。
고노바스와 긴자마데 이끼마스까

■ (버스를 가리키며) 국립 박물관에 갑니까?

To the national museum?
투더 내셔널 뮤지엄

国立博物館まで行きますか。
코꼬리쯔 하꾸부쯔캉마데 이끼마스까

002 대중 교통

■ 버스는 얼마나 자주 운행하죠?

How often does the bus run?
하우 어픈 더즈더 버스
バスはどれくらいの間隔で運行していますか。
바스와 도레그라이노 칸까꾸데 운고-시떼이마스까

■ 다음 버스는 언제옵니까?

When is the next bus?
웨니즈더 넥쓰트 버스
次のバスはいつ来ますか。
쯔기노 바스와 이쯔 키마스까

■ 씨월드(낀자)까지 몇 정류장이나 됩니까?

How many stops are there to get to Sea World?
하우매니 스탑스 아데어 투겟투 씨월드
銀座までいくつバス停がありますか?
긴자마데 이끄쯔 바스테-가 아리마스까

■ 어디서 갈아타야합니까?

Where do I have to transfer?
웨어 두아이 햅 투 트랜스훠
どこで乗り換えますか。
도꼬데 노리카에마스까

■ 이번 정류장에서 갈아타야해요.

You have to transfer at this stop.
유 햅 투 트랜스훠 앳 디스탑
このバス停で乗り換えなければなりません。
고노 바스테-데 노리카에나케레바 나리마셍

■ 경기장 가려면 어디서 내립니까?

Where do I get off to ger to the stadium?
웨어 두아이 게러프 투겟투더 스테이디움
競技場に行きたいですが どこで降りたらいいですか。
쿄-기죠-니 이키따이데스가 도꼬데 오리따라 이이데스까

乗換える(のりかえる)
갈아타다. 바꿔타다.

降りる(おりる)
내리다.

PART07 교통

■ 다음 정류장에서 내릴께요.

Let me off at the next stop.
렛미 어프 앳더 넥스탑
次のバス停で降ります。
쯔기노 바스테-데 오리마스

■ 도착하면 알려주세요.

Tell me when we get there.
텔미 웬 위 겟 데어
着いたら教えてください。
쯔이따라 오시에떼 쿠다사이

〉〉〉 택시

■ 택시 승강장이 어디있습니까?

Where is the taxi stand?
웨어리즈더 택씨 스탠드
タクシー乗り場はどこですか。
타쿠시-노리바와 도꼬데스까

■ 어디서 택시를 잡을 수 있나요?

Where can I catch a taxi?
웨어 캐나이 캐치어 택씨
どこでタクシーをつかまえますか。
도꼬데 타쿠시-오 쯔까마에마스까

■ 여기서 5분 거리에 있습니다.

You can find it 5 minutes distant from here.
유 큰 화인딧 화이브 미닛 디스턴트 후럼 히어
ここから5分距離にあります。
고꼬까라 고훙쿄리니 아리마스

여기서 5분 거리다.

간단한 표현으로는 It's five minutes from here가 있다.

■ 어디까지 가십니까?

Where to, Miss[Mr.]?
웨어 투 미쓰(미스터)
どこまで行きますか。
도꼬마데 이키마스까

■ 어디 가십니까?

Where are you going?
웨어 아유 고잉
どこへ行きますか。
도꼬에 이키마스까

■ 공항까지 요금이 얼마나 나옵니까?

How much does it cost to the airport?
하우머취 더즈잇 코슷 투디 에어포트
空港まで料金はどのくらいかかりますか。
쿠-꼬-마떼 료-킹와 도노그라이 카카리마스까

■ 이 주소로 데려다 주세요.

Take me to this address, please.
테익 미투 디스 어드뢰쓰 플리즈
この住所まで連れて行ってください。
고노 쥬-쇼마데 쯔레떼 잇떼 쿠다사이

連れる(つれる)
데리고 가다.

■ 빨리 가주세요.

Step on it, please.
스테퍼닛 플리즈
急いでお願いします。
이소이데 오네가이시마스

■ 서두르세요.

Hurry up, please.
허뤼 업 플리즈
急いでください。
이소이데 쿠다사이

■ 제일 빠른 길로 가주세요.

Please take the fastest way.
플리즈 테익더 훼슷티슷 웨이
一番早い道でお願いします。
이찌방 하야이 미찌데 오네가이시마스

■ 저기서 잠깐 서주세요.

Stop over there, please.
스탑 오버 데어 플리즈
あそこで少し止めてください。
아소꼬데 스꼬시 토메떼 쿠다사이

■ 잠깐 기다려주십시오.

Wait here for a while, please.
웨잇 히어 훠러 와일 플리즈
ちょっと待ってください。
좃또 맛떼 쿠다사이

■ 곧 돌아오겠습니다.

I'll be back in a minute.
아일 비 백 인어 미닛
すぐ戻ります。
스구 모도리마스

■ 여기서 세워주세요.

Stop here, please.
스탑 히어 플리즈
ここに止めてください。
고꼬니 토메떼 쿠다사이

■ 여기 아무데서나 세워주세요.

Let me get off anywhere near here.
렛미 게러프 애니웨어 니어 히어
この辺で止めてください。
고노헹데 토메떼 쿠다사이

002 대중 교통

■ **다 왔습니다.**

Here we are.
히어 위아
着きました。
쯔끼마시따

■ **트렁크를 열어주시겠습니까?**

Could you open the trunk?
쿠쥬 오픈더 트렁크
トランクを開けてもらえますか。
토랑쿠오 아케떼 모라에마스까

■ **제 가방을 꺼내주시겠습니까?**

Could you take my bag out?
쿠쥬 테익 마이 백 아웃
私のカバンを出してもらえますか。
와따시노 카방오 다시떼 모라에마스까

■ **요금이 잘못된 것 같습니다.**

The fare doesn't seem right.
더 훼어 더즌 심 투 롸잇
料金がおかしいです。
료-킹가 오까시-데스

おかしい
이상하다. 비정상적이다.

■ **요금이 너무 많이 나온 것 같습니다.**

That fare seems too high.
댓 훼어 씸스 투 하이
料金が高すぎます。
료-킹가 다까스기마스

■ **잔돈 없으세요?**

Do you have a smaller bill?
두유 해버 스몰러 빌
おつりはありませんか。
오쯔리와 아리마셍까

375

■ 잔돈은 가지세요.

Keep the change.
킵더 체인쥐
おつりは結構です。
오쯔리와 게꼬데스

結構(けっこう)で
괜찮습니다.

〉〉〉 지하철

■ 지하철 역은 어디 있습니까?

Where is the subway station?
웨어리즈더 썹웨이 스테이션
地下鉄駅はどこにありますか。
치카데쯔에끼와 도꼬니 아리마스까

■ 어디서 지하철을 탈 수 있을까요?

Where can I get the subway?
웨어 캐나이 겟더 썹웨이
どこで**地下鉄**に**乗**れますか。
도꼬데 치까테쯔니 노레마스까

■ 입구가 어디입니까?

Where is the entrance?
웨어리즈더 엔트랜쓰
入口はどこですか。
이리구치와 도꼬데스까

■ 매표소가 어디 있습니까?

Where is the ticket office?
웨어리즈더 티킷 오휘쓰
きっぷ売り場はどこにありますか。
킷뿌우리바와 도꼬니 아리마스까

■ 표는 어디서 살 수 있습니까?

Where can I get[buy] tickets?
웨어 캐나이 겟[바이] 티키츠
きっぷはどこで買えますか。
킷뿌와 도꼬데 카에마스까

■ 몇 호선이 당산 갑니까?

Which line goes to Dang-san?
위치 라인 고즈 투 당산
何号線が上田まで行きますか。
난고-센가 우에노마데 이키마스까

■ 마포(긴자)역은 몇 호선입니까?

Which line is for Mapo station?
위치 라인 이스 훠 마포 스테이션
銀座駅は何号線ですか。
긴자에끼와 난고-센 데스까

■ 5호선을 타십시오.

Take line number 5.
테익 라인 넘버 화이브
5号線に乗ってください。
고고-센니 놋떼 쿠다사이

■ 어느 역에서 갈아탑니까?

What station do I transfer at?
왓 스테이션 두아이 트랜스훠 앳
どの駅で乗り換えますか。
도노에끼에 노리카에마스까

■ 1분 출구가 어디입니까?

Where is the exit number 1?
웨어리즈더 에그짓 넘버 원
1番出口はどこですか。
이찌방 데구치와 도꼬데스까

PART07 교통

■ 서부역까지 몇 정류장 남았습니까?

How many stops are there left to West station?
하우매니 스탑트 아데어 렙투 웨스트 스테이션
新宿駅までいくつの駅がありますか。
신쥬쿠에끼마데 이꾸쯔노 에끼가 아리마스까

■ 다음은 어디입니까?

What's the next station?
왓쯔 더 넥스테이션
次はどこですか。
쯔기와 도꼬데스까

좌석에 관한 표현

우대석 : Priority seating
장애인, 노인 및 임산부
좌석 : Reserved for the disabled, the old pregnant women

〉〉〉 기차

■ LA행 편도 주세요.

One way to LA.
원 웨이 투 엘에이
大阪までの片道きっぷをください。
오-사까마데노 카타미찌 킷뿌오 쿠다사이

■ 일등석입니까, 이등석입니까?

First or second class?
훠숫 오 쎄컨 클래쓰
ファーストクラスですか゛ビジネスクラスですか。
파-스토크라스 데스까 비지네스크라스 데스까

■ 편도입니까, 왕복입니까?

One way or Return?
원 웨이 오 뤼턴
片道ですか゛往復ですか。
카타미찌데스까 오-후꾸데스까

편도와 왕복

편도 : one-way
왕복 : return/round-ticket

■ 표가 다 매진되었습니다.

All tickets are sold out.
얼 티킷츠 아 쏠다웃
きっぷは全部売り切れました。
킷뿌와 젠부 우리키레마시따

■ 마산행 열차가 어느 것입니까?

Which train is for Masan?
위치 트레인 이즈 훠 마산
マサン行きの列車はどれですか。
마산유끼노 렛샤와 도레데스까

■ 이 열차는 대구행 맞습니까?

Is this the train for Daegu?
이즈 디스 더 트레인 훠 대구
この列車はテグ行きですか。
고노렛샤와 대구유끼 데스까

■ 이거 대구행 기차 맞습니까?

Am I on the right train? I'm going to Daegu?
앰아이 언더 롸잇 트레인 아임 고잉투 대구
これ′テグ行きの列車ですか。
코레 대구유끼노 렛챠데스까

■ 이 열차가 예정대로 출발합니까?

Is this train on schedule?
이즈 디스 트레인 언 스케쥴
この列車は予定通りに出発しますか。
고노 렛샤와 요테-도오리니 슛빠쯔시마스까

■ 여수행 기차는 언제 출발합니까?

When does the train for Yeosu leave?
웬 더즈더 트레인 훠 여수 리브
ヨス行きの列車はいつ出発しますか。
여수유키노 렛샤와 이쯔 슛빠쯔 시마스까

通り(どおり)

~대로

■ 실례지만 자리 있습니까?

Excuse me, but is this seat taken?
익스큐즈미 벗 이즈 디스 씻 테이큰
失礼ですが 席は空いてますか。
시쯔레-데스가 세끼와 아이떼마스까

■ 거기는 제 자리입니다.

That's my seat.
댓쯔 마이 씻
そこは私の席です。
소꼬와 와따시노 세끼데스

■ 표 좀 볼까요?

May I see your ticket?
메아이 씨 유어 티킷
きっぷを見せていただけますか。
킷뿌오 미세떼 이따다케마스까

■ 식당차는 어디입니까?

Where is the dinning car?
웨어리즈더 다이닝 카
食堂車はどこですか。
쇼꾸도-샤와 도꼬데스까

003 승용차

>>> 운전

■ 저는 초보 운전자입니다.

I'm a beginner.
아임어 비기너
私は運転初心者です。
와따시와 운뗀쇼신샤데스

■ 저는 스틱은 못합니다.

I can't drive a stick shift.
아이 캔 드라이버 스틱 쉬프트
私はマニュアルは運転できません。
와따시와 마뉴아루와 운뗀데끼마셍

■ 빨리 갑시다.

Speed it up! / Step on it!
스피리럽 / 스테퍼닛
早く行きましょう。
하야꾸 이끼마쇼-

■ 과속하지 마세요.

Don't drive too fast.
돈 드라이브 투 훼슷
あまりスピード出さないでください。
아마리 스피-도 다사나이데 쿠다사이

■ 속도를 줄이세요.

Slow down.
슬로 다운
スピードを落としてください。
스피-도오 오또시떼 쿠다사이

スピード
속도, 속력

PART07 교통

■ **조심해요, 교통사고 나요.**

Watch out! You may get in a car accident.
와치 아웃 유메이 게리너 카 액씨던트
気を付けてください。交通事故が起こりそうですよ。
키오 쯔께떼 쿠다사이 코-쯔-지꼬가 오꼬리 소우데스요

■ **과속딱지 떼이겠어요.**

You're going to get a speeding ticket.
유아 고잉투 게러 스피딩 티킷
スピード違反にひっかかりそうですよ。
스피-도 이항니 힛카카리소우데스요

> **ひっかかる**
> 걸리다.

■ **누군가에게 길을 물어 봅시다.**

Let's ask somebody for direction.
렛쯔 애스크 썸바리 훠 디렉션
だれかに道を聞いてみよう。
다레까니 미찌오 키이떼미요-

■ **창문 좀 내려주세요.**

Roll down the window.
롤 다운더 윈도
窓を少し開けてください。
마도오 스꼬시 아케떼 쿠다사이

■ **무엇때문에 교통이 막힙니까?**

What's holding up the traffic?
왓쯔 홀딩업 더 트래휙
どうして道が込んでますか。
도-시데 미찌가 콘데마스까

> **込む(こむ)**
> 붐비다. 혼잡하다.

■ **출퇴근 시간에는 교통량이 많습니다.**

The traffic is heavy during rush hour.
더 트래휙 이즈 헤비 듀링 러시아워
出退金時間には交通量が多いです。
슛타이킹지깐니와 코-쯔-료-가 오오이데스

003 승용차

주차에 관한 표현

노상주차 :
the street parking lot
무료주차 :
a free parking lot
대리주차 : claim park
주차 확인증 :
claim check

■ 여기다 주차할 수 있나요?

Can I park here?
캐나이 파크 히어
ここに駐車してもいいですか。
고꼬니 츄-샤시떼모 이이데스까

■ 여기는 견인지역 입니다.

This is a towaway zone.
디스 이저 토웨이 존
ここは牽引地域です。
고꼬와 켄인치에끼데스

〉〉〉 승차

■ (저 좀)태워줄래요?

Will you give me a ride?
월유 깁미어 롸이드
乗せてもらえますか。
노세떼 모라에마스까

■ 같은 방향으로 갑니까?

Going my way?
고잉 마이 웨이
同じ方向ですか。
오나지 호우꼬-데스까

■ 저의 집까지 차 좀 태워주실래요?

Can you give me a ride home?
캔유 깁미어 롸이드 홈
私の家まで車に乗せてくれませんか。
와따시노 이에마데 쿠루마니 노세떼 쿠레마셍까

383

■ **우체국에서 세워주세요.**

Please pull over at the post office.
플리즈 풀오버 앳더 포스트오휘쓰
郵便局で**止**めてください。
유-빙쿄끄데 도메떼 쿠다사이

■ **역까지 모셔다 드리겠습니다.**

I'll take you home.
아일 테이큐 홈
お宅まで**お送**りいたします。
오타쿠마데 오오끄리 이따시마스

■ **타세요.**

Get in, please.
게린 플리즈
乗ってください。
놋떼 쿠다사이

■ **고맙지만 혼자 갈래요.**

No, thanks. I've got a way.
노 땡쓰 아이브 가러 웨이
ありがたいですが **一人**で**行**きますよ。
아리가따이데스가 히또리데 이끼마스요

■ **안전벨트 매세요.**

Buckle up, please!
버클럽 플리즈
シートベルトをしめてください。
시-토베르토오 시메떼 쿠다사이

■ **어디에 내려드릴까요?**

Where shall I drop you off?
웨어 쉘아이 드랍유 어프
どこで**降**ろしましょうか。
도고데 오로시마쇼-까

シートベルト

안전벨트

003 승용차

■ 여기서 내리겠습니다.

Let me hop out here.
렛미 홉 아웃 히어
ここで降ります。
고꼬데 오리마스

■ 태워주셔서 감사합니다.

Thank you for the ride.
땡큐 훠더 롸이드
乗せてくださってありがとうございます。
노세떼 쿠다삿떼 아리가또-고자이마스

■ 오히려 제가 기쁩니다.

The pleasure is all mine.
더 플레져 이즈 얼 마인
こちらこそ 楽しかったです。
고찌라꼬소 타노시깟따데스

■ 태우러 갈게.

I'll pick you up.
아일 픽큐 업
車で迎えに行くね。
쿠루마데 무까에니 이끄네

降りる(おりる)
내리다.

迎え(むかえ)
마중감

〉〉〉 고장

■ 시동이 안걸립니다.

My car won't start.
마이 카 원트 스타트
エンジンの始動できないです。
엔진노 시도-가 데끼나이데스

385

■ 차에서 이상한 소리가 납니다.

My car makes strange noises.
마이 카 메익쓰 스트래인쥐 노이지즈
車から変な音がします。
쿠루마까라 헨나 오또가 시마스

■ 브레이크가 말을 안듣습니다.

The break doesn't work.
더 브레이크 더즌 웍
ブレーキが利きません。
브레-키가 키키마셍

利く(きく)

능력[기능]이 충분히 발휘되다. 잘 움직이다.

■ 타이어가 펑크났습니다.

I have a flat tire.
아이 해버 훌랫 타이어
タイヤがパンクしました。
타이야가 팡쿠 시마시따

■ 오일이 샙니다.

The oil is leaking.
디 오일 이즈 리킹
オイルが漏れます。
오이루가 모레마스

■ 배터리가 방전됐습니다.

The battery is dead.
더 배러리 이즈 데드
バッテリーが放電しました。
밧떼리-가 호우덴 시마시따

■ 창문이 오르내리질 않습니다.

Car window doesn't go up and down.
카 윈도 더즌 고 어팬 다운
窓を開けたり閉めたりできません。
마도오 아케따리 시메따리 데끼마셍

창문이 고장났다

자동차를 포함하여 창문이 고장났다라는 표현으로는 The [car] window isn't working가 있다.

〉〉〉 교통사고

■ 교통사고를 당했습니다.

I had a traffic accident.
아이 해더 트래휙 액씨던트
交通事故にあいました。
코-쯔-지꼬니 아이마시따

■ 충돌사고를 당했습니다.

I had a collision.
아이 해더 콜리젼
衝突事故にあいました。
쇼-또쯔 지꼬니 아이마시따

■ 차 사고를 냈습니다.

I got in a car accident.
아이 갓 인어 카 액씨던트
車の事故を起こしました。
쿠루마노 지꼬오 오꼬시마시따

■ 부상자가 몇 명 있습니다.

There are some injured people here.
데어 아 썸 인쥬어드 피플 히어
負傷者が何人かいます。
후쇼-샤가 난닝까 이마스

■ 당신 차가 내 차를 들이받았잖아요!

Your car ran into my car!
유어 카 렌인투 마이 카
あなたの車が私の車を突き当たったんじゃないですか！
아나따노 쿠루마가 와따시노 쿠루마오 쯔끼아땃딴쟈나이데스까

사고에 관한 표현

사고 : accident
차사고 : car accident
교통사고 : traffic accident

突き当たる(つきあたる)

들이받다.

■ **당신이 급제동을 했잖아요.**

You made a sudden stop.
유 메이더 써든 스탑
あなたが急ブレーキをかけたんじゃないですか。
아나따가 큐-브레-키오 카케딴쟈나이데스까

■ **아이가 갑자기 뛰어들어서 어쩔 수가 없었어요.**

The child ran out in front of me. I didn't have a chance to stop.
더 촤일드 랜아웃 인 후론터브 미 아이 디든 해버 췐쓰 투 스탑
子供が急に飛び込んで仕方なかったです。
코도모가 큐-니 토비콘데 시가타나깟따데스

> **方(しかた)ない**
> 어쩔 수 없다. 달리 방법이 없다.

■ **큰일 날 뻔했군요.**

That was close.
댓 워즈 클로즈
大変だったですね。
타이헹닷따데스네

■ **제 과실이 아닙니다.**

It's not my fault.
잇쯔 낫 마이 췰트
私の過失ではありません。
와따시노 카시쯔데와 아리마셍

■ **보험은 들었습니까?**

Are you insured?
아유 인슈어드
保険に入っていますか。
호켄니 하잇떼 이마스까

■ **보험 처리가 됩니까?**

Will the insurance cover it?
윌 디 인슈런쓰 커버릿
保険で処理できますか。
호껜데 쇼리 데끼마스까

■ 내 차가 고속도로에서 고장났습니다.

My car broke down on the highway.
마이 카 브록다운 언더 하이웨이
車が高速道路で故障しました。
쿠루마가 코-소끄도-로데 코쇼- 시마시따

>>> 카센터

■ 차에 어디가 이상이 있습니까?

What's wrong with my car?
왓쯔 렁웟 마이 카
車のどこに異常がありますか。
쿠루마노 도꼬니 이죠-가 아리마스까

■ 이상 없습니다.

There's nothing wrong with your car.
데어즈 나씽 렁위듀어 카
異常はありません。
이죠-와 아리마셍

■ 타이어에 바람 좀 넣어주세요.

Put air in the tires, please.
풋 에어 인더 타이어 플리즈
タイヤに空気を入れてください。
타이야니 쿠-끼오 이레떼 쿠다사이

■ 엔진 오일을 점검해주세요.

Check the oil, please.
첵디 오일 플리즈
エンジンオイルを点検してください。
엔진오이루오 텐켄시떼 쿠다사이

■ **오일이 부족합니다.**

The oil is low.
디 오일 이즈 로
オイルが足りないです。
오이루가 타리나이데스

■ **브레이크 라이닝 상태가 좋지 않습니다.**

The brake pads are not in good shape.
더 브레익 패드 아 낫 인 굿 쉐입
ブレーキライニングの状態がよくないです。
브레-키 라이닝그노 죠-타이가 요꾸 나이데스

■ **지금 고쳐줄 수 있어요?**

Can you fix it right now?
캔유 휙쓰 잇 롸잇 나우
今′修理してもらえますか。
이마 슈리시떼모라에마스까

■ **고치는데 얼마나 걸립니까?**

How soon can you fix it?
하우 쑨 캔유 휙쓰 잇
修理するのにどれくらいかかりますか。
슈리스루노니 도레그라이 카카리마스까

■ **견적 좀 내주세요.**

Give me an estimate, please.
깁미언 에스티메잇 플리즈
見積もりを出してもらいたいです。
미쯔모리오 다시떼 모라이따이데스

■ **차를 맡기고 가셔야겠습니다.**

You have to leave your car.
유 햅 투 리브 유어 카
車をお預かりしなければなりません。
쿠루마오 오아즈까리 시나케레바 나리마셍

■ 차는 언제 찾아갈 수 있나요?

When can I pick my car up?
웬 캐나이 픽 마이카 업
車はいつ取りに来たらいいですか。
쿠루마와 이쯔 도리니 키타라 이이데스까

■ 제 차 다 고쳤습니까?

Is my car ready to go?
이즈 마이 카 뢰디투 고
車の修理は全部終わりましたか。
쿠루마노 슈리와 젠부 오와리마스까

■ 다 됐습니다.

Your car is ready to go.
유어 카 이즈 뢰디투 고
全部終わりました。
젠부 오와리마시따

Periodical inspection
자동차 정기검사

〉〉〉 주유

■ 기름은 충분한가요?

Do you have enough gas?
두유 햅 이너프 게쓰
ガソリンは十分ありますか。
가소린와 쥬-분 아리마스까

■ 연료가 떨어져갑니다.

We are running out of gas.
위아 뤄닝 아우럽 게쓰
ガソリンがなくなりそうです。
가소린가 나끄나리 소우데스

■ 주유기에 차를 세우세요.

Pull up to the pump.
푸럽 투더 펌프
マシンの前に車を止めてください。
마신노 마에니 쿠루마오 토메떼 쿠다사이

■ 조금만 앞으로 빼주시겠어요?

Could you move up a little?
쿠쥬 무브어버 리를
少し前に動かしてください。
스꼬시 마에니 우고카시떼 쿠다사이

■ 얼마나 넣어드릴까요?

How much do you want?
하우머취 두유 원
どのくらい入れましょうか。
도노구라이 이레마쇼-까

■ 꽉 채워주세요.

Fill her up, please.
휠 허럽 플리즈
満タンにしてください。
만탕니 시떼 쿠다사이

■ 일반으로 할까요, 고급으로 할까요?

Regular or super?
뢰귤러 오 쑤퍼
一般にしましょうか、高級にしましょうか。
잇빤니 시마쇼-까   고-큐-니 시마쇼-까

〉〉〉 교통위반

■ 왜 세우셨습니까?

Why did you stop me?
와이 디쥬 스탑 미
なぜ車を止めたのですか。
나제 쿠루마오 토메따노데스까

■ 무슨 일이죠? (무슨 문제라도 있나요?)

What's the problem?
왓쯔 더 프라블럼
どうしたのですか。
도우시따노데스까

■ 경관님 뭐가 잘못되었습니까?

Hi, officer! Anything wrong?
하이 오휘써 애니씽 렁
警官さん、なにか間違いましたか。
케-깐상 나니까 마찌가이마시따까

■ 음주 측정기를 부십시오.

Blow into this drunkometer, please.
블로 인투 디스 드렁코미터 플리즈
飲酒測定器に息を吹いてください。
인슈소끄테-키니 이끼오 후이떼 쿠다사이

■ 음주운전을 하셨군요.

You're drunkdriving.
유아 드렁크드라이빙
飲酒運転してますね。
인슈운뗀시떼마스네

Drunk driver

음주 운전자

■ 당신은 속도 위반을 했습니다.

You exceeded the speed limit, sir.
유 익씨디더 스피드 리밋 써
あなたはスピード違反をしました。
아나따와 스피-도 이항오 시마시따

■ 당신은 신호 위반을 했습니다.

You violated the traffic sign, sir.
유 바이얼레이티더 트래휙 싸인 써
あなたは信号違反をしました。
아나따와 신고-이항오 시마시따

■ 정지신호에서 멈추지 않았습니다.

You didn't stop at the stop sign.
유 디든 스탑 앳더 스탑 싸인
停止信号で止めなかったです。
테-시신고-데 토메나깟따데스

■ 아주머니는 정지신호를 무시하셨습니다.

You ignored a stop sign, ma'am.
유 이그노어더 스탑 싸인 매앰
奥さんは停止信号を無視しました。
옥상와 테-시신-고오 무시 시마시따

■ 미안합니다, 못 봤습니다.

I'm sorry. I missed it.
아임쏘뤼 아이 미쓰팃
すみません。見てなかったです。
스미마셍 미떼 나깟따데스

■ 면허증 좀 보여주세요.

Let me see your driver's license.
렛미 씨 유어 드라이버스 라이쎈쓰
免許証を見せてください。
멘쿄쇼-오 미세떼 쿠다사이

■ **한 번만 봐주세요.**

Please have a heart.
플리즈 해버 하트
大目に見てください。
오오메니 미떼 쿠다사이

■ **여기 있습니다.**

Here it is.
히어릿 이즈
ここにあります。
고꼬니 아리마스

大目(おおめ)に見

관대하게 봐주다.

〉〉〉 렌터카

■ **차를 빌리고 싶습니다.**

I'd like to rent a car.
아이드 라익투 렌터 카
車を借りたいです。
쿠루마오 카리따이데스

■ **어떤 차를 원하십니까?**

What type of a car would you like?
왓 타이퍼브 카 우쥬 라익
どんな車がよろしいですか。
돈나 쿠루마가 요로시이데스까

■ **소형차를 원합니다.**

I'd like a compact car.
아이드 라이커 캄팩트 카
小型車がほしいです。
코가타샤가 호시이데스

■ 오토매틱 차를 원합니다.

I'd like an automatic car.
아이드 라이컨 오토매릭 카
オートマチック車がほしいです。
오-토마칙크샤가 호시이데스

■ 보험은 어떻게 하시겠습니까?

How about the insurance?
하우 어바웃 디 인슈런쓰
保険はどうなさいますか。
호껭와 도우나사이마스까

■ 종합보험으로 하겠습니다.

Full insurance, please.
훌 인슈런쓰 플리즈
総合保険に入ります。
소우고-호껭니 하이리마스

■ 얼마나 사용하실 겁니까?

How long would you like to use it?
하우롱 우쥬 라익투 유짓
どのくらい使いますか。
도노그라이 쯔까이마스까

■ 3일동안 쓸 겁니다.

I need it for 3 days.
아이 니딧 휘 쓰리 데이즈
三日間使いたいです。
밋까깐 쯔까이따이데스

■ 일당 요금은 얼마입니까?

What is the charge per day?
와리즈더 촤쥐 퍼 데이
一日当たりいくらですか。
이찌니찌아따리 이꾸라데스까

■ 중형은 40달러입니다.

Midsize is $40.
미드싸이지즈 훠리 달러즈
中型は４０ドルです。
츄-가타와 욘쥬-도루데스

■ 좋습니다, 빌리겠습니다.

Yes, I'll rent it.
예쓰 아일 렌팃
いいです。それを借ります。
이이데스 소레오 카리마스

■ 사용 후에는 어떻게 돌려주죠?

How can I return it after using it?
하우 캐나이 뤼턴 잇 앱터 유징 잇
使用した後はどう返しますか。
시요-시따 아또와 도우 카에시마스까

Part 08 장소

Place

場所

001. 공항

예약(비행기)
탑승수속
입국
세관신고
기내
출국
마중

002. 쇼핑몰

일반표현(쇼핑)
물건 고르기
가격흥정
계산(쇼핑)/포장
주문
배달
교환/반품

003. 병원/약국

접수창구
진찰
내과
산부인과
소아과
안과
신경외과
이비인후과
치과
피부과
비뇨기과
문병
약국

004. 식당

식사제의
메뉴결정
주문하기
음주
흡연
계산(식당)

005. 놀이공원

표끊기(놀이공원)
시설이용

006. 극장

관람제안
표끊기 (극장)
극장안

007. 상가

세탁소
꽃가게
문구점
서점
마트
놀이방
사진관
부동산중개소
미용실

001 공항

>>> 예약

■ LA(도쿄)행 비행기를 예약하고 싶습니다.

I'd like to book a flight to LA.
아이드 라익투 북커 플라잇 투 엘에이
東京行きの飛行機を予約したいです。
토-쿄-유끼노 히꼬우끼오 요야꾸 시따이데스

■ 논스톱 편 있나요?

Do you have any nonstop flights?
두유 햅 애니 넌스탑 플라이츠
ノンストップ便はありますか。
논스톱프빙와 아리마스까

■ 예, 좌석이 남아있습니다.

We have some seats available
위 햅 썸 씻츠 어베일러블
はい座席が残っています。
하이 자세끼가 노꼿떼 이마스

■ 그 편은 다 찼습니다.

That flight is fully booked up.
댓 플라이티즈 풀리 북텁
その便は満席です。
소노빙와 만세끼 데스

■ 예약을 확인하고 싶습니다.

I want to confirm my reservation.
아이 원투 컨훰 마이 뢰져베이션
予約を確認したいです。
요야꾸오 카끄닝 시따이 데스

■ 예약을 취소해야겠습니다.

I need to cancel my flight.
아이 니투 캔썰 마이 흘라잇
予約をキャンセルします。
요야꾸오 칸세루 시마스

■ 첫 비행기는 몇 시에 출발합니까?

What time dose the first flight leave?
왓 타임 더즈더 훠숫 흘라잇 리브
一番早い便は何時ですか。
이찌방 하야이빙와 난지데스까

■ 도착 시간은 어떻게 됩니까?

What is the arrival time?
와리즈디 어라이벌 타임
到着時間は何時ですか。
토-챠꾸지깐와 난지데스까

■ 비행 편을 변경하고 싶습니다.

I'd like to change the flight.
아이드 라익투 췌인쥐더 흘라잇
飛行便を変更したいです。
히꼬-끼빙오 헨꼬-시따이 데스

■ 5일의 같은 편으로 해주세요.

I'd like to fly on the 5th, on the same flight.
아이드 라익투 훌아이 언더 훠프쓰 언더 쎄임 흘라잇
5日の同じ便でお願いします。
이쯔까노 오나지빙데 오네가이시마스

■ 1등석 부탁합니다.

First class, please.
훠숫 클래쓰 플리즈
ファーストクラスでお願いします。
하-즈토 크라스데 오네가이시마스

■ 대기자 명단에 올려주십시오.

Put me on your waiting list, please.
풋 미 언 유어 웨이링 리스트 플리즈
ウェーティングリストに入れてください。
웨-팅그 리스토니 이레떼 쿠다사이

■ 금연석으로 주십시오.

A non-smoking seat, please.
어 넌 스모킹 씻 플리즈
禁煙席でお願いします。
킹엔세끼데 오네가이시마스

〉〉〉 탑승수속

■ 부치고자 하는 짐이 있나요?

Do you have any luggage to check in?
두유 햅 애니 러기쥐투 첵킨
預けるお荷物はありますか。
아즈께루 오니모쯔와 아리마스까

■ 가방을 들고 타시겠어요, 맡기시겠어요?

Will you carry your bag or check it in?
윌유 케리 유어 백 오 첵키린
かばんは持ち込みますか´預けますか。
카방와 모찌코미마스까 아즈께마스까

■ 맡기겠습니다.

I'd like to check it in.
아이드 라익투 첵키린
預けます。
아즈께마스

■ 짐을 저울에 올려주세요.

Please put them on this scale.
플리즈 풋 뎀 언 디스케일
お荷物をはかりに置いてください。
오니모쯔오 하까리니 오이떼 쿠다사이

■ 탑승 시간은 언제입니까?

When is the boarding time?
웨니즈더 보딩 타임
搭乗時間は何時ですか。
토-죠-지깐과 난지 데스까

■ 좌석은 창문쪽으로 하시겠습니까, 통로쪽으로 하시겠습니까?

Would you like an aisle seat or a window seat?
우쥬 라이컨 아일 씻 오러 윈도 씻
座席は窓側にしましょうか´ 通路側にしましょうか。
자세끼와 마도가와니 시마쇼-까 쯔-로가와니 시마쇼-까

〉〉〉 입국

■ 여권 좀 보여주시겠습니까?

May I see your passport, please?
메아이 씨 유어 패스포트 플리즈
パスポートを見せていただけますか。
파스포-토오 미세떼 이따다케마스까

■ 여행 목적이 무엇입니까?

What's the purpose of your visit?
왓쯔 더 퍼포저브 유어 비짓
旅行の目的はなんですか。
료꼬-노 모꾸떼끼와 난데스까

■ 관광입니다.

Sightseeing.
싸이트씽
観光です。
칸꼬- 데스

■ 유학입니다.

[For] studying.
[훠] 스터딩
留学です。
류-가꾸 데스

■ 휴가를 즐기려고요.

I'm on vacation.
아이앰 온 배케이션
休暇で来ました。
큐-까데 키마시따

■ 사업차 왔습니다.

On business.
언 비즈니쓰
事業のため来ました。
지교-노 타메 키마시따

■ 얼마나 머물 것입니까?

How long will you stay?
하우롱 윌유 스테이
何日ぐらい滞在しますか。
난니찌 구라이 타이자이 시마스까

■ 한 달 간요.

For one [a]month.
훠 원 [어]먼쓰
一カ月間です。
잇까게쯔깐 데스

〉〉〉 세관신고

■ 여권 좀 보여주세요.

Please show me your passport.
플리즈 쇼 미 유어 패스포트
パスポートを見せてください。
파스포-토와 미세떼 쿠다사이

■ 신고할 것이 있습니까?

Anything to declare?
애니씽 투 디클레어
申告するものはありますか。
신꼬꾸 스루 모노와 아리마스까

■ 몇 가지 선물이 있습니다.

I have a few gifts.
아이 해버 퓨 기프츠
少しプレゼントが入ってます。
스꼬시 프레젠또가 하잇떼마스

■ 가방에 무엇이 들어있습니까?

What do you have in your bag?
왓 두유 햅 인뉴어 백
カバンに何が入っていますか。
카방니 나니가 하잇떼 이마스까

■ 가방을 열어주십시오.

Open the bag, please.
오픈더 백 플리즈
カバンを開けてください。
카방오 아케떼 쿠다사이

■ 아무 것도 없습니다.

Nothing.
나씽
何も入っていません。
나니모 하잇떼 이마셍

■ 이게 뭡니까?

What's this?
왓쯔 디스
これは何ですか。
고레와 난데스까

■ 개인 소지품일 뿐입니다.

It's just a personal item.
잇 저슷 어 퍼스널 아이템
日用品だけです。
니찌요-힝 다케데스

■ 이건 가족들을 위한 기념품입니다.

These are the souvenirs for my family.
디즈 아더 쑤버니어즈 훠마이 훼밀리
これは家族にあげる記念品です。
고레와 카조꾸니 아게루 키넹힝데스

■ 외화는 얼마나 가지고 있습니까?

How much foreign currency do you have?
하우머취 훠린 커런씨 두유 햅
現金はいくらお持ちですか。
겡낑와 이꾸라 오모찌데스까

■ 세관 신고서입니다.

Here is the customs declaration form.
히어리즈더 커스텀즈 데클러레이션 훰
税関申告書です。
제-깐신꼬꾸쇼 데스

세관에서 쓰는 표현

입국절차-QIC(Quarantine-검역, Immigration-입국심사, Customs-세관)

■ 이 신고서를 작성해주십시오.

Please fill out this declaration form.
플리즈 휠아웃 디스 데클러레이션 훰
この申告書を作成してください。
고노 신꼬꾸쇼오 사꾸세— 시떼 쿠다사이

■ 서식 작성하는 것 좀 도와주시겠어요?

Would you help me fill this form out?
우쥬 헬프미 휠 디스 훰 아웃
フォーム作成を手伝ってもらえますか。
포—무사꾸세-오 데쯔닷떼 모라에마스까

手伝う(てつだう)

돕다.

>>> 기내

■ 탑승권 좀 보여주십시오.

May I see your boarding pass?
메아이 씨 유어 보딩 패쓰
搭乗券を見せてください。
토-죠-켕오 미세떼 쿠다사이

■ 지나갈까요?

May I go through?
메아이 고 쓰루
通りましょうか。
토오리마쇼-까

승무원

여자승무원 : stewardess
남자승무원 : steward

■ 37번 좌석이 어디입니까?

Where is the seat 37?
웨어리즈더 씻 써리쎄븐
37番の座席はどこですか。
산쥬—나나방노 자세끼와 도꼬데스까

■ 실례지만 여긴 제자리인데요.

Excuse me but this is my seat.
익스 큐즈미 벗 디스 이즈 마이 씻
すみませんが ここは私の席ですが。
스미마셍가 코꼬와 와따시노 세끼데스가

■ 자리 좀 바꿔주시겠습니까?

Could you change seats?
쿠쥬 췌인쥐 씻츠
席を替えて頂けますか。
세끼오 카에떼 이따다케마스까

■ 마실 것 좀 드시겠어요?

Would you like something to drink?
우쥬 라익 썸씽투 드륑크
お飲み物はいかがですか。
오노미모노와 이까가데스까

■ 마실 것 좀 주시겠어요?

May I have a drink?
메아이 해버 드륑크
飲み物をもらえますか。
노미모노오 모라에마스까

■ 어떤 음료로 하시겠습니까?

What would you like to drink?
와루쥬 라익투 드륑크
お飲み物は何になさいますか。
오노미모노와 나니니 나사이마스까

■ 와인도 됩니까?

Can I drink wine?
캐나이 드륑크 와인
ワインもありますか。
와인모 아리마스까

- 주스 하나 더 주세요.

    Another juice, please.
    어나더 쥬쓰 플리즈
    ジュースをもう一杯お願いします。
    쥬-스오 모우 잇빠이 오네가이시마스

- 식사는 언제 나옵니까?

    What time do you serve the meal?
    왓 타임 두유 써브더 밀
    食事はいつ出ますか。
    쇼꾸지와 이쯔 데마스까

- 곧 식사를 제공하겠습니다.

    We will soon provide you with meals.
    위윌 수운 프러봐이쥬 윗 밀즈
    すぐ食事をお出しします。
    스그 쇼꾸지오 오다시시마스

- 죄송하지만 속이 안좋습니다.

    Excuse me, but I feel sick.
    익스큐즈미 벗 아이 휠 씩
    すみませんが 気分が悪いです。
    스미마셍가 키분가 와루이데스

- 뭐가 있죠?

    What do you have?
    왓 두유 햅
    何がありますか。
    나니가 아리마스까

- 해산물과 육류 무엇으로 하시겠습니까?

    What would you like, seafood or meat?
    와루쥬 라익 씨후드 오 밋
    海産物と肉類の中で何になさいますか。
    카이산부쯔또 니꾸루이노 나까데 나니니 나사이마스까

■ 해산물이요.

Seafood, please.
씨후드 플리즈
海産物をください。
카이산부쯔오 쿠다사이

■ 기내에 면세품을 판매합니까?

Do you sell tax-free goods on the flight?
두유 쎌 택쓰후리 굿즈 언더 훌라잇
機内で免税品を販売していますか。
키나이데 멘제-힝오 한바이 이떼 이마스까

■ 식사 후에 면세품 판매를 합니다.

We have tax-free sales after each meals.
위 햅 택쓰후리 쎄일즈 앱터 이취 밀즈
食事の後に免税品の販売をします。
쇼꾸지노 아또니 멘제-힝노 한바이오 시마스

■ 무료로 잡지도 나누어 드리고 있습니다.

We also give out complimentary magazines
위 올쏘 기바웃 컴플리멘터리 메거진즈
無料で雑誌もお配りいたします。
무료-데 잣시모 오쿠바리 이따시마스

配る(くばる)

나누어 주다, 배부하다.

>>> 출국

■ 어디서 체크인 하나요?

Where can I check-in?
웨어 캐나이 첵킨
どこでチェックインをしますか。
도꼬데 첵크인오 시마스까

■ 탑승 개시는 언제입니까?

When is the boarding time?
웨니즈더 보딩 타임
搭乗開始はいつですか。
토-죠-카이시와 이쯔데스까

■ 출국 카드는 어디서 받습니까?

Where can I get an embarkation card?
웨어 캐나이 게런 암바케이션 카드
出国カードはどこでもらえますか。
슛꼬꾸카-도와 도꼬데 모라에마스까

■ 탑승권 좀 보여주세요.

Show me your ticket, please.
쇼 미 유어 티킷 플리즈
搭乗券を見せてください。
토-죠-켄오 미세떼 쿠다사이

■ 여기에 있습니다.

Here it is.
히어릿 이즈
ここにあります。
고꼬니 아리마스

■ 219번 탑승 게이트가 여깁니까?

Is this the boarding gate for flight 219?
이즈 디스더 보딩 게이트 훠 훌라잇 투원나인
219番搭乗ゲートがここですか。
니햐꾸 쥬- 큐방 토-죠-게-토가 고꼬데스까

카드에 관한 표현

출국카드 : Embarkation
입국카드 :
immigration card

PART08 장소

〉〉〉 마중

■ 어떻게 알아 볼 수 있을까요?

How can I recognize you?
하우 캐나이 뢰컨나이쥬
どうやって分かりますかね。
도우얏떼 와까리마스까네

■ 비행기 번호와 도착시간이 어떻게 됩니까?

What is your flight number and arrival time?
와리쥬어 훌라잇 넘버 앤 어라이벌 타임
飛行機の番号と到着時間はいつですか。
히꼬-끼노 방고-또 도-챠꾸 지깐와 이쯔데스까

■ 대한항공 719편으로 갑니다.

I'm coming in a Korean Airlines, flight number 719.
아임 컴잉 인어 코뤼안 에어라인 훌라잇 넘버 쎄븐원나인
大韓航空719便で行きます。
다이칸꼬-쿠- 나나이찌큐-빙데 이끼마스

■ 실례지만, 와그너(다나카)씨 입니까?

Excuse me, are you Mr. Wagner?
익스큐즈미 아유 미스터 와그너
失礼ですが 田中さんですか。
시쯔레이데스가 다나까상 데스까

■ 가방을 들어드리겠습니다.

Let me take your bag for you.
렛미 테이큐어 백 훠유
カバンをお持ちします。
카방오 오모찌시마스

마중나갈 때의 표현

go out to meet someone- 마중 나간다고 할 때,
see him off-전송 나갈 때

002 쇼핑몰

>>> 일반표현

■ 뭘 도와드릴까요?

May I help you?
메아이 헬퓨
いらっしゃいませ。
이랏샤이마세

■ 무엇을 찾나요?

What are you looking for?
와라유 룩킹 훠
何をお探しでしょうか。
나니오 오사가시데쇼-까

■ 무엇을 해드릴까요?

What can I do for you?
왓 캐나이 두 풔유
何をお手伝いしましょうか。
나니오 오테쯔다이 시마쇼-까

■ 그냥 둘러보고 있어요.

I'm just looking around.
아임 저슷 룩킹 어라운드
ちょっと見せてください。
촛또 미세떼 쿠다사이

■ 구경만 하고 있습니다.

I'm just browsing.
아임 저슷 브라우징
ちょっと見てるだけです。
촛또 미떼루 다케데스

Window shopping

구경만 하는 쇼핑

413

■ 화장품 코너를 찾고 있습니다.

I'm looking for the cosmetic's corner.
아임 룩킹 훠더 커즈메틱스 코너
化粧品売リ場を探しています。
케쇼-힝 우리바오 사가시떼이마스

■ 여성복은 어디에서 사죠?

Where can I buy women's clothing?
웨어 캐나이 바이 위민즈 클로딩
女性服はどこで買えますか。
죠세-후꾸와 도꼬데 카에마스까

■ 남성복은 몇 층에 있습니까?

What floor is men's wear on?
왓 훌로어 이즈 멘스웨어 언
男性服は何階にありますか。
단세-후꾸와 난까이니 아리마스까

■ 문구 코너가 몇 층입니까?

What floor are the stationery on?
왓 훌로어 아더 스테이셔너리 언
文具売リ場は何階ですか。
분구 우리바와 난까이데스까

■ 세일은 언제합니까?

When do you have sale?
웬 두유 햅 쎄일
セールはいつ頃しますか。
세-루와 이쯔고로 시마스까

■ 다음주 화요일부터 합니다.

The sale starts next Tuesday.
더 쎄일 스타츠 넥쓰튜즈데이
来週の火曜日からします。
라이슈-노 카요-비까라 시마스

売リ場(うリば)

파는 곳, 매장

■ 세일은 얼마 동안 합니까?

How long does the sale last?
하우롱 더즈더 쎄일 래숫
セールは何日間しますか。
세-루와 난니찌깡 시마스까

■ 일주일동안 세일합니다.

It's a 7day sale.
이츠어 쎄븐데이 쎄일
一週間セールします。
잇슈-깐 세-루 시마스

■ 전 제품을 30% 할인합니다.

Everything is 30% off.
에브리씽 이즈 써리퍼센트 어프
全ての製品を30%割引します。
스베떼노 세-힝오 산쥬-파센토 와리비끼시마스

■ 어디에서 쇼핑 카트를 구할 수 있습니까?

Where can I get a shopping cart?
웨어 캐나이 게러 샤핑 카트
ショッピングカートはどこにありますか。
숏핑구 카-토와 도꼬니 아리마스까

■ 몇 시에 문을 닫습니까?

What time do you close?
왓 타임 두유 클로즈
店は何時ごろに閉まりますか。
미세와 난지고로니 시마리마스까

〉〉〉 물건 고르기

■ 골라보세요.

Why don't you try to pick out?
와이 돈츄 츄라이 투 픽 아웃
選んでみてください。
에란데 미떼 쿠다사이

■ 천천히 보세요.

Take your time.
테이 큐어 타임
ごゆっくり見てください。
고윳끄리 미떼 쿠다사이

■ 이걸 만져도 됩니까?

May I touch this?
메아이 터치 디스
これ、さわってみてもいいですか。
코레 사왓떼미떼모 이이데스까

■ 푸른색을 찾고 있습니다.

I'm looking for something in blue.
아임 룩킹 훠 썸씽 인 블루
青色を探しています。
아오이로오 사가시떼 이마스

■ 단일 색상인 것은 없습니까?

Don't you have any plain color ones?
돈츄 햅 애니 플레인 칼라 원스
単色のものはありませんか
탄이로노 모노와 아리마셍까

골라보세요.

간단한 표현으로는 Pick something out?가 있다.

選ぶ(えらぶ)

고르다.

002 쇼핑몰

■ 다른 것은 없나요?

Anything else?
애니싱 엘스
他のものはありませんか。
호까노 모노와 아리마셍까

■ 다른 것 좀 보여주세요.

Show me another one, please.
쇼 미 어나더 원 플리즈
他のものもちょっと見せてください。
호까노모노모 좃또 미세떼 쿠다사이

■ 특별히 마음에 두신 것이 있나요?

Do you have anything special in mind?
두유 햅 애니씽 스페셜 인마인드
特にお気に入りのものはありますか。
토끄니 오키니이리노 모노와 아리마스까

気に入り(きにいり)
마음에 들다.

■ 잠깐 생각 좀 해보겠습니다.

Let me think for a while.
렛미 씽크 훠러 와일
ちょっと考えてみます。
촛또 캉가에떼 미마스

■ 물로 빨 수 있나요?

Is this washable?
이즈 디스 워셔블
水洗いしても大丈夫ですか。
미즈아라이 시떼모 다이죠-부 데스까

■ 줄어들지 않나요?

Will it shrink?
윌잇 쉬링크
縮まらないですか。
치지마라나이데스까

縮む(ちぢむ)
줄어들다.

PART08 장소

■ 입어봐도 되나요?

May I try it on?
메아이 츄라이런
試着してもかまいませんか。
시챠꾸시떼모 카마이마생까

■ 옷 입는 데서 입어볼 수 있습니다.

You can try it on in the fitting room.
유 큰 츄라이런 인더 휘팅룸
試着室でできます。
시챠꾸시쯔데 데끼마스

試着室

탈의실

■ 어때요?

How does it fit?
하우 더짓 휫
どうですか。
도우데스까

■ 맞지 않습니다.

It doesn't fit.
잇 더즌 휫
サイズが合わないです。
사이즈가 아와나이데스

■ 어떤 사이즈를 원하십니까?

What size do you want?
왓 싸이즈 두유 원
どのサイズでよろしいでしょうか。
도노 사이즈데 요로시이 데쇼-까

■ 무엇으로 하시겠습니까?

What's your choice?
왓쯔 유어 초이쓰
何になさいますか。
나니니 나사이마스까

손님에게 의사 묻기

물건을 고르기 위한 의사를 묻는 또다른 표현으로는 Which one will you take?가 있다.

■ 이걸 주세요.

This one, please.
디스 원 플리즈
これを**ください**。
코레오 쿠다사이

■ 이걸로 하겠습니다.

I'll take this.
아일 테익 디스
これにします。
코레니 시마스

■ 그 물건은 매진됐어요.

The item is sold out.
디 아이템 이즈 쏠다웃
その商品は**売り切れ**ました。
소노 쇼-힝와 우리키레마시따

■ 따로 팝니까?

Can you break the set up?
캔유 브레이크 더 셋 업
別に**売**っていますか。
베쯔니 웃떼 이마스까

■ 이 상품이 가장 잘 나갑니다.

This brand is the best selling.
디스 브렌드 이즈더 베스트 쎌링
この商品が一番人気です。
고노 쇼-힝가 이찌방 닌끼데스

■ 누가 쓰실 건가요?

Who are they for?
후아 데이 휠
どなた**様**がお**使**いになりますか。
도나타사마가 오쯔까이니 나리마스까

매진

売り切れ(うりきれ)
sold out 또는 out of stock

PART08 장소

■ 당신에게 잘 어울립니다.

It goes well with you.
잇 고우즈 웰 위듀
お客様によくお似合いです。
오캬꾸사마마니 요꾸 오니아이데스

似合う(にあう)
어울리다. 잘 맞다.

■ 손님한테 적당한 것이 있습니다.

We have the right thing for you.
위 햅 더 롸잇 씽 훠유
お客様におすすめのものがあります。
오캬꾸사마마니 오스스메노 모노가 아리마스

すすめ
권유

■ 아니요, 됐어요.

No. That's all.
노 댓쯔얼
いいえ、けっこうです。
이이에 꼬-데스

〉〉〉 가격흥정

■ 너무 비쌉니다.

It's too expensive.
잇쯔 투 익쓰펜시브
ずいぶん高いですね。
즈이분 다까이데스네

■ 깎아주세요.

Discount, please.
디스카운트 플리즈
安くしてください。
야스꾸 시떼 쿠다사이

002 쇼핑몰

■ 깎아줄 수 있나요?

Can you give me a discount?
캔유 깁미어 디스카운트
安くしてもらえますか。
야스꾸 시떼 모라에마스까

■ 값 좀 싸게 해주시겠어요?

Can you come down on the price?
캔유 컴다운 언더 프라이쓰
すこし安くしてもらえませんか。
스꼬시 아스꾸 시떼 모라에마셍까

■ 좀 더 싼 것은 없나요?

Don't you have anything cheaper?
돈츄 햅 애니씽 취퍼
もっと安いのはありませんか。
못또 야스이노와 아리마셍까

■ 깎아주시면 사겠습니다.

If you give me a discount I'll buy it.
이퓨 깁미어 디스카운트 아일 바이릿
値引きしてくれたら買います。
네비키시떼 쿠레따라 카이마스

■ 깎지 마세요.

Don't bargain.
돈 바겐
値引きしないでください。
네비키 시나이데 쿠다사이

■ 이거 세일합니까?

Is this on sale?
이즈 디스 언 쎄일
これ、セールしますか。
코레 세-루 시마스까

D.C.

물건을 깎을 때 흔히 디씨(DC)라고 하는데 실제로는 거의 사용하지 않는다.

値引き(ねびき)

값을 깎음, 싸게함

PART08 장소

■ 30% 할인해 드리고 있어요.

I'll give you a 30% discount.
아일 기뷰어 쎄리퍼쎈트 디스카운트
30%割引しております。
산쥬-파센또 와리비끼 시떼 오리마스

할인에 관한 표현

할인에 대한 표현 중 a clearance sale(재고 정리 대 할인)란 표현이 있다.

■ 정찰제입니다.

The prices are fixed.
더 프라이쓰 아 휙쓰트
定価販売です。
테-까한바이 데스

■ 이것에 제가 제시할 수 있는 제일 잘해드리는 가격입니다.

This is the best price I can offer you.
디스 이즈더 베스트 프라이쓰 아이 큰 오퍼 유
これが一番安い値段です。
코레가 이찌방 야스이 네당데스

〉〉〉 계산/포장

■ 어디서 계산합니까?

Where do I pay?
웨어 두아이 페이
お勘定はどこでしますか。
오칸죠-와 도꼬데 시마스까

勘定(かんじょう)

계산

■ 이것도 계산에 넣어주세요.

Add this in, please.
애드 디스 인 플리즈
これも計算に入れてください。
코레모 케-산니 이레떼 쿠다사이

422

002 쇼핑몰

■ 합계가 얼마 입니까?

How much is it in all?
하우머취 이짓 인 얼

合計でいくらですか。
고-께-데 이꾸라 데스까

■ 세금 포함해서 16달러 60센트(1660엔)입니다.

It's sixteen dollars and sixty cents with tax.
잇쯔 씩스틴 달러 앤 씩스티 센츠 윗 텍스

税込みで1660円です。
제-코미데 생록빠끄 로끄쥬-엔 데스

■ 계산이 잘못 된 것 같은데요.

There's something wrong in this bill.
데어즈 썸씽 렁인 디스빌

計算が間違ったようですが。
케-산가 마찌갓따 요-데스가

■ 현금으로 하시겠어요, 신용카드로 하시겠어요?

それとも

아니면, 그렇지 않으면

Will this be in cash or credit card?
윌 디스 비 인 캐쉬 오 크레딧 카드

現金になさいますが それともクレジットカードになさいますか。
겡낑니 나사이마스까 소레토코 그레짓또 카-도니 나사이마스까

■ 카드로 하겠습니다.

I'll pay with a credit card.
아일 페이 위더 크레딧 카드

カードにします。
카-도니 시마스

■ BC카드 됩니까?

Is BC card, all right?
이즈 비씨 카드 어라잇

BcカードもI使えますか。
비씨카-도모 쯔까에마스까

423

PART08 장소

■ 할부로 하시겠습니까, 일시불로 하시겠습니까?

Which do you want, installment or lump-sum?
위치 두유 원 인스톨먼트 오 럼썸
割賦になさいますか、それとも**一時払い**になさいますか。
갓뿌니 나사이마스까 소레토모 이찌지바라이니 나사이마스까

■ 여기 사인하세요.

Sign here.
싸인 히어
こちらにサインお願いします。
고찌라니 사인 오네가이시마스

■ 여기에 이서해주시겠습니까?

Could you endorse it here?
쿠쥬 인도씻 히어
こちらに**裏書**していただけますか。
고찌라니 우리가끼 시떼 이따다케마스까

Endorse
시인하다. 승인하다.

■ 영수증을 주세요.

I want a receipt, please.
아이 원어 뤼씨트 플리즈
領収証をください。
료-슈-쇼오 쿠다사이

Guarantee
보증서

■ 여기 거스름돈이 있습니다.

Here is your change.
히어 이즈 유어 췌인쥐
こちら、お返しになります。
고찌라 오카에시니 나리마스

■ 포장해 주시겠습니까?

Can you wrap it up, please?
캔유 래피럽 플리즈
包装していただけますか。
호-소시떼 이따다께마스까

- 선물용으로 포장하고 싶습니다.

    I want it wrapped up as a gift.
    아이 원 잇 랩트업 애저 기프트
    プレゼント用に包装してください。
    프레젠또요-니 호-소시떼 쿠다사이

- 따로 포장됩니까?

    Would you wrap them separately?
    우쥬 랩뎀 쎄퍼레이틀리
    別に包装してもらえますか。
    베쯔니 호-소시떼 모라에마스까

〉〉〉 주문

- 그 제품은 어떻게 주문합니까?

    How can I order that product?
    하우 캐나이 오더 댓 프러덕트
    その製品はどのように注文しますか。
    소노 세-힝와 도노요-니 츄-몽 시마스까

- 전화상으로 주문할 수 있습니까?

    Can we order over the phone?
    캔위 오더 오버더 폰
    電話で注文できますか。
    뎅와데 츄-몽 데끼마스까

- 재고가 있습니까?

    Do you have them in stock?
    두유 햅 뎀 인 스톡
    在庫はありますか。
    자이꼬와 아리마셍까

■ 재고량이 많습니까?

Do you have a large stock?
두유 해버 라쥐 스톡
在庫量は多いですか。
자이꼬료-와 오오이데스까

■ 지금은 재고가 없습니다.

We are out of stock now.
위아 아우럽 스톡 나우
今は在庫がありません。
이마와 자이꼬가 아리마셍

■ 현재 재고가 없습니다.

The product is out of stock at the moment.
더 프러덕티즈 아우럽 스톡 앳더 모먼
現在'在庫はありません。
겐자이 자이꼬와 아리마셍

■ 주문을 변경하고 싶습니다.

I'd like to change my order.
아이드 라익투 체인지 마이 오더
注文を変更したいです。
츄-몽오 헨꼬-시따이데스

■ 주문 번호가 몇 번입니까?

What's the order number?
왓쯔 더 오더 넘버
注文番号は何番ですか。
츄-몽방고-와 난방데스까

재고에 관한 표현

재고/주식 : stock
쌓아놓고 있다 : have in stock

>>> 배달

■ 언제쯤 배달 받을 수 있나요?

When can I get my order delivered?
웬 캐나이 겟 마이 오더 딜리버드
いつまで届けてもらえますか。
이쯔마데 토도께떼 모라에마스까

■ 물품 인도는 한 달 걸립니다.

Delivery will take one[a] month.
딜리버뤼 윌 테익 원[어] 먼쓰
品物の引渡しは一ケ月かかります。
시나모노노 히끼와타시와 잇까게즈 카카리마스

■ 다음주까지 그 제품 30개가 필요한데 가능합니까?

We need thirty of the product by next week. Is it possible?
위 닛 써티 어브더 프러덕트 바이 넥쓰트 윅 이짓 파써블
来週までにその製品30個が必要ですが 可能でしょうか。
라이슈마데니 소노 세힝 산쥬꼬가 히쯔요데스가 카노데쇼까

■ 10개 더 주문할까 합니다.

We'd like to order ten more.
위드 라익투 오더 텐 모어
10個追加注文しようと思います。
쥬꼬 쯔이까 츄-몽 시요우또 오모이마스

■ 배달해줍니까?

Do you deliver?
두유 들리버
配達してもらえますか。
하이따쯔 시떼 모라에마스까

■ 집까지 배달됩니까?

Can it be delivered to my house?
캔잇비 들리버드 투마이 하우스
家まで配達してくれますか。
이에마데 하이따쯔 시떼 쿠레마스까

■ 이 카드와 함께 보내주세요.

I'd like to send it with this card.
이드 라익투 센딧 위디스 카드
このカードと一緒に送ってください。
고노 카-도또 잇쇼니 오꿋떼 쿠다사이

■ 언제 배달해 주시겠습니까?

When would it arrive?
웬 우딧 어라이브
いつ配送していただけますか。
이쯔 하이따쯔 시떼 이따다케마스까

배달 요청

또다른 표현으로는 When will it arrive가 있다.

■ 특별히 원하는 배달 날짜가 있습니까?

Do you have a specific date for delivery?
두유 해버 스피씨휙 데잇 풔 들리버뤼
特にご希望の配達日がありますか。
또끄니 고키보-노 하이따쯔비가 아리마스까

希望(きぼう)

희망

■ 토요일에 받고 싶습니다.

I'd like to have it on Saturday.
아이드 라익투 햅 이런 쎄러데이
土曜日に受け取りたいです。
도요-비니 우케토리따이데스

>>> 교환/반품

■ 이것을 교환하고 싶습니다.

I'd like to exchange this.
아이드 라익투 익스췌인쥐 디스
これ′交換してもらいたいです。
코레 코-깐 시떼 모라이따이데스

■ 언제 사셨나요?

When did you buy it?
웬 디쥬 바잇
いつご購入しましたか。
이쯔 고코-뉴- 시마시따까

■ 환불 받을 수 있나요?

Can I get a refund on this?
캐나이 게러 뤼휜드 언디스
払い戻しはできますか。
하라이모도시와 데끼마스까

환불

払い戻し(はらいもどし)

■ 부가가치세를 환불받고 싶습니다.

I'd like to refund VAT.
아이드 라익투 뤼휜드 브이에티
付加価値税を返してもらいたいです。
부까가치제-오 카에시떼 모라이따이데스

■ 물론이죠, 영수증 가지고 계십니까?

Yes, of course. Do you have the receipt?
예스 어브 코쓰 두유 햅 더 뤼씨트
もちろんです°領収書はお持ちですか。
모찌롱데스 료-슈-쇼와 오모찌데스까

003 병원/약국

>>> 접수창구

■ 진찰 받으러 왔습니다.

I'm here to see the doctor.
아임 히어 투 씨더 닥터
診察してもらいたいです。
신사쯔시떼 모라이따이데스

■ 예약하셨습니까?

Do you have an appointment?
두유 해번 어포인먼트
予約しましたか。
요야꾸 시마시따까

■ 전화로 예약을 했습니다.

I called to make an appointment.
아이 콜드 투 메이컨 어포인먼트
電話で予約しました。
뎅와데 요야꾸 시마시따

■ 전에 여기 오신 적 있나요?

Have you been here before?
해뷰 빈 히어 비훠
以前´ここに来たことがありますか。
이젠 고꼬니 키따고또가 아리마스까

■ 보험증 좀 주세요.

May I have your insurance card?
메아이 해뷰어 인슈런스 카드
保険証を見せてください。
호켄쇼-오 미세떼 쿠다사이

처음 오셨나요?

비슷한 표현으로는 Is it your first time here?가 있다.

■ 존(다나카)박사께 진료를 받고 싶습니다.

I'd like to see Dr. John.
아이드 라익투 씨 닥터 존
田中先生に診療を受けたいです。
다나까 센세-니 신료-오 우케따이 데스

■ 존(다나카) 박사님 환자세요?

Are you a patient of Dr. John?
아유어 페이션터브 닥터 존
田中先生の患者さまですか。
다나까 센세-노 칸쟈사마 데스까

■ 예, 정기 검진 환자예요.

Yes, I'm a regular patient.
예스 아임어 뢰귤러 페이션트
はい、定期健診の患者です。
하이 테-끼켄신노 칸쟈데스

■ 언제 진료를 받을 수 있나요?

When can you squeeze me in?
웬 캔유 스퀴즈미 인
いつ診療を受けられますか。
이쯔 신료-오 우케라레마스까

■ 존(다나카)박사와 진료 예약을 하고 싶은데요.

I'd like to make an arrangement with Dr. John.
아이드 라익투 메익컨 어 인지먼트 윗 닥터 존
田中先生に診療の予約をしたいのですが。
다나까센세니 신료-노 요야꾸오 시따이노데스가

〉〉〉 진찰

■ 어떻게 오셨습니까?

What brought you in?
왓 브로츄 인
どうしましたか。
도우시마시따까

■ 상태를 말씀해 주시겠습니까?

Can you describe me how you feel?
캔유 디스크라이브 미 하우 유 휠
症状を話してくれますか。
쇼-죠-오 하나시떼 쿠레마스까

■ 이런 증상이 얼마나 됐습니까?

How long have you had these symptoms?
하우롱 해뷰 햇 디즈 씸텀
この状態はいつからですか。
고노 죠-따이와 이쯔까라데스까

■ 어디가 아프십니까?

What seems to be the problem?
왓 씸스 투비더 프라블럼
どこが痛いですか。
도꼬가 이따이데스까

■ 언제부터 아프기 시작했습니까?

When did you begin to hurt?
웬 디쥬 비긴투 헛
いつから痛みがありましたか。
이쯔까라 이따미가 아리마시따까

Symptom

증세, 증상

- 다른 증상이 있습니까?

    Do you have any other symptoms?
    두유 햅 애니 아더 씸프텀즈
    ほかの症状はありますか。
    호까노 쇼-죠-와 아리마스까

- 좀 봅시다.

    Let see what's wrong.
    렛씨 왓쯔 렁
    ちょっと見てみましょう。
    춋또 미떼미마쇼-

- 체온을 잴게요.

    Let me take your temperature.
    렛미 테이큐어 템퍼러춰
    熱を計ってもらいます。
    네쯔오 하깟떼 모라이마스

- 혈압을 재겠습니다.

    Let me take your blood pressure.
    렛미 테이큐어 블러드 프레셔
    血圧を計ってみます。
    케쯔아쯔오 하깟떼미마스

- 주사 한 대 놓겠습니다.

    I'll give you a shot.
    아일 기뷰 어 숏
    注射をいたします。
    츄-샤오 이따시마스

- 처방전을 써 드리겠습니다.

    I will write out a prescription.
    아이 윌 롸잇 아우어 프리스크립션
    処方箋を書いてあげます。
    쇼호우센오 카이떼 아게마스

計る(はかる)

재다.

処方箋

처방전

■ 입원해야겠습니다.

You need to be hospitalized.
유 니투비 하스피털라이즈드
入院したほうがいいです。
뉴-잉 시따 호우가 이이데스

>>> 내과

■ 어지러워서 쓰러질 것 같습니다.

I feel dizzy and feel like fainting.
아이 휠 디지 앤 휠 라익 훼인팅
めまいがして倒れそうです。
메마이가시떼 타오레소우데스

> **めまいがする**
> 현기증 나다. 어질하다.

■ 배가 아파요.

I have a stomachache.
아이 해버 스토머케이크
おなかが痛いです。
오나까가 이따이데스

■ 매스껍습니다.

I feel nauseous.
아이 휠 너져스
吐き気がします。
하키케가 시마스

> **吐き気(はきけ)**
> 구역질

■ 배탈이 났습니다.

My stomach is upset.
마이 스토머케이크 이즈 업셋
腹をこわしました。
하라오 코와시마시따

■ 설사를 합니다.

I have diarrhea.
아이 햅 다이아리아
下痢ぎみです。
게리 기미데스

■ 식욕이 없습니다.

I have no appetite.
아이 햅 노 애피타잇
食欲がないです。
쇼꾸요꾸가 나이데스

■ 몸살이 났습니다.

I ache all over.
아이 에이크 얼 오버
つかれ**病**いを**病**んでいます。
쯔까레야마이오 얀데이마스

つかれ病い

몸살

■ 감기 기운이 있습니다.

I feel a touch of cold.
아이 휠어 터치 어브 콜드
風邪ぎみです。
카제기미데스

■ 가슴이 답답하다.

I feel heavy in the chest.
아이 휠 헤비 인더 체스트
胸やけがします。
무네야케가 시마스

■ 토할 것 같습니다.

I feel like throwing up.
아이 휠 라익 쓰로잉 업
吐き**気**がします。
하키케가 시마스

■ 고열이 있습니다.

I have a high fever.
아이 해버 하이 휘버
高熱があります。
코-네쯔가 아리마스

■ 식중독인 것 같아요.

I seem to have food poisoning.
아이 씸투 햅 후드 포이즈닝
食あたりのようです。
쇼꾸아타리노 요우데스

■ 숨이 찹니다.

I'm short of breath.
아임 쇼러브 브레쓰
息苦しいです。
이키구루시-데스

■ 조금 다쳤어요.

It hurts slightly.
잇 허츠 슬라틀리
少しけがをしました。
스꼬시 케가오 시마시따

■ 운동하다 다쳤어요.

I hurt myself exercising.
아이 헛 마이이셀프 엑써싸이즈
運動でけがをしました。
운도-데 케가오 시마시따

■ 발목을 뼈었습니다.

I sprained my ankle.
아이 스프레인드 마이 앵클
足首をくじいたようです。
아시쿠비오 쿠지이따요-데스

- 팔에 감각이 없습니다.

    My arm is asleep.
    마이 암 이저 슬립
    腕に感覚がありません。
    우데니 칸까끄가 아리마셍

- 왼쪽 어깨가 뻐근합니다.

    My left shoulder is heavy.
    마이 렡트 숄더 이즈 헤비
    左肩がこってます。
    히다리가타가 콧떼마스

- 스키를 타다가 다리가 부러졌습니다.

    I broke my leg skiing.
    아이 브록 마이 레그 스키잉
    スキーをしていたところ、足が折れました。
    스키-오 시떼이따도꼬로 아시가 오레마시따

- 머리에서 계속 피가 납니다.

    His head keeps bleeding.
    히즈 헤드 킵스 블리딩
    頭からずっと血が出ます。
    아따마까라 즛또 치가 데마스

- 머리가 깨졌습니다.

    I have a broken head.
    아이 해버 브로큰 헤드
    頭にけがをしました。
    아따마니 케가오 시마시따

- 외상은 없는데 안색이 창백해요.

    No trauma, but he doesn't look so well.
    노 트라우머 벗 히 더즌 룩 쏘 웰
    外傷はないですが、顔色が悪いです。
    가이쇼-와 나이데스가 카오이로가 와루이데스

■ 상처에 고름이 생겼습니다.

Pus formed in the wound.
퍼스 훰드 인더 운드
傷にうみがたまりました。
키즈니 우미가 타마리마시따

■ 칼로 손가락을 베었어요.

I cut my finger on a knife.
아이 컷 마이 휭거 어너 나이프
かたなで指が切られました。
카타나데 유비가 키라레마시따

■ 끓는 물에 손을 데었습니다.

I burned my hand with boiling water.
아이 번드 마이 핸 윗 보일링 워러
煮え湯に手をやけどしました。
니에유니 테오 야케도시마시따

■ 미끄러져 넘어졌어요.

I slipped and fell.
아이 슬립트 앤 휄
滑って倒れました。
스벳떼 타오레마시따

■ 다리가 부었어요.

My legs are swollen.
마이 레그즈 아 스월른
足がはれています。
아시가 하레떼 이마스

■ 눈에 멍이 들었습니다.

I got a black eye.
아이 가러 블랙 아이
目にあざができました。
메니 아자가 데끼마시따

>>> 산부인과

■ 임신한 것 같습니다.

I think I'm pregnant.
아이 씽크 아임 프레그넌트
妊娠したようです。
닌신 시따 요-데스

■ 생리가 없습니다.

I don't menstruate.
아이 돈 멘스트루에이트
生理がありません。
세-리가 아리마셍

■ 생리가 불규칙합니다.

My periods are irregular.
마이 피리어즈 아 이뢰귤러
生理が不規則です。
세-리가 후키소끄데스

■ 저는 지금 임신중이예요.

I'm pregnant now.
아임 프레그넌트 나우
私は今妊娠中です。
와따시와 이마 닌신츄-데스

■ 입덧이 심합니다.

I have terrible morning sickness.
아이 햅 테러블 모닝 씩크니스
つわりがひどいです。
쯔와리가 히도이데스

■ 출산 예정일이 언제죠?

When is my expected date of confinement?
웨니즈 마이 익스펙팃 데이럽 컨화인먼트
出産予定日はいつですか。
슛산요떼-비와 이쯔데스까

■ 피임약을 복용하고 싶습니다.

I'd like to have some contraceptives.
아이드 라익투 햅 썸 컨트라셉티브스
避妊薬を飲みたいです。
히닝야꾸오 노미따이데스

■ 엄마가 아기를 낳으려고 해요.

My mother is about to give birth.
마이 마더 이즈 어바웃 투 깁 버쓰
お母さんの赤ちゃんが産まれそうですよ。
오까-상노 아까짱가 우마레소우데스요

■ 사내아이인가요, 여자아이인가요?

Is your baby a she or he?
이쥬어 베이비 어 쉬 오 히
男の子ですが、女の子ですか。
오또꼬노코 데스까 온나노코 데스까

〉〉〉 소아과

■ 아이가 이유없이 웁니다.

He cries for no reason.
히 크라이즈 휘노 리즌
赤ちゃんがわけもなく泣きます。
아까짱가 와케모나꾸 나끼마스

わけ

이유, 까닭, 사정

■ 아이가 경기(끼)가 있습니다.

He goes into convulsions.
히 고우즈 인투 컨벌젼스
赤ちゃんがひきつけを起こしています。
아까짱가 히끼쯔께오 오고시떼이마스

■ 아이가 먹으면 토해요.

He vomits whenever he eats.
히 버머츠 웨네버 히 잇츠
赤ちゃんが食べると吐きます。
아까짱가 타베루또 하키마스

■ 아이가 밤새 잠을 못자요.

He can't sleep over night.
히 캔 슬립 오버나잇
赤ちゃんが一晩中眠らないです。
아까짱가 히또반쥬- 네무라나이데스

一晩中(ひとばんじゅう)
밤새껏

■ 아이가 계속 기침을 해요.

He keeps coughing.
히 킵스 코휭
赤ちゃんがずっとせきをしています。
아까짱가 즛또 세끼오 시떼이마스

>>> 안과

■ 눈이 아픕니다.

My eyes hurt.
마이 아이즈 헛
目が痛いです。
메가 이따이데스

PART08 장소

■ 눈이 침침해요.

My sight is blurry.
마이 싸이티즈 블러리
目がかすんでいます。
메가 카슨데 이마스

> **かすむ**
> 침침하다. 흐릿하게 보이다.

■ 눈곱이 끼고 눈물이 납니다.

My eyes are gummed up and watery.
마이 아이즈 아 검덥 앤 워러리
めやにがたまって、涙が出ます。
메야니가 타맛떼 나미다가 데마스

> **Gummed**
> 고무같은 물질(풀)을 바른

■ 눈이 항상 깜빡거려요.

My eyes are always blinking.
마이 아이즈 아 웨이즈 브링킹
いつも目をしばたきます。
이쯔모 메오 시바타끼마스

■ 눈이 가렵습니다.

My eyes feel itchy.
마이 아이즈 휠 잇치
目がかゆいです。
메가 카유이데스

■ 눈이 따끔거립니다.

My eyes feel irritate.
마이 아이즈 휠 이러테이트
目がちくちくします。
메가 치꾸치꾸 시마스

■ 눈이 충혈됐어요.

My eyes are red.
마이 아이즈 아 레드
目が充血しています。
메가 쥬-케쯔 시떼 이마스

■ 모든 것이 흐릿해보여요.

Everything looks blurry.
에브리씽 룩쓰 블러리
全てがぼやけて見えます。
스베떼가 보야케떼 미에마스

■ 눈이 피로해요.

My eyes get tired.
마이 아이즈 겟 타이어드
目が疲れています。
메가 쯔까레떼 이마스

■ 두 개로 보여요.

I see things double.
아이 씨 씽즈 더블
二つに見えます。
후따쯔니 미에마스

■ 어두우면 잘 안보여요.

I can't see things well when it gets dark.
아이 캔 씽즈 웨렌 잇 겟츠 다크
暗くなるとよく見えません。
쿠라꾸 나루또 요꾸 미에마셍

■ 시야가 얼룩져보여요.

There are spots in my vision.
데어 아 스팟친 마이 비젼
視野がかすんで見えます。
시야가 카슨데 미에마스

■ 색맹입니다.

I seem to be color blind
아이 심투비 칼러 블라인드
色盲です。
시키모우 데스

>>> 신경외과

■ 관절이 쑤십니다.

My joints are starting to ache.
마이 조인츠 아 스타팅투 에이크
関節がうずきます。
칸세쯔가 우즈끼마스

■ 왼쪽 무릎에 신경통이 있습니다.

I have rheumatism in my left knee.
아이 햅 류머티즘 인마이 렙트 니
左ひざに神経痛があります。
히다리히자니 신케-쯔-가 아리마스

■ 자주 요통을 앓아요.

I often suffer from lumbago.
아이 어픈 싸퍼 후럼 럼베이고
よく腰痛を起こします。
요꾸 요-쯔-오 오코시마스

■ 발이 가끔 마비됩니다.

My foot sometimes gets numb.
마이 훗 썸타임즈 겟 넘
足がたまに麻痺します。
아시가 타마니 마비시마스

신경에 관한 표현

디스크 증세 : backache
신경과 전문의 : neurologist

>>> 이비인후과

■ 코가 막혀요.

My nose is stuffed.
마이 노우지즈 스터프트
鼻がつまっています。
하나가 쯔맛떼이마스

■ 계속 콧물이 나요.

My nose keeps running.
마이 노우즈 킵스 뤄닝
ずっと鼻水が出ます。
즛또 하나미즈가 데마스

■ 냄새를 잘 못 맡습니다.

I have difficulty in smelling.
아이 햅 디피컬티 인 스멜링
においをかぐことができません。
니오이오 카구고또가 데끼마셍

においをかぐ

냄새를 맡다.

■ 너무 세게 풀지 마세요.

Don't blow your nose hard.
돈 블로우 유어 노우즈 하드
強く鼻をかまないようにしてください。
쯔요꾸 하나오 카마나이요-니 시떼 쿠다사이

鼻をかむ

코를 풀다.

■ 잘 안들려요.

I can't hear well.
아이 캔 히어 웰
よく聞こえません。
요꾸 키꼬에마셍

Deafness

청각장애

■ 귀지가 꽉 찼어요.

My ears are full of wax.
마이 이어즈 아 훌어브 왁쓰
耳くそがつまっています。
미미크소가 쯔맛떼이마스

■ 귀가 막혔어요.

My ears are plugged up.
마이 이어즈 아 프러그드 업
耳がつまっています。
미미가 쯔맛떼이마스

■ 귀가 울립니다.

My ears are ringing.
마이 이어즈 아 륑잉
耳がひびきます。
미미가 히비키마스

■ 귀에 물이 들어갔습니다.

Water got into my ear.
워러 갓 인트 마이 이어
耳に水が入りました。
미미니 미즈가 하이리마시따

■ 귀에서 고름이 나요.

My ear is running.
마이 이어 이즈 뤄닝
耳からうみが出ます。
미미까라 우미가 데마스

■ 목이 아파요.

I have a sore throat.
아이 해버 쏘어 쓰로트
のどが痛いです。
노도가 이따이데스

■ 목이 부었어요.

My throat is swollen.
마이 쓰로티즈 스월른
のどがはれています。
노도가 하레떼이마스

■ 목이 쉬었어요.

I lost my voice.
아이 로슷 마이 보이쓰
声がかれています。
코에가 카레떼이마스

■ 가래가 많이 나와요.

I got a lot of phlegm.
아이 갓 얼라럽 플렘
たんがたくさん出ます。
탄가 닥상 데마스

〉〉〉 치과

■ 이를 진찰해주시겠어요?

Would you check my teeth, please?
우쥬 첵 마이 티쓰 플리즈
歯を診察してもらえますか。
하오 신사쯔시떼 모라에 마스까

■ 이빨 뽑으러 왔습니다.

I'm here to pull a tooth out.
아임 히어 투 풀 어 투쓰 아웃
歯を抜きたいですが。
하오 누키따이데스가

치아에 관한 용어

유치 : baby tooth
앞니 : front teeth
영구치 : permanent tooth
사랑니 : wisdom tooth
송곳니 : eyetooth
어금니 : molar tooth
충치 : decayed tooth
의치 : denture

■ 스케일링 하러 왔어요.

I'm here for a regular cleaning.
아임 히어 훠러 뢰귤러 클리닝
スケーリングをしたいのですが。
스케-링그오 시따이노데스가

■ 잇몸에서 피가 납니다.

My gums bleed.
마이 검스 블리드
はぐきから血が出ます。
하구키까라 치가 데마스

■ 이 이빨이 흔들거립니다.

This tooth feels loose.
디스 투쓰 휠즈 루스
この歯が揺れています。
고노하가 유레떼이마스

■ 충치가 생긴 것 같습니다.

It looks like you have a cavity.
잇 룩쓰 라익 유 해버 캐버티
虫歯ができたようですね。
무시바가 데끼다 요-데스

■ 충치를 때워야겠습니다.

You need to fill a cavity.
유 니투 휠 어 캐버티
虫歯をつめなければなりません。
무시바오 쯔메나케레바 나리마셍

■ 마취주사 놓겠습니다.

Let me give you a shot of anesthetic.
렛미 기뷰 어 샤러브 애니쎄틱
麻酔注射をします。
마스이츄-샤오 시마스

〉〉〉 피부과

■ 몸이 가렵습니다.

I feel itchy all over.
아이 휠 잇치 얼 오버
体がかゆいです。
카라다가 카유이데스

■ 얼굴에 여드름이 났어요.

I've got acne on my face.
아이브 갓 에크니 언 마이 훼이쓰
顔にニキビができました。
카오니 니키비가 데끼마시따

■ 입술이 틉니다.

My lips are chapped.
마이 립스 아 쳅트
くちびるがあれています。
쿠치비루가 아레떼이마스

■ 복숭아 알레르기가 있습니다.

I'm allergic to peach.
아임 얼러직 투 피치
ももアレルギーがあります。
모모 아레루기-가 아리마스

Allergic to pollen

꽃가루 알레르기

〉〉〉 비뇨기과

■ 소변보기가 힘듭니다.

I'm having trouble urinating.
아임 해빙 츄러블 유리네이팅
小便をするときに痛いです。
쇼-벤오 스루도끼니 이따이데스

■ 변비에 걸렸습니다.

I've been constipated.
아이브 빈 컨스티페이티드
便秘になりました。
벤삐니 나리마시따

■ 소변을 자주 보는 것 같습니다.

I seem to urinate often.
아이 씸투 유리네잇 어픈
小便が近くなったようです。
쇼-벤가 치카쿠 낫따 요-데스

■ 소변을 자주 보게 되요.

I urinate a lot.
아이 유리네잇 얼랏
小便が近いです。
쇼-벤가 치카이데스

■ 변이 됩니다.

I have hard stools.
아이 햅 하드 스툴스
便がかたいです。
벤가 가타이데스

■ 변비가 심해요.

I have bad constipation.
아이 햅 뱃 컨스티페이션
便秘がひどいです。
벤삐가 히도이데스

■ 대변을 볼 때 항상 피가 묻어나옵니다.

I have blood in my stools.
아이 햅 블러드 인마이 스툴스
大便をするときにいつも血が出ます。
다이벤오 스루도끼니 이쯔모 치가 데마스

■ 치질에 걸렸어요.

I have hemorrhoids.
아이 햅 헤머로이드스
痔にかかりました。
지니 카카리마시따

■ 3일 동안 변을 못봤어요.

I had no bowel movement for three days.
아이 햇 노 바울 무브먼트 훠 쓰리데이즈
3日間大便をしてません。
밋까깡 다이벤오 시떼마셍

〉〉〉 문병

■ 친구 문병을 갈 생각입니다.

I'm going to visit my friend who is in the hospital.
아임 고이우 비짓 마이 후렌 후 이즈 인더 하스피럴
友だちのお見舞いに行く予定です。
토모다찌노 오미마이니 이꾸 요떼-데스

見舞い(みまい)

문병, 문안

■ 몇 시가 방문 시간인가요?

What are the visiting hours?
와라더 비지팅 아우어즈
訪問時間は何時からですか。
호우몬지깐과 난지까라 데스까

■ 그 분이 계신 병실이 어디죠?

What room is he staying in?
왓룸 이즈 히 스테잉 인
その方がいらっしゃる病室はどこですか。
소노가타가 이랏샤루 뵤-시쯔와 도꼬데스까

■ 환자에게 뭘 갖다 주면 될까요?

What should I bring the patient?
왓 슈다이 브링더 페이션트
患者さんに何を持って行ったらいいでしょうか。
칸쟈상니 나니오 못떼 잇따라 이이데쇼-까

■ 꽃이 어떨까요?

How about some flowers.
하우 어바웃 써 훌라우어스
花はどうですか。
하나와 도우데스까

■ 어쩌다 다치셨어요?

How did you get hurt?
하우 디쥬 겟 헛
どうしてけがをしましたか。
도우시떼 케가오 시마시따까

■ 오늘은 좀 어때요?

How do you feel today?
하우 두유 휠 투데이
今日はいかがですか。
쿄-와 이까가데스까

■ 곧 나아지기를 바랍니다.

I hope you feel better soon.
아이 호퓨 휠 베러 쑨
早く回復することを祈ります。
하야꾸 카이후꾸 스루고또오 이노리마스

■ 몸 조심하세요.

Take care of yourself.
테익 캐어럽 유어쎌프
お大事にしてください。
오다이지니 시떼 쿠다사이

■ 와줘서 감사해요.

Thank you for coming by.
땡큐 훠 커밍바이
来てくれてありがとうございます。
키떼 크레떼 아리가또-고자이마스

■ 의사가 두 달은 입원해야 한다는군요.

The doctor said he has to be hospitalized for two months.
더 닥터 쎄드 히해즈 투비 하스피럴라이즈드 훠 투 먼쓰
お医者先生が2カ月は入院しなければならないと言ってます。
오이샤센세-가 니까게쯔와 뉴-잉 시나케레바 나라나이또 잇떼마스

■ 그 사람이 다시 입원해야 한대요.

I heard that he had to go back to the hospital.
아이 허드 댓 히 해투고 백투더 하스피럴
その人、また入院しなければならないようです。
소노히또 마따 뉴-잉 시나케레바 나라나이요-데스

〉〉〉 약국

■ 감기약 있습니까?

Do you have something for a cold?
두유 햅 썸씽 훠러 콜드
風邪薬はありますか。
카제구스리와 아리마스까

■ 수면제 좀 주세요

I need sleeping pills.
아이 닛 슬리핑 필즈
睡眠薬をください。
스이밍야꾸오 쿠다사이

■ 멀미약 있습니까?

Do you have a Dramamine.
두유 해버 드래머민
酔い止め薬はありますか。
요이도메 쿠스리와 아리마스까

酔い止め薬
멀미약

■ 진통제 좀 주세요.

I need a painkiller.
아이 니더 페인킬러
鎮痛剤をください。
친쯔-자이오 쿠다사이

■ 처방전 있나요?

Do you have a prescription?
두유 해버 프리스크립션
処方せんはありますか。
쇼호-센와 아리마스까

약의 종류

가정 상비약 : household medicine
감기약 : cold medicine
진통제 : analgesiagod
해열제 : fever remedy
머큐롬 : mercurochrome
반창고 : bandage
소독약 : disinfectant
소화제 : digestive aid
안약 : eyedrops
옥도정기(빨간약) : iodine tincture

003 병원/약국

■ 처방전을 주십시오.

Can I see your prescription, please?
캐나이 씨 유어 프리스크립션 플리즈
処方せんをください。
쇼호-센오 쿠다사이

■ 처방전이 없이는 약을 살 수 없습니다.

You can't buy it without a prescription.
유 캔 바이 잇 위다우러 프리스크립션
処方せんなしでは薬は買えません。
쇼호-센 나시데와 쿠스리와 카에마셍

■ 이 약을 조제해 주세요.

Can you fill this in for me, please?
캔유 휠 디스 인 훠미 플리즈
この薬を調剤してください。
코노 쿠스리오 쵸-자이 시데 쿠다사이

■ 이 처방대로 약을 지어주세요.

Please fill this prescription.
플리즈 휠 디스 프리스크립션
この処方せんの薬をください。
코노 쇼호-센노 쿠스리오 쿠다사이

■ 하루에 몇 알씩 먹어야 합니까?

How many tablets should I take a day?
하우매니 테블릿츠 슈다이 테이커 데이
一日に何個ずつ飲みますか。
이찌니찌니 난꼬즈쯔 노미마스까

■ 세 알씩 하루에 두 번 드세요.

Three pills, two times a day.
쓰리 필즈 투 타임즈 어 데이
三個ずつ 一日に2回飲んでください。
밋꼬즈쯔 이찌니찌니 니까이 논데 쿠다사이

飲む(のむ)
약을 먹다.

455

■ 이 약 사용법을 알려주시겠어요?

Could you tell me how to use this medicine?
쿠쥬 텔미 하우 투 유즈 디스 메디씬
この薬の飲み方を教えていただけますか。
고노 쿠스리노 노미가따오 오시에떼 이따다케마스까

■ 4시간마다 한 알씩 드세요.

Take one capsule every four hours.
테익 원 캡슐 에브리 훠 아우어즈
4時間ごとに一個ずつ飲んでください。
요지깐고또니 잇꼬즈쯔 논데 쿠다사이

■ 식후 30분에 복용하세요.

Take it 30 minutes after every meal, please.
테이킷 써리미니츠 앱터 에브리 밀 플리즈
食後30分に服用してください。
쇼꾸고- 산쥬뿐니 후꾸요- 시떼 쿠다사이

■ 부작용이 있나요?

Are there any side effects?
아 데어 애니 싸이드 이풱츠
副作用はありますか。
후꾸사요- 와 아리마스까

■ 제가 알기로는 없습니다.

Not that I know of.
낫 댓 아이 노 어브
私が知ってる限りではありません。
와따시가 싯떼루 카기리데와 아리마셍

限り(かぎり)

~는 이상, ~한

004 식당

>>> 식사제의

■ 점심 나가서 먹는게 어때?

How about going out for lunch?
하우 어바웃 고잉 아웃 훠 런치
お昼は外で食べたらどう。
오히루와 소또데 타베따라 도오

■ 내가 살게요.

It's on me.
잇쯔 언미
私がおごりますよ。
와따시가 오고리마스요

■ 내가 점심 대접할게요.

I'll treat to lunch.
아일 트릿 투 런치
お昼は私が接待しますよ。
오히루와 와따시가 셋따이 시마스요

■ 점심 제가 살게요.

Let me take you out for lunch.
렛미 테이큐 아웃 훠 런치
お昼は私がおごりますよ。
오히루와 와따시가 오고리마스요

■ 저녁식사 같이 하시겠어요?

Would you join me for dinner today?
우쥬 조인미 훠 디너 투데이
夕食一緒にしませんか。
유-쇼꾸 잇쇼니 시마셍까

점심을 대접하다.

또 다른 표현으로는
Lunch is on me가 있다.

接待(せったい)

접대, 대접

457

PART08 장소

■ 뭘 드시고 싶으세요? 한식? 양식?

What do you want to try? Korean? American?
왓 두유 원 츄라이 코뤼언 어메리칸
何がよろしいですか。和食、洋食？
나니가 요로시이데스까 와쇼꾸 요-쇼꾸

■ 한국 음식을 좋아합니다.

I'd like Korean food.
아이드 라익 코뤼언 후드
韓国料理が好きです。
칸꼬꾸 료-리가 스끼데스

■ 어디를 추천하겠니?

Where do you recommend?
웨어 두유 뢰커멘드
どこをお勧めするの？
도꼬오 오스스메스루노

■ 어디서 먹고 싶으세요?

Where would you like to eat?
웨어 우쥬 라익투 잇
どこで食べたいですか。
도꼬데 타베따이데스까

■ 이 근처에 그 식당이 있다고 들었어요.

I heard that the restaurant is around here.
아이 허드 댓더 뢰스트런트 이즈 어라운드 히어
この近くにそのレストランがあると聞きました。
고노 치까끄니 소노 레스토랑가 아루또 키키마시따

■ 어디 특별히 정해둔 식당이라도 있으세요?

Did you have a particular place in mind?
디쥬 해버 파티큘러 플레이쓰 인 마인드
特別に決めておいたレストランでもありますか。
토꾸베쯔니 키메떼 오이따 레스토랑데모 아리마스까

■ 두 명 앉을 자리(테이블) 있습니까?

Do you have a table for two?
두유 해버 테이블 훠 투
二人が座る席(テーブル)はありますか。
후따리가 스와루 세끼(테-브루)와 아리마스까

■ 가능하다면 조용한 테이블에 앉고 싶은데요.

We'd like to have a quiet table, if possible.
위드 라익투 해버 콰이엇테이블 이프 파써블
できれば静かなテーブルの方に座りたいですが。
데끼레바 시즈까나 테-브루노 호우니 스와리따이데스가

■ 자리가 날 때까지 기다려 주십시오.

Please wait to be seated
플리즈 웨잇 투비 씨팃
席が空くまでお待ちください。
세끼가 아꾸마데 오마찌 쿠다사이

식당의 종류

간이식당 : Snack bar
매점 : cafeteria
일반식당 : fast food
고급식당 : fancy restaurant
부페 : buffet

〉〉〉 메뉴결정

■ 추천 요리는 무엇입니까?

What do you suggestion
왓 두유 써제스쳔
おすすめ料理は何ですか。
오스스메 료-리와 난데스까

■ 오늘의 특선 요리는 무엇입니까?

What's today's special?
왓쯔 투데이즈 스페셜
今日の特選料理は何ですか。
쿄-노 톡센료-리와 난데스까

PART 08 장소

■ 메뉴 좀 볼 수 있을까요?

Can I see the menu, please?
캐나이 씨 더 메뉴 플리즈
メニューを見せていただけますか。
메뉴-오 미세떼 이따다케마스까

■ 메뉴 여기 있습니다.

Here's the menu, sir.
히얼즈 더 메뉴 써
ここにメニューがあります。
고꼬니 메뉴-가 아리마스

■ 뭘 드릴까요?

What will it be?
왓 위릿비
何になさいますか。
나니니 나사이마스까

■ 뭘 드시겠어요?

What will you have?
왓 윌유 햅
何になさいますか。
나니니 나사이마스까

■ 정해지면 알려드릴께요.

We'll let you know when we've decided.
위일 렛 유 노 웬 위브 디싸이딧
決まったら注文します。
키맛따라 츄-몽 시마스

■ 추천 좀 해주세요.

What do you recommend?
왓 두유 뢰커멘드
おすすめお願いします。
오스스메 오네가이시마스

■ 이걸로 하겠어요.

I'll have this one.
아일 햅 디스원
これにします。
코레니 시마스

■ 아무거나 괜찮습니다.

I'm easy to please.
아임 이지투 플리즈
何でもかまいません。
난데모 카마이마셍

■ 이건 어떤 맛입니까?

What flavor is it?
왓 훌레이버 이짓
これはどんな味ですか。
고레와 돈나 아지데스까

■ 연어구이가 되겠습니까?

Could I have baked salmon?
쿠드 아이 햅 베이크트 새몬
サケ焼きはありますか。
사케야끼와 아리마스까

■ 저도 같은 것으로 하겠어요.

The same for me.
더 쎄임 훠미
私も同じものにします。
와따시모 오나지모노니 시마스

>>> 주문하기

■ 오실 분 있나요?

Do you have company?
두유 햅 컴퍼니
お連れの方はいらっしゃいますか。
오쯔레노 가따와 이랏샤이마스까

■ 주문하시겠어요?

May I take your order?
메아이 테이큐어 오더
ご注文なさいますか。
고츄―몽 나사이마스까

■ 주문하셨습니까?

Did you order?
디쥬 오더
ご注文はなさいましたか。
고츄―몽와 나사이마시따까

■ 주문하고 싶은데요.

We are ready to order.
위아 뢰디투 오더
注文したいですが。
고츄―몽 시따이데스가

■ 곧 됩니까?

Will it be ready soon?
위릿비 뢰디 쑨
すぐできますか。
스그 데끼마스까

連れ(つれ)
동행, 동반자

■ 같은 걸로 두개요.

Make it two, please.
메이킷 투 플리즈
同じものを二つください。
오나지모노오 후따쯔 쿠다사이

■ 아직 요리가 안나오는데요.

We're still waiting for our food.
위아 스틸 웨이링 훠 아워 후드
まだ料理が出てないですが。
마다 료-리가 데떼 나이데스가

■ 주문한 것은 어떻게 된겁니까?

What happened to my order?
왓 해픈드 투 마이 오더
注文したのはどうなりましたか。
츄-몽시따노와 도우나리마시따까

■ 수프에 뭐가 들어있어요.

There's something in the soup.
데어즈 썸씽 인더 수프
スープに何か入ってますよ。
스-프니 나니까 하잇떼마스요

■ 이 고기는 충분히 익지 않았는데요.

I'm afraid this meat isn't well-done.
아임 어후레이디스 미티즌트 웰 던
この肉はまだ生煮えのようですが。
고노 니꾸와 마다 나마니에노 요-데스가

■ 이 음식이 상한 것 같아요.

I'm afraid this food has gone bad.
아임 어후레이 디스 후드 해즈 곤 뱃
この食べ物は腐ったようですが。
고노 타베모노와 크삿따 요-데스

生煮え(なまにえ)

덜익음

익힘의 정도

설익은 것 : rare
중간 : medium
잘익은 것 : well done

腐る(くさる)

상하다.

463

■ 다시 가져다 주시겠어요?

Could you take it back, please?
쿠쥬 테이킷 백 플리즈
他のものを持ってきてくれますか。
호까노모노오 못떼키떼 쿠레마스까

■ 주문을 취소하고 싶은데요.

I want to cancel my order.
아이 원투 캔썰 마이 오더
注文を取り消したいのですが。
츄-몽오 토리케시따이노 데스가

〉〉〉 음주

■ 술 한 잔 하시겠어요?

Would you care for a drink?
우쥬 케어 훠러 드링크
いっぱいどうですか。
잇빠이 도우데스까

■ 식사하기 전에 한 잔 하시죠?

How about a drink before dinner?
하우 어바우러 드링크 비훠 디너
食事する前にいっぱいどうですか。
쇼끄지 스루마에니 잇빠이 도우데스까

■ 마시면서 얘기하는 것이 어떻습니까?

How about talking over drinks?
하우 어바웃 토킹 오더 드링크스
飲みながらお話しするのはどうですか。
노미나가라 오하나시스루노와 도우데스까

■ 저희 집에 가서 한 잔 합시다.

Let's go have drinks at my place.
렛쯔고 햅 드링크스 앳 마이 플레이쓰
私の家でいっぱいしましょう。
와따시노 이에데 잇빠이 시마쇼-

■ 제가 한 잔 사겠습니다.

I'll buy a drink. / The drinks are on me.
아일 바이 어 드링크 / 더 드링크스 아 언미
わたしがいっぱいおごります。
와따시가 잇빠이 오고리마스

■ 전 위스키로 주세요.

I'll have a whisky, please.
아일 해버 위스키 플리즈
私はウィスキーにします。
와따시와 위스키-니 시마스

■ 저도 같은 걸로 할게요.

I'll have the same.
아일 햅 더 쎄임
私も同じものにします。
와따시모 오나지모노니 시마스

■ 얼음 타서 주세요.

On the rocks, please.
언 더 락스 플리즈
氷を入れてください。
코오리오 이레떼 쿠다사이

■ 다음에 할게요.

Rain check, please.
레인 첵 플리즈
今度しますね。
콘도 시마스네

술을 대접

덜익음

PART08 장소

- 저는 술을 잘 못해요.

    I'm not much of a drinker.
    아임 낫 머취 어버 드륑커
    私はお酒があまり飲めません。
    와따시와 오사케가 아마리 노메마셍

- 운전하기 때문에 술 마시면 안됩니다.

    I can't drink, because I have to drive.
    아이 캔트 드륑크 비카즈 아이 햅투 드라이브
    運転するのでお酒は飲めません。
    운뗀스루노데 오사케와 노메마셍

- 미안합니다만, 술을 안마십니다.

    I'm sorry, I don't drink.
    아임쏘뤼 아이 돈 드륑크
    すみませんが お酒は飲めません。
    스미마셍가 오사케와 노메마셍

- 술이 셉니까?

    Are you a heavy drinker?
    아유어 해비 드륑커
    お酒が強いですか。
    오사케가 쯔요이데스까

- 어느 정도 마십니까?

    How much do you usually drink?
    하우머취 두유 유절리 드륑크
    どれくらい飲まれますか。
    노레그라이 노마레마스까

- 저는 술고래입니다.

    m a heavy drinker.
    아임어 해비 드륑커
    私は大酒飲みです。
    와따시와 오오자케노미 데스

■ 저는 독한 술을 좋아해요.

I like hard liquor.
아이 라익 하드 리쿼
私はきついお酒が好きです。
와따시와 키쯔이 오사케가 스끼데스

■ 저는 한 잔만 마셔도 얼굴이 빨개져요.

A single cup of wine makes me flushed.
어 씽글 커버브 와인 메익쓰 미 훌러쉬트
私はいっぱいだけ飲んでも顔が赤くなります。
와따시와 잇빠이다케 논데모 카오가 아까꾸 나리마스

■ 난 금주론자입니다.

I'm dry.
아임 드라이
私は禁酒論者です。
와따시와 킨슈론샤 데스

■ 술 안주는 뭐가 나옵니까?

What snack do you serve?
왓 스넥 두유 써브
おつまみは何が出ますか。
오쯔마미와 나니가 데마스까

■ 와인 한 잔 더하실래요?

Would you like another glass of wine.
우쥬 라익 어나더 글래써브 와인
ワインもういっぱいどうですか。
와인 모-잇빠이 도우데스까

■ 포도주 맛이 어떻습니까?

How does the wine taste?
하우 더즈더 와인 테이스트
ワインの味はどうですか。
와인노 아지와 도우데스까

■ 어디산(産)입니까?

Where does this come from?
웨어 더즈 디스 컴 후럼
どこ産ですか。
도꼬산 데스까

■ 이 술 독해요?

Is it strong?
이짓 스트롱
このお酒はきついですか。
고노 오사케와 키쯔이데스까

■ 맥주 세 잔 갖다주세요.

Will you get us three beers?
윌유 게러스 쓰리 비어즈
ビールを三杯 持って来てください。
비-루 산바이 못떼 키떼 쿠다사이

■ 제가 한 잔 따르겠습니다.

Let me pour you a drink.
렛미 푸 유어 드륑크
私がいっぱい注ぎます。
와따시가 잇빠이 쯔기마스

■ 한 잔 합시다.

Let's have a drink.
렛쯔 해버 드륑크
いっぱいしましょう。
잇빠이 시마쇼

■ 건배합시다! 건배!

Let's make a toast! / Cheers!
렛쯔 메이커 토스트 / 취어스
乾杯しましょう。乾杯！
간빠이 시마쇼 / 간빠이

■ 승진을 위하여, 건배!

To your improvement, bottoms up!
투 유어 임프루브먼트 버틈즈 업
昇進のために、乾杯！
쇼-신노 타메니 간빠이

■ 한 잔 더하실래요?

Would you like a refill?
우쥬 라이커 리휠
もういっぱいどうですか。
모-잇빠이 도우데스까

■ 술 한 잔 더합시다.

Let's have one for the road.
렛쯔 햅 원 훠 더 로드
もういっぱいしましょう。
모-잇빠이 시마쇼-

■ 2차갑시다.

Let's go for another round!
렛쯔고 훠 어나더 롸운드
2次会行きましょう。
니지까이 이끼마쇼-

■ 과음했어요.

You had too many drinks.
유 햅 투 매니 드링크스
飲みすぎしました。
노미스기 시마시따

■ 고맙지만 사양하겠습니다.

Thanks, I'll pass.
땡쓰 아일 패쓰
ありがたいですが遠慮いたします。
아리가따이데스가 엔료이따시마스

- 당신 취했군요.

    You are drunk.
    유아 드렁크
    あなた' 酔っ払ってますね。
    아나따 욧빠랏떼마스네

- 저 말짱해요.

    I'm sober.
    아임 쏘버
    私' 平気ですよ。
    와따시 헤에키데스요

- 그녀에게 술 더 주지마세요.

    Keep the bottle away from her.
    킵더 버를 어웨이 후럼 허
    彼女にお酒をもっとあげないでください。
    카노죠니 오사께오 못또 아게나이데 쿠다사이

- 술을 끊을 수 없습니다.

    I can't give up drinking.
    아이 캔 기법 드륑킹
    お酒は止められません。
    오사케와 야메라레마셍

- 숙취는 없습니까?

    Don't you get hangovers?
    돈츄 겟 행오버스
    二日酔いはありませんが。
    후쯔까요이와 아리마셍까

- 음주운전 하지 마세요.

    Don't drink and drive.
    돈 드링캔 드라이브
    飲酒運転はしないでください。
    인슈운뗀와 시나이데 쿠다사이

>>> 흡연

■ 담배를 피워도 되나요?

Do you mind if I smoke?
두유 마인 이파이 스목
タバコを吸ってもいいですか。
타바꼬오 슷떼모 이이데스까

■ 여기서 담배를 피워도 되나요?

Can I smoke here?
캐나이 스목 히어
ここでタバコを吸ってもいいですか。
고꼬데 타바꼬오 슷떼모 이이데스까

■ 여기서 담배를 피우면 안됩니다.

This is the wrong place for smoking.
디스 이즈더 렁플레이쓰 훠 스모킹
ここでタバコを吸ってはいけません。
고꼬데 타바코오 슷떼와 이케마셍

■ 하루에 어느 정도 담배를 피나요?

How often do you smoke a day?
하우 어픈 두유 스목 어 데이
一日にどれくらいタバコを吸っていますか。
이찌니찌 도레구라이 타바꼬오 슷떼 이마스까

■ 담배피고 싶어 죽겠(미치)겠어요.

I'm dying for a cigarette.
아임 다잉 훠러 시거렛
タバコが吸いたくてたまらないです。
타바꼬가 스이따쿠떼 타마라나이 데스

たまらない
견딜 수 없다. 참을 수 없다.

■ 담배 좀 빌릴 수 있을까요?

May I borrow a cigarette?
메아이 바로워 시거렛
タバコを貸してくれますか。
타바꼬오 카시떼 쿠레마스까

■ (답뱃)불 좀 빌릴 수 있을까요?

May I trouble you for a light?
메아이 츄러블 유 훠러 라잇
火を貸してくれますか。
히오 카시떼 쿠레마스까

■ 재떨이 좀 주시겠어요?

Will you pass me the ashtray?
윌유 패쓰 미더 애쉬트레이
灰皿をもらえますか。
하이자라오 모라에마스까

■ 여기서 너구리 잡는군요.(연기가 자욱하군요.)

It's like a smokestack here.
잇쯔 라이커 스목스텍 히어
煙が立ち込めていますね。
케무리가 타찌코메떼 이마스네

■ 담뱃 불 좀 꺼주세요.

No smoking here, please.
노 스모킹 히어 플리즈
タバコの火を消してください。
타바꼬노 히오 케시떼 쿠다사이

■ 담배 꽁초를 버리지 마세요.

Please don't throw your cigarette butts anywhere.
플리즈 돈 쓰로우 유어 시거렛 버츠 애니웨어
タバコの吸い殻を捨てないでください。
타바꼬노 스이가라오 스테나이데 쿠다사이

004 식당

■ 흡연은 건강에 나빠요.

Smoking is bad for your health.
스모킹 이즈 뱃 풔 유어 헬쓰
喫煙は健康に悪いです。
키쯔엔와 켕꼬-니 와루이데스

■ 담배를 끊었나요?

Have you quit smoking?
해뷰 큇 스모킹
タバコを止めましたか。
타바꼬오 야메마시따까

■ 당신은 담배를 끊어야합니다.

You've got to give up smoking.
유브 가라 기법 스모킹
あなたはタバコを止めなければなりません。
아나따와 타바꼬오 야메나케레바 나리마셍

■ 당신이 담배를 끊었으면 좋겠습니다.

I want you to stop smoking.
아이 원츄 투 스탑 스모킹
タバコを止めてほしいです。
타바꼬오 야메떼 호시이데스

■ 3년 전에 담배를 끊었습니다.

I gave up smoking three years ago.
아이 게이법 스모킹 쓰리 이어즈 어고
3年前にタバコを止めました。
산넹마에니 타바꼬오 야메마시따

>>> 계산

■ 계산서를 부탁합니다.

Check, please.
쳌 플리즈
伝票お願いします。
덴표- 오네가이시마스

■ 계산서를 주시겠습니까?

May I have the bill, please?
메아이 햅 더 빌 플리즈
伝票をもらえますか。
덴표-오 모라에마스까

■ 계산을 같이 하실래요, 따로 하실래요?

One check or separate checks?
원 쳌 오 쎄퍼레잇 쳌스
お勘定のほうはご一緒になさいますか゛それとも別々になさいますか。
오칸죠-노 호우와 고잇쇼니 나사이마스까 소레토모 베쯔

■ 이건 제가 낼게요.

I'll get this.
아일 겟 디스
これは私が支払います。
고레와 와따시가 시하라이마스

■ 내가 지불하겠습니다.

I'll pay for it.
아일 페이 훠릿
私が支払います。
와따시가 시하라이마스

■ 다음에는 당신이 내세요.

You may treat me next time.
유 메이 트릿 미 넥쓰타임
今度おごってください。
콘도 오곳떼 쿠다사이

■ 제 것은 제가 내겠습니다.

Let me pay for mine.
렛미 페이 훠 마인
私の分は私が支払います。
와따시노 분와 와따시가 시하라이마스

■ 반씩 냅시다.

Let's go half and half.
렛쯔고 해프 앤 해프
半分ずつ払いましょう。
한분즈쯔 하라이마쇼-

■ 각자 계산하기로 합시다.

Let me share the bill.
렛미 쉐어더 빌
割り勘にしましょう。
와리깐니 시마쇼-

■ 계산을 따로 해주세요.

Make out separate checks, please.
메이카웃 쎄퍼레잇 첵스 플리즈
お勘定は別々にしてください。
오칸죠-와 베쯔베쯔니 시떼 쿠다사이

■ 봉사료가 포함됐나요?

Is the tip included?
이즈더 팁 인클루딧
サービス料は含まれていますか。
사-비스료-와 후꾸마레떼 이마스까

今度(こんど)
다음

割り勘(わりかん)
각자 부담

勘定(かんじょう)
계산

■ 선불입니다.

You have to pay in advance.
유 햅 투 페이인 어드밴쓰
先払いです。
사끼바라이데스

■ 이건 주문하지 않았습니다.

I didn't order this.
아이 디든 오더 디스
これは注文してないです。
고레와 츄—몽 시떼나이데스

■ 계산이 틀립니다.

There is a mistake in the bill.
데어리저 미스테익 인더 빌
計算が間違ってます。
케—산가 마찌갓떼마스

■ 모두 얼마 입니까?

How much in all?
하우머취 인 얼
全部でいくらですか。
젠부데 이꾸라데스까

■ 계산 했어요.

Footed the entire bill.
후리더 인타이얼 빌
支払いました。
시하라이마시따

계산 했다는 표현

또다른 표현으로는 The bill is taken care of 또는 The bill is footed가 있다.

005 놀이공원

>>> 표끊기(놀이공원)

■ 매표소는 어디 있습니까?

How can I get to the ticket booth?
하우 캐나이 겟 투더 티킷 부쓰
チケット売りばはどこですか。
치켓또우리바와 도꼬데스까

■ 아직 표 살 수 있어요?

Can I still buy tickets?
캐나이 스틸 바이 티킷
まだ′ チケットは買えますか。
마다 치켓또와 카에마스까

■ 오늘 표를 살 수 있어요?

Are today's tickets still available?
아 투데이즈 티킷 스틸 어베일러블
今日′ チケットは買えますか。
쿄- 치켓또와 카에마스까

■ 사파리 입장료는 얼마예요?

How much is the admission fee for the Safari?
하우머취 이즈디 어드미션 휘 훠더 싸파리
サファリの入場料はいくらですか。
사하리노 뉴-죠-료-와 이꾸라데스까

■ 일인당 비용은 얼마입니까?

What's the rate per person?
왓쯔 더 레잇 퍼 퍼쓴
一人当たりの費用はいくらですか。
히또리아따리노 히요-와 이꾸라데스까

477

PART08 장소

■ 1인당 15(1500엔)달러 입니다.

It's $15per person.
잇쯔 휘프틴 퍼 퍼쓴
一人当たり1500円です。
히또리아따리 생고햐꾸엔데스

■ 입장료에 점심이 포함되어 있나요?

Is lunch included in this admission fee?
이즈 런치 인클루딧 인 디스 어드미션 휘
入場料にお昼は含まれていますか。
뉴-죠-료-니 오히루와 후꾸마레떼이마스까

■ 어른 두 장 주세요.

Two adults, please.
투 어덜츠 플리즈
大人二枚ください。
오또나 니마이 쿠다사이

■ 세 장 주세요.

I'll take 3 tickets.
아일 테익 쓰리 티킷
三枚ください。
산마이 쿠다사이

■ 표가 매진됐어요.

All tickets are sold out.
얼 티킷츠 아 쏠다웃
チケットは売り切れました。
치켓또와 우리키레마시따

■ 디즈니랜드는 몇 시에 닫아요?

What time does Disneyland close?
왓 타임 더즈 디즈니랜드 클로즈
ディズニーランドは何時に閉まりますか。
디즈니-란도와 난지니 시마리마스까

■ 안내소에서 물어보시는 것이 좋겠습니다.

You'd better ask the information center.
유드 베러 애스크 디 인훠메이션 쎈터
案内所に聞いたほうがいいと思います。
안나이쇼니 키이따호우가 이이또 오모이마스

〉〉〉 시설이용

■ 가고 싶은 곳을 말해보세요.

Tell me, the places you would like to go.
텔미 더 플레이쓰 유 우드 라익투 고
行きたいところを言ってみて。
이끼따이 도꼬로오 잇떼미떼

■ 이런 장소 어느 곳이 당신에게 재밌습니까?

Which of these places is interesting to you?
위치 어브 디즈 플레이씨즈 인터뢰스팅 투유
あなたはこんな場所のどういうところが楽しいですか。
아나따와 콘나 바쇼노 도-이우 도꼬로가 타노시이데스까

■ 놀이공원에서 어떤 것을 타고 싶습니까?

Which rides do you like at an amusement park?
위치 롸이즈 두유 라익 애런 어뮤즈먼트 파크
遊園地でどんな乗り物に乗りたいですか。
유-엔치데 돈나 노리모노니 노리따이데스까

■ 저는 동물을 좋아하니까 동물원으로 갈께요.

I like animals, so I'll go to the zoo.
아이 라익 애니멀즈 쏘 아일 고 투더 쥬
私は動物が好きなので 動物園に行きます。
와따시와 도-부쯔가 스키나노데 도-부쯔엔니 이끼마스

PART08 장소

■ 저는 탈 것을 좋아하니까 유원지로 갑니다.

I like rides, so I go to carnivals.
아이 라익 롸이즈 쏘 아이 고 투 카니벌스
私は乗り物が好きなので 遊園地に行きます。
와따시와 노리모노가 스끼나노데 유-엔치니 이끼마스

■ 회전목마는 어지러워요.

Merry-go-rounds makes me feel dizzy.
메리고 롸운드즈 메익쓰 미 휠 디지
メリーゴーラウンドに乗るとめまいがします。
메리-고-라운도니 노루또 메마이가 시마스

メリーゴーラウン

회전목마

006 극장

〉〉〉 관람제안

■ 영화보러 가시겠어요?

Would you like to go see a movie?
우쥬 라익투 고 씨어 무비
映画見に行きましょうか。
에-가 미니 이끼마쇼-까

■ 우리 오늘밤 영화관에 갈까요?

Shall we go to the movie tonight?
쉘위 고투더 무비 투나잇
今夜´映画館に行きましょうか。
콘야 에-가깐니 이끼마쇼-까

■ 최근에 좋은 영화 본 적 있어요?

Have you seen any good movies recently?
해뷰 씬 애니 굿 무비즈 뤼쓴틀리
最近おもしろい映画見ましたか。
사이킹 오모시로이 에-가 미마시따가

■ 지난주에 '매트릭스'라는 영화를 봤습니다.

I saw 'The Matrix' last week.
아이 쏘 '더 매이트릭쓰' 래스트 윜
先週に'マトリックス'という映画を見ました。
센슈-니 마토릭크스 또이우 에-가오 미마시따

■ 생각해 둔 것이 있습니까?

Which one do you have in mind?
위치 원 두유 햅 인 마인드
見たいと思っていた映画はありますか。
미따이또 오못떼이따 에-가와 아리마스까

PART08 장소

■ 영화를 추천해 줄 수 있어요?

Can you recommend a film?
캔유 뢰커멘드 어 휘음
おすすめの映画はありますか。
오스스메노 에-가와 아리마스까

■ 요즘은 어떤 영화가 인기 있습니까?

Which film is popular these days?
위치 휘음 이즈 파퓰러 디이즈 데이즈
最近はどんな映画が人気がありますか。
사이킹 돈나 에-가가 닌끼가 아리마스까

■ 이제 서부 영화는 한 물 갔습니다.

Western movies are out, now.
웨스턴 무비즈 아 아웃 나우
もう´西部映画はすたれました。
모- 세이부 에-가와 스타레마시따

すたれる
한물가다. 유행이 지나다.

■ '해리포터'는 어디서 볼 수 있습니까?

Where can I see 'Harry Potter'?
웨어 캐나이 씨 '해리포터'
'ハリーポッターはどこで見えますか。
하리-폿타-와 도꼬데 미에마스까

■ 심야 극장에 갑시다.

Let's go to the late movie.
렛쯔고 투 더 레잇 무비
深夜の映画館に行きましょう。
신야노 에-가깐니 이끼마쇼-

482

〉〉〉 표끊기(극장)

■ 지금은 어떤 영화가 상영중입니까?

What movie is playing now?
왓 무비 이즈 플래잉 나우
今はどんな映画が上映されていますか。
이마와 돈나 에-가가 죠-에- 사레떼 이마스까

■ 두시표 살 수 있어요?

Are 2 o'clock tickets available?
아 투어 클락 티킷츠 어베일러블
２時のチケットは買えますか。
니지노 치켓또와 카에마스까

■ 아직 표 살 수 있어요?

Can I still buy tickets?
캐나이 스틸 바이 티킷츠
まだ チケットは買えますか。
마다 치켓또와 카에마스까

■ 표가 다 매진됐어요.

Tickets are all sold out. / All the tickets are sold.
티킷츠 아 얼 쏠다웃 / 얼더 티킷 아 쏠드
チケットは全部売り切れました。
치켓또와 젠부 우리키레마시따

■ 더 이상 표를 살 수 없습니다.

We have no more tickets available.
위 햅 노 모어 티킷츠 어베일러블
これからはチケットを買えません。
코레까라와 치켓또오 카에마셍

PART08 장소

■ 입석도 괜찮습니까?

Is a standing room okay?
이저 스텐딩 룸 오케이
立ち席でもかまいませんか。
타찌세끼데모 카마이마셍까

■ 다음 것은 몇 시 입니까?

What time is the next one?
왓 타임 이즈더 넥쓰트 원
次回は何時ですか。
지까이와 난지데스까

■ 표는 얼마입니까?

How much is the ticket?
하우머취 이즈더 티킷
チケットはいくらですか。
치켓또와 이꾸라데스까

■ 표 두 장 사겠습니다.

I'll buy 2 tickets.
아일 바이 투 티킷츠
チケットを2枚買います。
치켓또오 니마이 카이마스

■ 같이 붙어 있는 좌석으로 두 장 주세요.

I'd like two seats next to each other.
아이드 라익투 씨츠 넥쓰투 이취 아더
一緒に並んでいる座席で2枚ください。
잇쇼니 나란데이루 세끼데 니마이 쿠다사이

■ 전화로 표를 주문 할 수 있나요?

Can I order tickets by phone?
캐나이 아더 티킷츠 바이 폰
電話でチケットの注文はできますか。
뎅와데 치켓또노 츄-몽와 데끼마스까

次回(じかい)

다음 번, 차회

- 표 두 장 예매하고 싶습니다.

    I'd like to reserve two tickets.
    아이드 라익투 뤼져브 투 티킷츠
    チケットを2枚予約したいです。
    치켓또오 니마이 요야꾸 시따이데스

- 어떤 자리를 원하십니까?

    What kind of seats do you like?
    왓 카인더브 씨츠 두유 라익
    どの席がよろしいですか。
    도노 세끼가 요로시이데스까

- 가운데 줄 좌석을 원합니다.

    I want a middle row seat, please.
    아이 원어 미들 로 씻 플리즈
    真ん中の列がいいです。
    만나까노 레쯔가 이이데스

- 앞에 앉고 싶습니다.

    I'd like to sit in the front.
    아이드 라익투 씻인 더 후론트
    前のほうに座りたいです。
    마에노 호우니 스와리따이데스

〉〉〉 극장안

- 표 좀 보여주시겠어요?

    May I see your ticket, please?
    메아이 씨 유어 티킷 플리즈
    チケットを見せていただけますか。
    치켓또오 미세떼 이따다케마스까

■ 자리 좀 찾아주시겠어요?

Could you help me find our seats?
쿠쥬 헬프미 화인다워 씨츠
席を探してくれませんか。
세끼오 사가시떼 쿠레마셍까

■ 예약해 둔 좌석이 있습니까?

Do you have reserved seats?
두유 햅 뤼져브드 씨츠
予約された座席はありますか。
요야꾸 사레따 자세끼와 아리마스까

■ 지정석입니까?

Do we have reserved seats?
두 위 햅 뤼져브드 씨츠
指定席ですか。
시테-세끼 데스까

■ 여기 자리 있습니까?

Is this seat taken?
이즈 디스 씻 테이큰
この席´空いてますか。
고노세끼 아이떼마스까

■ 좋은 자리를 주실래요?

Will you give me good seats?
윌유 깁미 굿 씨츠
いい席をお願いできますか。
이이세끼오 오네가이 데끼마스까

■ 같이 앉고 싶은데요.

We'd like to sit together.
위드 라익투 씻 투게더
一緒に座りたいですが。
잇쇼니 스와리따이데스가

■ 지정좌석에만 앉으십시오.

Please take your assigned seat only.
플리즈 테이큐어 어싸인드 씻 온리
指定座席だけ座ってください。
시떼-자세끼다께 스왓떼 쿠다사이

■ 제 자리에 앉아계십니다.

You are sitting in my seat.
유아 씨링 인 마이 씻
私の席に座ってらっしゃいます。
와따시노 세끼니 스왓떼랏샤이마스

■ 실례합니다, 제 자리에 앉아계신 것 같군요.

Excuse me. I think you're sitting in my seat.
익스큐즈미 아이 씽크 유아 씨팅 인 마이 씻
すみません° ここは**私の席**だと思いますが。
스미마셍 고꼬와 와따시노 세끼다또 오모이마스가

■ 죄송합니다, 제가 실수했군요.

I'm sorry. My mistake.
아임쏘뤼 마이 미스테익
すみません° **私**が**勘違**いしました。
스미마셍 와따시가 칸치가이시마시따

勘違い(かんちがい)

착각, 오해

■ 영화가 어떠세요?

What do you think about the movie?
왓 두유 씽커바웃 더 무비
映画はどうでしたか。
에-가와 도우데시따까

■ 아주 좋았어요.

It was great.
잇 워즈 그뢰잇
よてもよかったです。
도떼모 요깟따데스

■ 재미있었습니다.

It was exciting.
잇 워즈 익싸이팅
おもしろかったです。
오모시로깟따데스

■ 정말 재미있게 봤습니다.

I really enjoyed it.
아이 뤼얼리 언죠이딧
本当におもしろかったです。
혼또-니 오모시로깟따데스

■ 지루하군요.

It was boring.
잇 워즈 보링
つまらなかったです。
쯔마라나깟따데스

007 상가

>>> 세탁소

■ 이 바지를 수선해주세요.

Could you mend these pants?
쿠쥬 멘디즈 팬츠
このズボンを修繕してください。
고노 즈봉오 슈-젠 시떼 쿠다사이

■ 코트를 드라이클리닝 하고 싶습니다.

I'd like to have my coat dry - cleaned.
아이드 라익투 햅 마이 코트 드라이 클린드
コートをドライクリーニングしたいです。
코-토오 도라이크리-닝그 시따이데스

세탁에 관한 용어

빨래방 : laundromat
세탁하다 : do the laundry

■ 이 얼룩 좀 빼주세요.

I'd like to get it this stain out.
아이드 라익투 게릿 디스테인 아웃
この染みを取ってください。
코노 시미오 톳떼 쿠다사이

■ 그 얼룩은 지워지지 않습니다.

That spot can't be removed.
댓 스팟 캔 비 리무브드
その染みは取れません。
소노 시미와 토레마셍

■ 수선도 해줍니까?

Do you do alterations?
두유두 얼터레이션
修繕もしてもらえますか。
슈-센모 시떼 모라에마스까

Alteration

수선

수선할 때 표현

늘릴 때 : lengthen
줄일 때 : shorten

■ 바지 좀 줄여주세요.

I'd like have the pants shortened.
아이드 라익 햅 더 팬츠 쇼틴드
ズボンを少し短くしてください。
즈봉오 스꼬시 미지까끄 시떼 쿠다사이

■ 언제 찾아가실 겁니까?

When will you pick it up?
웬 윌유 피기럽
いつ取りに来られますか。
이쯔 토리니 코라레마스까

■ 내일 필요합니다.

I need it tomorrow.
아이 니딧 투머로우
明日必要です。
아시따 히쯔요-데스

■ 가능한 한 빨리 찾고싶어요.

I'd like it back as soon as possible.
아이드 라이킷 백 애즈 쑨 애즈 파써블
できるだけ早く返してもらいたいです。
데끼루다케 하야꾸 카에시떼 모라이따이데스

■ 언제 찾아갈 수 있어요?

When can I get it back?
웬 캐나이 게릿 백
いつ取りに来たらいいですか。
이쯔 토리니 키따라 이이데스까

■ 언제되는데요?

How soon can you get it done?
하우 쑨 캔유 게릿 던
いつ出来上がりますか。
이쯔 데끼아가리마스까

■ 금요일까지 준비해놓겠습니다.

We can have it ready by Friday.
위 큰 해빗 뢰디 바이 후라이데이
金曜日までに準備しておきます。
킹요-비 마데니 쥰비시떼 오끼마스

■ 7시에 찾을 수 있을겁니다.(완성될 겁니다)

It'll be ready to pick up at 7.
이릴 비 뢰디 투 피겁 앳 쎄븐
7時に出来上がると思います。
시찌지니 데끼아가루또 오모이마스

■ 더 빨리 할 수 없을까요?

Can I have them back sooner?
캐나이 햅 뎀 백 쑤너
もっと早くはできませんか。
못또 하야꾸와 데끼마셍까

■ 양복 찾으러 왔습니다.

I'd like to pick up my suit.
아이드 라익투 피겁 마이 쑤트
洋服を取りに来ました。
요-후꾸오 토리니 키마시따

出来上がる
다 되다. 완성되다.

>>> 꽃가게

■ 꽃파는 사람 어디에 있나요?

Where is the florist?
웨어리즈더 홀로리스트
花を売ってる人はどこにいますか。
하나오 웃떼루 히또와 도꼬니 이마스까

■ 꽃들이 싱싱합니까?

Are the flowers fresh?
아 더 훌라워즈 후레쉬
花はいきいきとしてますか。
하나와 이키이키또 시떼마스까

■ 꽃이 좀 시들었군요.

The flowers are a little withered up.
더 훌라워즈 아러 리를 위더드 업
花が少し枯れていますね。
하나가 스꼬시 카와레떼 이마스네

■ 장미꽃은 오늘 얼마예요?

How much is a rose today?
하우머취 이저 로우즈 투데이
バラの花は今日いくらですか。
바라노 하나와 쿄- 이꾸라 데스까

■ 안개꽃이 떨어졌어요.

We are out of baby's breath.
위아 아우러브 베이비즈브레쓰
かすみそうの花は売り切れました。
카스미소우노 하나와 우리키레마시따

■ 스승의 날에는 무슨 꽃이 좋을까요?

What flower is good for Teacher's Day?
왓 훌라워 이즈 굿 훠 티춰스 데이
師匠の日にはどんな花がいいですか。
시쇼-노 히니와 돈나 하나가 이이데스까

■ 카네이션이 적당합니다. / 카네이션을 추천합니다.

Carnation is proper. / recommend carnations
카네이션 이즈 프로퍼 / 뤼커멘드 카네이션스
カーネーションが適当だと思います。
카-네-숀가 테끼또- 다또 오모이마스

いきいき

생생한 모양, 싱싱한 모양

다양한 꽃 이름

진달래 : Azalea
벚꽃 : cherry blossom
국화 : hrysanthemum
나팔수선 : daffodil
민들레 : dandelion
물망초 : forget - me - not
백합 : lily
수선화 : narcissus
양귀비 : poppy
장미 : rose
제비꽃 : violet

■ 아내의 생일 선물로 장미 한 다발이 필요합니다.

I need a bunch of roses for my wife's birthday.
아이 니더 번춰브 로지즈 훠마이 와입스 버쓰데이
妻の誕生日プレゼントでバラの花束が要ります。
쯔마노 탄죠-비 프레젠토데 바라노 하나타바가 이리마스

花束(はなたば)
꽃다발

■ 건화(말린 꽃)도 취급하나요?

Do you carry dried flowers?
두유 캐리 드라이드 흘라워즈
ドライフラワーも取り扱ってますか。
도라이후라워-도 토리아쯔깟떼마스까

ドライフラワ
드라이플라워

■ 꽃꽂이 강의를 합니까?

Do you give lessons in flower arrangement?
두유 깁 레쓴즈 인 흘라워 어렌지먼트
生花の講義はしますか。
이케바나노 코-기와 시마스까

生花(いけばな)
꽃꽂이

■ 강좌를 끝내는 데 얼마나 걸립니까?

How long does it take to finish the course?
하우롱 더짓 테익투 휘니쉬더 코어스
講座が終わるまではどのくらいかかりますか。
코-기가 오와루마데와 도노그라이 카카리마스까

■ 많은 사람들이 여기서 꽃꽂이 수강을 하고 있습니다.

Many people take it here.
매니 피플 테이킷 히어
多くの人たちがここで生花の受講を受けています。
오오꾸노히또다찌가고꼬데이케바나노쥬코오우케떼이마스

PART08 장소

〉〉〉 문구점

■ 생일 카드 있어요?

Do you have a birthday card?
두유 해버 버쓰데이 카드
誕生日カードはありますか。
탄죠-비 카-도와 아리마스까

■ 볼펜 좀 보여주세요.

Show me some ball - point pens, please.
쇼 미 썸 볼 포인터 펜즈 플리즈
ボールペンを見せてください。
보-루펜오 미세떼 쿠다사이

■ 네, 하나 골라보세요.

Yes, try to choose one, please.
예스 츄라이 투 츄즈 원 플리즈
どうぞ、選んでみてください。
도우조 에란데 미떼 쿠다사이

■ 이 공책을 선물용으로 포장해주시겠어요?

Would you wrap this notebook as a gift?
우쥬 랩 디스 노트북 애저 기프트
このノートをプレゼント用に包装してもらえますか。
코노 노-토오 프레젠또요-니 호-소-시떼 모라에마스까

〉〉〉 서점

■ 무슨 책을 찾으시는데요?

What book are you looking for?
왓 북 아유 루킹 훠
どんな本を探していますか。
돈나 홍오 사가시떼 이마스까

■ 영어 책을 찾고 있어요.

I'm looking for an English book.
아임 루킹 훠런 잉글리쉬 북
英語の本を探しています。
에-고노 홍오 사가시떼 이마스

■ 컴퓨터 관련 책은 어디있어요?

Where are the books about computers?
웨어 아더 북스 어바웃 컴퓨러즈
コンピューター関連の本はどこにありますか。
콘퓨-타- 칸렌노 홍와 도꼬니 아리마스까

■ 경제에 관한 책을 찾고 있습니다.

I'm looking for books on economics.
아임 루킹훠 북스언 애커나믹스
経済に関する本はありますか。
케-자이니 칸스루 홍와 아리마스까

■ 다니엘의 최근 소설 있습니까?

Do you have Daniel's latest novel?
두유 햅 대니얼즈 레이티스트 나블
ダニエルの最近の小説はありますか。
타니에루노 사이낑노 쇼-세쯔와 아리마스까

■ 이 책 잘나가요?

Is this book selling well?
이즈 디스 북 쎌링 웰
この本、よく売れてますか。
코노홍 요꾸 우레떼마스까

■ 이 도시 지도가 있습니까?

Is there a map of this city?
이즈 데어러 맵 어브 디씨리
この都市の地図はありますか。
고노 토시노 치즈와 아리마스까

■ 베스트 셀러를 추천해주세요.

Would you recommend a best seller?
우쥬 뢰커멘더 베스트 쎌러
ベストセラーをお勧めしてください。
베스토세라―오 오스스메시떼 쿠다사이

勧め(すすめ)

권장, 권유, 추천

》》》 마트

■ 과일 코너는 어디에 있습니까?

Where is the fruit section?
웨어리즈더 후르트 섹션
果物コーナーはどこですか。
크다모노 코―나―와 도꼬데스까

■ 치약은 어디있나요?

Where is the toothpaste?
웨어리즈더 투쓰페이스트
歯磨きはどこにありますか。
하미가키와 도꼬니 아리마스까

■ 이 생선 싱싱해요?

Is this fish fresh?
이즈 디스 휘쉬 후레쉬
この魚、新鮮でますか。
코노 사까나 신센데스까

■ 더운 날씨여서 생선이 금방 상합니다.

Fish go bad soon in hot weather.
휘쉬 고 뱃 쑨 인 핫 웨더
暑い天気なので魚はすぐ腐ります。
아쯔이 텡끼나노데 사까나와 스구 쿠사리마스

■ 이것과 같은 종류의 면도기가 있나요?

Do you have the same razor as this?
두유 햅 더 쎄임 레이져 애즈 디스
これと同じ種類のかみそりはありますか。
코레또 오나지 슈루이노 카미소리와 아리마스까

■ 유통기한이 지났네요.

The distributing period expired.
더 디스트리뷰팅 피리어드 익쓰파이어드
賞味期限が過ぎてますね。
쇼-미키겡과 스기떼마스네

賞味期限

유통기한

■ 오늘은 채소가 쌉니다.

The vegetables are cheap today.
더 베지터블즈 아 췹 투데이
今日は野菜が安いです。
쿄오와 야사이가 야스이데스

>>> 놀이방

■ 이 근처에 전일제 놀이방이 있나요?

Is there a full‐time daycare around here?
이즈 데어러 훌타임 데이케어 아라운드 히어
この近所に全日制の保育園はありますか。
코노 킨죠니 젠지쯔세-노 호이끄엔와 아리마스까

■ 어느 놀이방이 좋을까요?

Which daycare center do you think is good?
위치 데이케어 쎈터 두유 씽 키즈 굿
どの保育園がいいでしょうか。
도노 호이끄엔가 이이데쇼-까

■ 놀이방 시설은 좋습니까?

Are the utilities of the daycare good?
아 디 유틸리티 어브더 데이케어 굿
保育園の施設はいいですか。
호이끄엔노 시세쯔와 이이데스까

■ 놀이방에 아이를 맡겨야해요.

I have to drop my child off at daycare.
아이 햅 투 드럽 마이 촤일더프 앳 데이케어
保育園に子供を預けなければならないです。
호이끄엔니 코도모오 아즈케 나케레바 나라나이데스

■ 직장에 다시 나가시려고요?

Are you really going back to work?
아유 뤼얼리 고잉 백 투 웍
職場に戻ろうとしていますか。
쇼끄바니 모도로-또 시떼이마스까

007 상가

■ 놀이방의 이점은 무엇입니까?

What are the advantages of daycare?
와라디 어드밴티저브 데이케어
保育園の利点は何ですか。
호이끄엔노 리뗀와 난데스까

■ 시간제 놀이방은 낮에만 아기들을 돌봅니다.

Part time daycares take care of children for only part of the day.
파타임 데이케어즈 테익 캐어럽 칠드런 휙 온리 파러브더 데이
時間制の保育園は昼だけ子供の面倒を見てくれます。
지깐세-노호이끄엔와히루다케코도모노멘도-오미떼쿠레마스

面倒(めんどう)を見る

돌봐주다, 보살피다.

■ 아이가 놀이방을 좋아하나요?

How does your child like it?
하우 더쥬어 촤일드 라익킷
子供は保育園が好きですか。
코도모와 호이끄엔가 스끼데스까

놀이방의 종류

놀이방 : daycare center
전일제놀이방 :
full - time daycare
시간제 놀이방 :
part - time daycare

〉〉〉 사진관

■ 이 필름을 현상, 인화하고 싶습니다.

I want this film developed and printed.
아이 원 디스 휘음 디벨로프트 앤 프린티드
このフィルムを現像′焼付けたいです。
고노 피루무와 겐조- 인가 시따이데스

■ 이 사진 인화하고 싶습니다.

I want a print of this.
아이 원어 프린터브 디스
この写真を焼き付けたいです。
코노 샤싱오 야키즈케따이데스

焼き付け(やきつけ)

인화

499

PART08 장소

■ 이 필름을 현상해 주세요.

I need to develop my film.
아이 니투 디벨롭 마이 휘름
このフィルムを現像してください。
코노 히루무오 겐쇼-시떼 쿠다사이

■ 어떤 크기를 원하십니까?

What size do you want?
왓 싸이즈 두유 원
どの大きさがよろしいですか。
도노 오오키사가 요로시이데스까

■ 일반 싸이즈로 한 장씩 뽑아주세요.(현상해 주세요.)

Regular size, one of each.
뢰귤러 싸이즈 원 어브 이취
一般サイズで一枚ずつ現像してください。
잇빤 사이즈데 이찌마이즈쯔 겐조-시떼 쿠다사이

■ 언제 사진을 찾을 수 있나요?

When can I pick them up?
웬 캐나이 픽 뎀업
いつ写真は出来上がりますか。
이쯔 샤싱와 데끼아가리마스까

■ 현상비는 얼마입니까?

How much do you charge for developing?
하우머취 두유 촤지 훠 디벨러핑
現像費はいくらですか。
겐조-료-와 이꾸라 데스까

■ 이 사진을 확대하고 싶습니다.

I want this picture enlarged.
아이 원 디스 픽춰 인라쥐드
この写真を拡大したいです。
코노 샤싱오 카꾸다이 시따이데스

いきいき

생생한 모양, 싱싱한 모양

■ 이 사진 언제 찍었어요?

When was this picture taken?
웬 워즈 디스 픽춰 테이큰
この写真、いつ取りましたか。
코노 샤싱 이쯔 토리마시따까

■ 사진이 뭐 잘못됐나요?

What's wrong with your picture?
왓쯔 렁위듀어 픽춰
写真がなにか変ですか。
샤싱가 나니까 헹데스까

変(へん)

이상함

■ 셔터를 누를 때 흔들렸군요.

You shook it when pressing the shutter.
유 슈킷 웬 프레씽 더 셧터
シャッターを押す時に揺れましたね。
샷타－오 오스도끼니 유레마시따네

■ 앞을 보고, 움직이지 마세요.

Look forward and stand still.
룩 훠워댄 스텐 스틸
前を見て´動かないでください。
마에오 미떼 우고까나이데 쿠다사이

■ 제 결혼식을 비디오로 찍어주시겠습니까?

Could you videotape my wedding ceremony?
쿠쥬 비디오테입 마이 웨딩 쎄러모니
私の結婚式をビデオで取ってくれませんか。
와따시노 켁꼰시끼오 비데오데 톳떼 쿠레마셍까

■ 저는 제인(다나까)양과 사진찍었다.

I got my picture taken with Miss Jane
아이 갓 마이 픽춰 테이큰 윗 미스 제인
私は田中さんと写真を取りました。
와따시와 다나까상또 샤싱오 토리마시따

501

PART08 장소

>>> 부동산 중개소

■ 어떻게 오셨어요.

Can I help you with something?
캐나이 헬퓨 윗 썸씽
どのようなご用ですか。
도노요우나 고요-데스까

■ 임대할 집을 찾고 있습니다.

We are looking for a house to rent.
위아 루킹 훠러 하우스 투 렌트
賃貸する(借りる)家を探しています。
친따이 스루(카리루)이에오 사가시떼 이마스

■ 어느 정도의 집을 찾고 있습니까?

How big a place are you looking for?
하우 빅 어 플레이쓰 아유 루킹 훠
どのくらいの家を探していますか。
도노그라이노 이에오 사가시떼 이마스까

■ 침실이 두 개인 아파트를 찾고 있습니다.

I'm looking for a two-bedroom apartment.
아임 루킹 훠러 투 베드룸 아파트먼트
寝室が二つあるアパートを探しています。
신시쯔가 후따쯔아루 아파-또오 사가시떼 이마스

■ 어떤 지역에 살고 싶으세요.

What area would you like to live in?
왓 에어리어 우쥬 라익투 리브인
どの地域に住みたいですか。
도노 치이끼니 스미따이데스까

부동산에 관한 표현

부동산 중개소는 real estate agency라고 하고 임재 중은 Leasing now라고 한다.

- 학교에서 가까운 곳을 원합니다.

    I'd like it to be close to the school.
    아이드 라이킷 투 비 클로즈 투 더 스쿠울
    学校が近い所がいいです。
    각꼬-까라 치까이 도꼬로가 이이데스

- 지하철역에서 가까운 임대 하우스가 있습니까?

    Do you have a house for rent close to a subway station?
    두유 해버 하우스 훠 렌트 클로스 투어 썹웨이 스테이션
    地下鉄駅から近い賃貸ハウスはありますか。
    치카데쯔에끼까라 치카이 친타이 하우스와 아리마스까

- 지금 집을 볼 수 있습니까?

    Can I see the place now?
    캐나이 씨 더 플레이쓰 나우
    今、家を見ていただけますか。
    이마 이에오 미떼 이따다케마스까

- 아파트 좀 보여주시겠습니까?

    Would you mind showing us the apartment?
    우쥬 마인드 쇼잉 어스 디 아파트먼트
    アパートを見せていただけますか。
    아파-토오 미세떼 이따다케마스까

- 집을 보여드릴게요.

    I'll give you a tour of the house.
    아일 기뷰 어 투어 어브더 하우스
    家をお見せいたします。
    이에오 오미세 이따시마스

- 이 아파트는 방이 몇 개입니까?

    How many rooms does this apartment have?
    하우매니 룸즈 더즈 디스 아파트먼트 햅
    このアパートは部屋は何個ありますか。
    코노 아파-또와 헤야와 낭꼬 아리마스까

■ 아파트 주차장은 넓은가요?

Does the apartment have a spacious parking lot?
더즈디 아파트먼트 해버 스페이셔스 파킹 랏
アパートの駐車場は広いですか。
아파-토노 츄-샤죠-와 히로이데스까

■ 시설은 어떤가요?

What are the facilities like?
와라더 훠씰러티이즈 라익
施設はどうですか。
시세쯔와 도우데스까

■ 언제 지어졌나요?

What's the transportation like?
왓쯔 더 트랜스포테이션 라익
交通はどうですか。
코-쯔-와 도우데스까

■ 이 방은 볕이 잘 들어요.

This room gets a lot of sun.
디스 룸 게츠 얼러럽 썬
この部屋は日当たりがいいです。
코노 헤야와 히아타리가 이이데스

日当たりがいい
볕이 잘 든다.

■ 계약 기간은 얼마입니까?

How long is the lease?
하우롱 이즈더 리스
契約期間はどのようになりますか。
케-야꾸키깐와 도노요우니 나리마스까

■ 가격대는 어느 정도입니까?

What's your price range?
왓쯔 유어 프라이쓰 뢰인지
値段はどのくらいですか。
네당와 도노그라이 데스까

■ 월세는 얼마입니까?

How much is it per month?
하우머취 이짓 퍼 먼쓰
月々の家賃はいくらですか。
쯔끼즈끼노 야칭와 이꾸라 데스까

■ 임대료는 얼마입니까?

How much is the rent?
하우머취 이즈더 렌트
貸し賃はいくらですか。
카시친와 이꾸라데스까

変(へん)

이상함

■ 이 아파트를 임대하겠습니다.

I'd like to rent this apartment.
아이드 라익투 렌트 디스 아파트먼트
このアパートを賃貸いたします。(借ります)
코노 아파-토오 친따이 이따시마스(카리마스)

■ 임대 청약서를 주시겠습니까?

May I have the lease application form?
메아이 햅 더 리스 애플리케이션 훰
賃貸契約書をいただけますか。
친따이케-야꾸쇼오 이따다케마스까

■ 아파트에 언제 입수하고 싶으세요?

When would you like the apartment?
웬 우주 라익투디 아파트먼트
アパートはいつ手に入ればいいですか。
아파-토와 이쯔 테니 하이레바 이이데스까

手(て)に入る(はいる)

입수하다. 손에 넣다.

■ 언제 이사올 수 있을까요?

When can I move in?
웬 캐나이 무브인
いつ引っ越しできますか。
이쯔 힛꼬시 데끼마스까

引っ越し(ひっこし)

이사

■ 이 지역의 집값은 어떻게 됩니까?

What does housing go for in this area?
왓 더즈 하우징 고 훠 인 디스 에어리어
この地域の家賃はどれくらいですか。
코노 치이끼노 야칭와 도노그라이 데스까

■ 얼마나 오래 사실 겁니까?

How long do you want to live there?
하우롱 두유 원 투 리브 데어
どのくらい長く住むつもりですか。
도노그라이 나가꾸 스무 쯔모리데스까

つもり
생각, 작정, 의도

■ 일 년 후에 아파트를 떠날겁니다.

I'm leaving the apartment in a year.
아임 리빙 디 아파트먼트 인어 이어
一年後にアパートから出るつもりです。
이찌넹고니 아파-토까라 데루 쯔모리데스

■ 계약이 만료된 후에 임대 계약을 갱신할겁니다.

I'm going to renew my lease after it expires.
아임 고잉투 리뉴 마이 리스 앱터릿 익쓰파이어
契約が満了された後に賃貸契約を更新するつもりです。
케야꾸가슈료사레따아또니친따이케야꾸오 코신스루쯔모리데스

■ 월세는 어떻게 냅니까?

How do I pay the rent?
하우 두 아이 페이더 렌트
家賃はどう払いますか。
야칭와 도우 하라이마스까

■ 매월 25일까지 내야합니다.

Rent is due by the 25th of the month.
렌트 이즈 듀 바이더 트웬티 휘프써브 더 먼쓰
毎月25日までに払わなければなりません。
마이쯔끼 니쥬-고니찌 마데니 하라와나케레바 나리마셍

■ 부동산에 좀 투자하고 싶어요.

I'd like to invest some money in real estate.
아이드 라익투 인베스트 썸 머니 인 뤼얼 에스테이트
不動産に投資をしたいです。
후도-산니 토-시오 시따이데스

〉〉〉 미용실

■ 뭘 도와드릴까요?

How can I help you?
하우 캐나이 헬퓨
いらっしゃいませ。
이랏샤이마세

■ 찾는 미용사가 있나요?

Is there someone you would like to see?
이즈 데어 썸원 유 우드 라익투 씨
指定する美容師はいますか。
시떼-스루 비요-시와 이마스까

■ 없습니다.

No one specific.
노원 스피씨휙
いません。
이마셍

■ 이리로 와서 앉으세요.

Right this way and have a seat please.
롸잇 디스웨이 앤 해버 씻 플리즈
こちらへお掛けになってください。
고찌라에 오카케니 낫떼 쿠다사이

■ 어떻게 해드릴까요?

What will it be?
왓 위릿비
どういたしましょうか。
도우이따시마쇼-까

■ 어떤 스타일을 좋아하세요?

What style would you like?
왓 스타일 우쥬 라익
どんなスタイルがお好きですか。
돈나 스타이루가 오스끼데스까

■ 마사지 예약을 하고 싶은데요.

I'd like to make an appointment for a massage.
아이드 라익투 메이컨 어포인트먼트 훠러 마싸쥐
マッサージの予約がしたいですが。
맛사-지노 요야꾸가 시따이데스가

■ 손톱 손질 됩니까?

Can you do my nails?
캔유 두 마이 네일
ネイルケアもできますか。
네이루케아모 데끼마스까

■ 파마와 컷트, 어느 것으로 하시겠어요?

Which do you want, perm or cut?
위치 두유 원 펌 오 컷
パーマとカット'どちらになさいますか。
파-마또 캇토 도찌라니 나사이마스까

■ 짧게 자르고 싶습니다.

I'd like to have my hair cut short.
아이드 라익투 햅 마이 헤어 숏
短くカットしたいです。
미지까꾸 캇또 시따이데스

■ 가르마는 어느쪽으로 해드릴까요?

Where do you part your hair?
웨어 두유 파트 유어 헤어
分け目はどちらにいたしましょうか。
와케메와 도찌라니 아따시마쇼-까

■ 자연스럽게 해주세요.

I want a casual hair do.
아이 원어 캐절 헤어 두
自然にしてください。
시젠니 시떼 쿠다사이

■ 지금처럼 해주세요.

The way I've been having it done, please.
더 웨이 아이브 빈 해빙잇 던 플리즈
今のままでいいです。
이마노 마마데 이이데스

■ 헤어스타일을 바꾸고 싶습니다.

I'd like to change my hair do.
아이드 라익투 췌인쥐 마이 헤어 두
ヘアスタイルを変えたいです。
헤아 스타이루오 카에따이데스

■ 짙은 갈색이 좋겠습니다.

Dark brown will be fine.
다크 브라운 윌비 화인
焦げ茶色がいいです。
코게 챠이로가 이이데스

■ 파마하러 왔습니다.

I'm here for a perm.
아임 히어 훠러 펌
パーマしに来ました。
파-마 시니 키마시따

■ 어떤 파마를 원하세요?

What kind of perm do you want?
왓 카인더브 펌 두유 원
どんなパーマがよろしいですか。
돈나파—마가 요로시이 데스까

■ 매직이요.

I'd like a magic.
아이드 라이커 매직
マジックストレートです。
마직끄 스토레—토 데스

■ 커트해주세요.

I'd like a cut.
아이드 라이커 컷
カットしてください。
캇토시떼 쿠다사이

■ 짧게 해주세요.

Cut it short cut, please.
커릿 숏 컷 플리즈
短くしてください。
미지까꾸 시떼 쿠다사이

■ 좀 더 짧게 해주세요.

Please make it a little shorter.
플리즈 메이키러 리를 쇼터
もっと短くしてください。
못또 미지까꾸 시떼 쿠다사이

■ 어떻게 잘라드릴까요?

How do you want it cut?
하우 두유 원팃 컷
どうカットしますか。
도우 캇토 시마스까

■ 너무 짧게 하지는 마세요.

Not real short.
낫 뤼얼 숏
あまり短くはしないでください。
아마리 미지까꾸와 시나이데 쿠다사이

■ 김태희처럼 보이게 해주세요.

Make me look like Kim, Tae-hee.
메익 미 룩 라익 김태희
イヒョリさんみたいにしてください。
김태희상 미따이니 시떼 쿠다사이

■ 약간만 다듬어 주세요.

Just give me a trim.
저슷 깁미어 트림
少しだけ整えてください
스꼬시 다케 토도노에떼 쿠다사이

■ 윗머리를 고르게 잘라주세요.

Cut the top even, please.
컷더 탑 이븐 플리즈
上の髪を均等にカットしてください。
우에노 카미오 킨또-니 캇또 시떼 쿠다사이

■ 다듬기만 해주세요.

I just want a trim.
아이 저슷 원어 트림
整えるだけにしてください。
토도노에루다케니 시떼 쿠다사이

■ 귀 둘레를 쳐주세요.

Trim around the ears, please.
트림 어라운디 이어즈 플리즈
耳の周りをカットしてください。
미미노 마와리오 캇토 시떼 쿠다사이

整える(ととのえる)

다듬다. 정리하다.

PART08 장소

■ 파마를 해주세요.

A permanent, please.
어 퍼머넌트 플리즈
パーマをしてください。
파-마오 시떼 쿠다사이

■ 머리를 염색하고 싶습니다.

I'd like to have my hair dyed, please.
아이드 라익투 햅 마이 헤어 다이드 플리즈
髪を染めたいです。
카미오 소메따이데스

染める(そめる)

염색하다.

■ 끝을 다듬어주세요.

Could you trim around the edges?
쿠쥬 트림 어롸운디 에쥐
毛先を整えてください。
케사끼오 토도노에떼 쿠다사이

■ 갈색으로 염색해주세요.

I'd like to dye my hair brown, please.
아이드 라익투 다이 마이 헤어 브라운 플리즈
茶色に染めてください。
챠이로니 소메떼 쿠다사이

■ 파마하실거예요, 커트하실 거예요?

Would you like a perm or cut?
우쥬 라이커 펌 오 컷
パーマをなさいますか、カットをなさいますか。
파-마오 나사이마스까 캇토오 나사이마스까

■ 파마를 해주세요.

I'd like a permanent, please.
아이드 라이커 퍼머넌트 플리즈
パーマをしてください。
파-마오 시떼 쿠다사이

■ 머리를 드라이해주세요.

Blow dry my hair, please.
블로 드라이 마이 헤어 플리즈
ドライヤーをしてください。
도라이야-오 시떼 쿠다사이

■ 머리 모양이 마음에 드실겁니다.

You'll like our work.
유일 라익 아워 웍
ヘアスタイルがお気に入られると思います。
헤아스타이루가 오키니 이라레루또 오모이마스

■ 어떤 색으로 염색하실 겁니까?

What color do you want your hair dyed?
왓 칼러 두유 원 유어 헤어 다이드
どの色に染めますか。
도노 이로니 소메마스까

■ 손톱 다듬어 드릴까요?

May I trim your nails?
메아이 트림 유어 네일즈
爪を整えてあげましょうか。
쯔메오 토도노에떼 아게마쇼-까

■ 언제 오시겠어요?

When would you like to come?
웬 우쥬 라익투 컴
いついらっしゃいますか。
이쯔 이랏샤이마스까

整える(ととのえる)

다듬다. 정리하다.

Part 09 여행

Travel
旅行

001. 일반 표현(여행)

보편적 대화
관광정보
요금문의
관광안내

002. 관광지

기념촬영
분실/도난

003. 숙박

예약(숙박)
체크인
룸 서비스
엘리베이터
문제(호텔)
체크아웃

001 일반 표현(여행)

>>> 보편적 대화

■ 여행은 어땠어요?

How was your trip?
하우 워즈 유어 트립
旅行はどうでしたか。
료꼬−와 도우 데시따까

■ 해외 여행을 해본 적 있나요?

Have you ever traveled overseas?
해뷰 에버 트래블드 오버씨즈
海外旅行をしたことがありますか。
카이가이료꼬−오 시따고또가 아리마스까

■ 해외에 가본 적이 없습니다.

I've never been overseas?
아이브 네버 빈 오버씨즈
海外に行ったことがまりません。
카이가이니 잇따고또가 아리마셍

■ 휴가 때 어디를 가실 생각입니까?

Where will you go on vacation?
웨어 윌유 고언 베케이션
休暇はどこへ行く予定ですか。
큐−까와 도꼬에 이끄 요테−데스까

■ 이번 휴가 때는 미국에 방문할 계획입니다.

I'm planning to visit America this vacation.
아임 플래닝투 비짓 어메리카 디스 배케이션
今回の休みは日本を訪問する計画です。
콘까이노 야스미와 니혼오 호우몽 스루 케−까꾸 데스

■ 외국 어디 가보신 곳 있습니까?

Is there any foreign country you have ever visited?
이즈 데어 애니 훠린 칸츄리 유 햅 에버 비지팃
外国はどこに行ったことがありますか。
가이꼬꾸와 도꼬니 잇따고또가 아리마스까

■ 여행은 즐거우셨습니까?

Did you have a good trip?
디쥬 해버 굿 트립
旅行は楽しかったですか。
료꼬-와 타노시깟따 데스까

■ 아주 좋았어요.

It was fantastic.
잇 워즈 휀태스틱
よてもよかったです。
도떼모 요깟따 데스

■ 휴가를 어디서 보냈습니까?

Where did you go on vacation?
웨어 디쥬 고 언 배캐이션
お休みをどちらで過ごしましたか。
요야스미오 도찌라데 스고시마시따가

■ 나는 여행을 좋아합니다.

I love traveling.
아이 러브 트래블링
私は旅行が好きです。
와따시와 료꼬-가 스끼데스

■ 여행은 귀찮습니다.

Traveling is tiresome.
트래블링 이즈 타이어썸
旅行はめんどうくさいです。
료꼬-와 멘독사이 데스

517

PART09 여행

■ 언젠가 세계일주를 하고 싶어요.

I want to go around the world someday.
아이 원투고 어롸운더 월드 썸 데이
いつか世界一周をしたいです。
이쯔가 세까이 잇슈-오 시따이 데스

■ 유럽에 가본 적 있습니까?

Have you ever been to Europe?
해뷰 에버 빈 투 유럽
ヨーロッパに行ったことがありますか。
유-롭파니 잇따 고또가 아리마스까

■ 가장 가보고 싶은 곳이 어디입니까?

Where do you want to go most?
웨어 두유 원투고 모슷
いちばん行ってみたいところはどこですか。
이찌방 잇떼 미따이 도꼬로와 도꼬데스까

■ 하와이 여행은 어땠습니까?

How was your trip to Hawaii?
하우 워즈 유어 트립 투 하와이
ハワイ旅行はどうでしたか。
하와이료꼬-와 도우데시따까

■ 정말 즐거웠습니다.

I had a wonderful time.
아이 해더 원더풀 타임
本当に楽しかったです。
혼또-니 타노시깟따데스

■ 시차는 극복됐습니까?

Have you gotten over jet lag?
해뷰 갓튼 오버 젯 레그
時差は乗り越えましたか。
지사와 노리코에마시따까

乗り越える

극복하다. 뛰어넘다.

- 여행에서 뭐가 가장 재미있었습니까?

    What was the most interesting part of your trip?
    왓 워즈더 모스 인터뢰스팅 파트 어브 유어 트립
    旅行に行って何が一番楽しかったですか。
    료꼬-니 잇떼 나니가 이찌방 타노시깟따데스까

- 여행은 즐거웠습니까?

    How did you enjoyed your trip?
    하우 디쥬 인죠이쥬어 트립
    旅行は楽しかったですか。
    료꼬-와 타노시깟따데스까

〉〉〉 관광정보

- 관광에 관한 정보가 필요합니다.

    I need some information about the tour.
    아이 니썸 인휘메이션 어바웃 더 투어
    観光についての情報が必要です。
    캉꼬-니 쯔이떼노 죠-호-가 히쯔요-데스

- 이 도시의 관광 명소는 어떤 것이 있습니까?

    What is the tourist attraction in this city?
    와리즈더 투어리스트 어트랙션 인디씨리
    この町の観光名所は何がありますか。
    고노 마찌노 캉꼬-메-쇼와 나니가 아리마스까

町(まち)

도시, 도회

- 값싸게 여행하는 방법은 무엇입니까?

    What is the cheap way of traveling?
    와리즈더 칩 웨이어브 트래블링
    安く旅行する方法は何ですか。
    야스꼬 료꼬-스루 호우호우와 난데스까

■ 값싸게 여행하는 방법은 무엇입니까?

What is the cheap way of traveling?
와리즈더 췹 웨이어브 트래블링
安く旅行する方法は何ですか。
야스꾸 료꼬-스루 호우호우와 난데스까

■ 시내 지도를 하나 가져도 될까요?

Can I have a city map?
캐나이 해버 씨리 맵
市内地図がもらえますか。
시나이 치즈가 모라에마스까

■ 관광안내 책자 하나 가져도 될까요?

Can I have a sightseer's pamphlet?
캐나이 해버 싸잇씨어즈 팸플릿
観光案内本がもらえますか。
캉꼬-안나이홍가 모라에마스까

■ 관광 예약할 수 있나요?

Can I book a tour?
캐나이 북 어 투어
観光予約はできますか。
캉꼬-요야꾸와 데끼마스까

>>> 요금문의

■ 이 관광은 얼마입니까?

How much is the tour?
하우머취 이즈더 투어
この観光はいくらですか。
고노 캉꼬와 이꾸라데스까

001 일반 표현

■ 개인 비용은 얼마입니까?

What's the rate per person?
왓쯔 더 레잇 퍼 퍼쓴
個人費用はいくらですか。
코진비요-와 이꾸라데스까

■ 입장료는 얼마입니까?

How much is the admission fee?
하우머취 이즈디 어드미션 휘
入場料はいくらですか。
뉴-죠-료-와 이꾸라데스까

■ 어른은 7달러, 아이는 5달러입니다.

It's $7 for an adult and $5 for a child.
잇쯔 쎄븐 달러즈 훠런 어덜트 앤 화이브 달러즈 훠러 촤일드
大人は7ドル、**子供**は5ドルです。
오또나 나나도루 코도모와 고도루데스

■ 어른 하나, 아이 둘이요.

One adult and two kids, please.
원 어덜트 앤 투 키즈 플리즈
大人一人、子供二人です。
오또나 히또리 코도모 후따리데스

■ 식사는 관광요금에 포함되어 있습니까?

Is a meal included in the price?
이저 밀 인클루딧 인더 프라이쓰
食事は**観光料金**に含まれていますか。
쇼끄지와 캉꼬-료-킹니 후꾸마레떼 이마스까

■ 파리도 포함된 관광입니까?

Does that tour include Paris?
더즈댓 투어 인클루드 패리쓰
パリも**観光**に含まれていますか。
파리모 캉꼬-니 후꾸마레떼 이마스까

>>> 관광안내

■ 관광 안내를 해드릴까요?

Can I show you the sights?
캐나이 쇼 유 더 싸잇츠
観光案内を致しましょうか。
캉꼬-안나이오 이따시마쇼-까

■ 가이드가 있습니까?

Do you have a guide?
두유 해버 가이드
ガイドはいますか。
가이도와 이마스까

■ 가이드 관광이 있습니까?

Are there any guided tours?
아 데어 애니 가이디드 투어
ガイドツアーはありますか。
가이도쯔아ー와 아리마스까

■ 한국어 쓰는 가이드 있습니까?

Do you have a Korean speaking guide?
두유 해버 코뤼언 스피킹 가이드
韓国語ができるガイドはいますか。
캉꼬꾸고가 데끼루 가이도와 이마스까

■ 한국어를 쓰는 안내원이 있습니다.

We have a Korean speaking guide.
위 해버 코뤼언 스피킹 가이드
韓国語ができるガイドがいます。
캉꼬꾸고가 데끼루 가이도가 이마스

致す(いたす)

する(하다)의 겸양어

■ 야간 관광도 있습니까?

Do you have a night tour?
두유 해버 나잇 투어
夜間ツアーもありますか。
야깐쯔아-도 아리마스까

■ 관광은 매일 있습니까?

Do you have the tour every day?
두유 햅 더 투어 에브리 데이
ツアーは**毎日**ありますか。
쯔아-와 마이니찌 아리마스까

■ 몇 시에 어디서 출발합니까?

What time and where does it leave?
왓 타임 앤 웨어 더짓 리브
何時にどこから**出発**しますか。
난지니 도꼬까라 슛빠쯔 시마스까

■ 언제 돌아옵니까?

What time are you coming back?
왓 타임 아유 커밍 백
いつ**戻**ってきますか。
이쯔 모돗떼 키마스까

■ 30분마다 관광버스를 운행합니다.

We run tour buses every thirty minutes.
위런 투어버씨즈 에브리 써티 미니츠
３０**分**おきに**観光**バスを**運行**します。
산쥬뿐 오키니 캉꼬-바스오 운꼬- 시마스

■ 여기 경주에서 무엇을 보고 싶습니까?

What do you want to see here in Kyung-ju?
왓 두유 원투 씨 히어 인 경주
ここ **慶州**(キョンジュ)で何がみたいですか。
고꼬 경주데 나니가 미따이데스까

おき
간격

■ 불국사 가보셨어요?

Have you been to Bulkook-sa?
해뷰 빈 투 불국사
仏国寺(プルグッサ)に行ったことがありますか。
불국사니 잇따고또가 아리마스까

■ LA(경주)에서 관광할 만한 게 무엇이 있습니까?

What's there to do in LA?
왓쯔 데어 투 두 엘에이
慶州(キョンジュ)で観光するお勧めスポットはありますか。
경주데 캉꼬-스루 오스스메 스폿또와 아리마스까

■ 관광할만한 다른 곳은 없나요?

What else is there to do?
왓 엘씨즈 데어 투두
他に観光するところはありませんか。
호까니 깡꼬-스루 도꼬로와 아리마셍까

他(ほか)
그 밖, 이 외.

■ 그랜드 캐년(불국사)는 꼭 가보세요.

Don't miss Grand Canyon.
돈 미쓰 그랜드 캐년
仏国寺(プルグッサ)はぜひ行ってみてください。
불국사와 제히 잇떼 미떼 쿠다사이

■ 그 고장 특산물은 무엇입니까?

What is the local specialty in this town?
와리즈더 로컬 스페셜티 인 디스 타운
この町の特産物は何ですか。
고노 마찌노 토꾸산부쯔와 난데스까

002 관광지

>>> 기념촬영

■ 사진 좀 찍어주시겠어요?

Would you take a picture for us?
우쥬 테이커 픽춰 훠러쓰
写真を撮ってもらえますか。
샤싱오 톳떼 모라에마스까

■ 작동 방법을 모릅니다.

I don't know how to work it.
아이 돈 노 하우 투 워 킷
使い方がよく分かりません。
쯔까이가따가 요꾸 와까리마셍

使い方(つかいかた)
사용법

■ 버튼만 누르세요.

Just press the button.
저슷 프레쓰더 버튼
ボタンだけ押してください。
보탄다케 오시떼 쿠다사이

■ 사진 찍을까요?

Shall we take a picture?
쉘위 테이커 픽춰
写真取りませんか。
샤싱 토리마셍까

■ 함께 사진 찍읍시다.

Let's take a picture together.
렛쯔 테이커 픽춰 투게더
一緒に写真を取りましょう。
잇쇼니 샤싱오 토리마쇼-

■ 비디오를 찍어도 됩니까?

May I use a video camera?
메아이 유저 비디오 캐머러
ビデオを取ってもいいですか。
비데오오 톳떼모 이이데스까

■ 이름과 주소를 적어주세요.

Write down your name and address, please.
롸잇 다운 유어 네임 앤 어드뢰쓰 플리즈
名前と住所を書いてください。
나마에또 츄-쇼오 카이떼 쿠다사이

〉〉〉 분실/도난

■ 분실물 취급소는 어디에 있나요?

Where is the lost and found?
웨어리즈더 로숫 앤 화운드
落し物の取扱所はどこですか。
오토시모노노 토리아쯔까이쇼와 도꼬데스까

■ 지갑(신용카드, 여권)을 잃어버렸습니다.

I lost my wallet.(credit card, passport)
아이 로숫 마이 월릿
財布をなくしました。(クレジットカード パスポート)
사이후오 나꾸시마시따(크레짓또카-도, 파스포-또)

■ 지갑을 도난당했습니다.

My purse was robbed.
마이 퍼쓰 워즈 롸브드
財布を盗まれました。
사이후오 누스마레마시따

002 관광지

■ 언제 어디서 분실했습니까?

When and where did you lose it.
웬 앤 웨어 디쥬 루짓
いつ、どこでなくしましたか。
이쯔 도꼬데 나꾸시마시따까

■ 어디에 잃어버렸는지 기억이 나지 않습니다.

I don't remember where I lost it.
아이 돈 뤼멤버 웨어 아이 로스팃
どこでなくしたのか覚えてないです。
도꼬데 나꾸시따노까 오보에떼 나이데스

■ 다시 한 번 잘 찾아보십시오.

Try to find once again.
츄롸이 투 화인 원써겐
もう一度よく探してみてください。
모우 이찌도 요꾸 사가시떼 미떼 쿠다사이

■ 택시 안에 가방을 두고 왔습니다.

I left my bag in a taxi.
아이 렙트 마이 백 인어 택시
タクシーの中にカバンを忘れました。
타꾸시-노 나까니 카방오 와스레마시따

■ 아무리 찾아도 없어요.

I can't find it anywhere.
아이 캔 화인딧 애니웨어
いくら探してもないです。
이꾸라 사가시떼모 나이데스

■ 소매치기 당한 게 틀림없습니다.

You must have been pick - pocketed.
유 머슷 해브 빈 픽 포켓팃
確かにすりに遭ったと思います。
타시까니 스리니 앗따또 오모이마스

遭う(あう)

당하다. 겪다.

■ 도난 신고를 하고 싶습니다.

I'd like to report a theft.
아이드 라익투 리포터 쎄프트
盗難届けを出したいです。
토-난토도께오 다시따이데스

■ 경찰을 불러주세요.

Call the police, please.
콜더 폴리쓰 플리즈
警察を呼んでください。
케-사쯔오 욘데 쿠다사이

■ 경찰에 신고해주시겠어요?

Will you report it to the police?
윌유 리포팃 투더 폴리쓰
警察に申告してくれますか。
케-사쯔니 신꼬꾸 시떼 쿠레마스까

■ 한국 대사관에 전화해주세요.

Please call the Korean embassy.
플리즈 콜더 코뤼언 엠바씨
韓国大使館に電話してください。
캉꼬꾸 타이시칸니 뎅와 시떼 쿠다사이

■ 없어진 거 있습니까?

Is anything missing?
이즈 애니씽 미씽
なくした物はありますか。
나꾸시따 모노와 아리마스까

■ 협조해주시면 감사하겠습니다.

I'd appreciate your cooperation.
아이드 어프리쉐잇 유어 코퍼레이션
ご協力ありがとうございます。
고쿄-료꾸 아리가또우 고자이마스

002 관광지

■ 카드번호는 적어두셨습니까?

Did you keep the number of the card?
디쥬 킵더 넘버러브 더 카드
カード番号は書いておきましたか。
카-도 방고-와 카이떼 오키마시따까

■ 먼저 은행에 신용카드 분실신고부터 하십시오.

Report the lost credit card to the bank first.
리폿 더 로슷 크레딧 카드 투더 뱅크 훨슷
まず 銀行でクレジットカードの紛失届けを出してください。
마즈 깅꼬-데 크레짓또카-도노 훈시쯔토도케오 다시떼 쿠다사이

届け(とどけ)

신고

003 숙박

〉〉〉 예약

■ 방 있어요?

Can I get a room?
캐나이 게러 룸
お部屋はありますか。
오헤야와 아리마스까

■ 빈 방 있습니까?

Do you have any vacancy?
두유 햅 애니 베이컨씨
空いてるお部屋はありますか。
아이떼루 오헤야와 아리마스까

■ 방을 예약하고 싶습니다.

I'd like to make a reservation, please.
아이드 라익투 메이커 뢰져베이션 플리즈
お部屋を予約したいです。
오헤야오 요야꾸 시따이데스

■ 어떤 방을 원하십니까?

What kind of room do you want?
왓 카인더브 룸 두유 원
どのタイプのお部屋がよろしいですか。
도노 타이프노 오헤야가 요로시이데스까

■ 1인실 둘요.

Tow single rooms, please.
투 씽글룸즈 플리즈
シングルルームを二つください。
싱그루루-무오 후따쯔 쿠다사이

방의 종류

일반 실 : cheaper room
특실 : Suite room

■ 하룻밤에 얼마입니까?

How much for a night?
하우머취 훠러 나잇
一泊でいくらですか。
잇빠꾸데 이꾸라 데스까

■ 방값은 얼마입니까?

What's the room rate?
왓쯔 더 룸 레잇
料金はいくらですか。
료-킹와 이꾸라 데스까

■ 며칠동안 묵으실겁니까?

For how many nights?
훠 하우매니 나잇
何泊のご予定ですか。
난빠꾸노 고요테- 데스까

■ 다음주 월요일부터 3일간 방 하나 예약할 수 있습니까?

Can I reserve a room for three days beginning next Monday?
캐나이 뤼져버 룸 훠 쓰리데이즈 비기닝 넥쓰트 먼데이
来週の月曜日から三日間ですが お部屋は予約できますか。
라이슈노게쯔요비까라밋까깐데스가오헤야와요야꾸데끼마스까

■ 예약을 취소하겠습니다.

Cancel my reservation, please.
캔썰 마이 뤼져베이션 플리즈
予約をキャンセルします。
요야꾸오 칸세루 시마스

一泊(いっぱく)

일박

〉〉〉 체크인

■ 예약하셨습니까?

Do you have a reservation?
두유 해버 뢰져베이션
予約はなさいましたか。
요야꾸와 나사이마시따까

■ 예, 했습니다.

Yes, I have a reservation.
예쓰 아이 해버 뢰져베이션
はい、しました。
하이 시마시따

■ 어느 분 앞으로 예약되어있습니까?

What name is it under?
왓 네임 이짓 언더
どの方のお名前で予約されてますか。
도노 가따노 오나마에데 요야꾸 사레떼마스까

■ 제 이름으로 예약했습니다.

I made reservations under my name.
아이 메이드 뢰져베이션즈 언더 마이 네임
私の名前で予約しました。
와따시노 나마에데 요야꾸 시마시따

■ 예약을 확인하고 싶습니다.

I'd like to confirm my reservation.
아이드 라익투 컨휨 마이 뢰져베이션
予約を確認したいです。
요야꾸오 카끄닝 시따이데스

003 숙박

■ 체크인 하고 싶습니다.

I'd like to check in.
아이드 라익투 첵킨
チェックインをしたいです。
쳇크인오 시따이데스

■ 체크인은 어디서 합니까?

Where can I resister?
웨어 캐나이 뤼지스터
チェックインはどこでしますか。
쳇크인와 도꼬데 시마스까

■ 숙박카드에 기입해주십시오.

Fill in the registration card, please.
휠 인더 뢰지스트뢰이션 카드 플리
宿泊カードに記入をお願いします。
슈꾸하꾸 카-도니 키뉴-오 오네가이시마스

〉〉〉 룸서비스

■ 룸서비스를 부탁합니다.

Room service, please.
룸 써비쓰 플리즈
ルームサービスをお願いします。
루-무 사-비스오 오네가이 시마스

■ 룸 써비스 입니다. 무엇을 도와 드릴까요?

Room service. Can I help you?
룸 써비쓰 캐나이 헬퓨
ルームサービスでございます。どうぞ
루-무 사-비스데 고자이마스 도우죠

룸 써비스

숙박비 : Hotel bill
방청소/세탁 : housekeeping
봉사료 : service charge

■ 모닝콜을 부탁해요.

I'd like a morning call, please.
아이드 라이커 모닝 콜 플리즈
モーニングコールをお願いします。
모-닝그 코-루오 오네가이시마스

■ 아침 6시에 깨워주세요.

Wake me up at 6 in the morning, please.
웨익 미업 앳 씩쓰인더 모닝 플리즈
朝の6時に起こしてください。
아사노 로꾸지니 오꼬시떼 쿠다사이

起こす(おこす)
깨우다.

■ 귀중품 좀 맡아주십시오.

Take my valuables, please.
테익 마이 밸류어블 플리즈
貴重品を預かっていただけませんか。
기쵸-힝오 아즈깟떼 이따다케마셍까

귀중품에 관한 용어
귀중품 : valuables
보관소 : safety box

■ 열쇠 좀 맡아주십시오.

Keep my key, please.
킵 마이 키 플리즈
カギを預かっていただけますか。
카기오 아즈깟떼 이따다케마스까

■ 여행자 수표를 현금으로 바꿔주시겠어요?

Could you exchange this traveler's check into cash?
쿠쥬 익스췌인쥐 디스 트래블러스 첵킨투 캐쉬
トラベラーズチェックを現金に換えてもらえますか。
토라베라-즈 첵크오 겡킹니 카에떼 모라데마스까

■ 세탁 서비스 됩니까?

Is laundary service available?
이즈 런드뤼 써비쓰 어베일러블
ドライクリーニングサービスはできますか。
도라이크리-닝그 사-비스와 데끼마스까

- **세탁을 부탁합니다.**

  Laundry Service, please.
  런드뤼 써비쓰 플리즈
  クリーニングをお願いします。
  크리-닝그오 오네가이시마스

- **아침 식사 주문할 수 있나요?**

  Can I order breakfast?
  캐나이 오더 브랙훠스트
  朝食は注文できますか。
  쵸-쇼꾸와 츄-몽 데끼마스까

- **카지노에 어떤 갬블이 있나요?**

  What kind of gambling are there in casino?
  왓 카인더브 갬블링 아데어 인 카지노
  カジノにどんなギャンブルがありますか。
  카지노니 돈나 걈브루가 아리마스까

- **짐을 들어주실 분 좀 불러주세요.**

  Please get me a porter.
  플리즈 겟미어 포터
  ポーターを呼んでください。
  포-타-오 욘데 쿠다사이

ポーター
짐 들어주는 사람

〉〉〉 엘리베이터

- **올라갑니까? 내려갑니까?**

  Up or Down?
  업 오 다운
  上がりますか 下がりますか。
  아가리마스까 사가리마스까

■ 내려갑니다.

Down, please.
다운 플리즈
下がります。
사가리마스

■ 올라갑니다.

Going up, please.
고잉 업 플리즈
上がります。
아가리마스

■ 기다려주십시오.

Hold it, please!
홀딧 플리즈
ちょっと待ってください！
좃또 맛떼 쿠다사이

■ 먼저 타십시오.

After you, Miss.
앱터 유 미쓰
先に乗ってください。
사끼니 놋떼 쿠다사이

■ 왼쪽 엘레베이터를 터고 9층에서 내리세요.

Take the elevator on the left and get off on the 9th floor.
테익 디 엘리베이러 언더 렙탠 게러프 언더 나인홀로어
左側のエレベーターに乗って9階で降りてください。
히다리가와노 에레베타니 놋떼 큐까이에 오리떼 쿠다사이

■ 몇 층입니까?

Which floor?
위치 훌로어
何階ですか？
난까이 데스까

엘레베이터

탈 때 : get in
타고 오를 때 : get on

■ 15층 좀 눌러주세요.

Would you push the fifteenth floor for me, please?
우쥬 푸쉬더 휘프틴쓰 홀로어 훠미 플리즈
15階を押してください。
쥬-고까이오 오시떼 쿠다사이

■ 2층에서는 엘리베이터가 서질 않습니다.

The elevator doesn't stop on the second floor.
디 엘리베이러 더즌 스탑 언더 쎄컨 홀로어
2階にはエレベーターが止まりません。
니까니니와 에레베-타-가 토마리마셍

■ 여기서 내립니다.

This is my floor.
디스 이즈 마이 홀로어
ここで降ります。
코꼬데 오리마스

■ 엘리베이터가 수리중입니다.

The elevator is being repaired.
디 엘리베이더 이즈 빙 뤼페어드
エレベーターが修理中です。
에레베-타-가 슈-리츄- 데스

〉〉〉 문제

■ 문이 잠겨 들어갈 수가 없습니다.

I locked myself out.
아이 락트 마이쎌프 아웃
ドアが閉まっていて入れません。
도아가 시맛떼이떼 하이레마셍

방에 열쇠를 둔 채 문을 잠갔습니다.

I locked the romm with the key inside.
아이락트 더 룸 위더 키 인싸이드
部屋にカギを置いたままドアを閉めました。
헤야니 카기오 오이따마마 도아오 시메마시따

마스터키를 부탁합니다.

The master key, please.
더 매스터 키 플리즈
マスターキーをお願いします。
마스타-키-오 오네가이시마스

방에 청소가 아직 안되었습니다.

My room is not cleaned yet.
마이 룸 이즈 낫 클린드 옛
部屋はまだ掃除されてません。
헤야와 마다 소-지 사레떼마셍

〉〉〉 체크아웃

체크아웃 하겠습니다.

Check out, please.
체카웃 플리즈
チェックアウトします。
첵크아우또 시마스

포터를 부탁합니다.

A porter, please.
어 포터 플리즈
ポーターをお願いします。
포-타-오 오네가이시마스

■ 현금으로 하시겠어요, 카드로 하시겠어요?

Will this be cash or credit card?
윌 디스 비 캐쉬 오 크레딧 카드

現金になさいますか、それともカードになさいますか。
겡낑니 나사이마스까 소레토모 카-도니 나사이마스까

> **それとも**
> 아니면, 그렇지 않으면

■ 카드로 하겠습니다.

I'm paying with a credit card.
아임 페잉 위더 크레딧 카드

カードにします。
카-도니 시마스

■ BC카드 됩니까?

Is BC card, all right?
이즈 비씨 카드 어롸잇

Bcカードも使えますか。
비씨카-도모 쯔까에마스까

> **パーソナル・チェック**

■ 비자와 마스터 카드 둘 다 취급합니다.

We take both Visa and Master Card.
위 테익 보쓰 비자 앤 매스터 카드

ビザとマスターカード両方取り扱います。
비자또 마스타-카-도 료-호우 토리아쯔까이마스

■ 여기 사인하세요.

Sign here, please.
싸인 히어 플리즈

こちらにサインお願いします。
고찌라니 사인 오네가이시마스

■ 개인 수표 받습니까?

Do you take personal checks?
두유 테익 퍼스널 첵스

パーソナル・チェックも使えますか。
파-소나루 첵크모 쯔까에마스까

■ 영수증을 주세요.

I want a receipt, please.
아이 원어 뤼씨트 플리즈
領収証**を**ください。
료-슈-쇼오 쿠다사이

■ 열쇠를 주시겠습니까?

May I have the key?
메아이 햅 더 키
カギをいただけますか。
카기오 이따다케마스까

■ (덕분에) 잘 지내다 갑니다.

Thank you. I enjoyed my stay.
땡큐 아이 인죠이드 마이 스테이
おかげさまで゛ゆっくり休みました。
오카게사마데 윳꾸리 야스미마시따

■ 하루일찍 나가고 싶습니다.

I want to leave a day early.
아이 원투 리브 어데이 얼리
一日早く出たいです。
이찌니찌 하야꾸 데따이데스

003 숙박

Part 10 비지니스
Business
ビジネス

001. 접대	002. 업무	003. 상담/계약
약속	컴퓨터/팩스/복사	제품설명
접수처	회의	가격협상
상호인사		계약체결
회사안내		배상청구
		신용장

001 접대

〉〉〉 약속

■ 지금 시간 있으세요?

Are you free now?
아유 후리 나우
今´時間ありますか。
이마 지깐 아리마스까

■ 잠시 시간 좀 내주시겠어요?

Do you have a minute?
두유 해버 미닛
すこしお時間いただけますか。
스꼬시 오지깐 이따다케마스까

■ 한 번 만날까요?

Do you want to get together?
두유 원투 겟 투게더
一回会いましょうか。
잇까이 아이마쇼-까

■ 잠깐 만날 수 있을까요?

Can I see you for a moment?
캐나이 씨 유 훠러 모먼
ちょっと会えますか。
좃또 아에마스까

■ 언제 한 번 만납시다.

Let's get together some time.
렛쯔 겟 투게더 썸 타임
そのうち一度お会いしましょう。
소노우찌 이찌도 아이마쇼-

そのうち

일간, 머지않아, 가까운 시일 안에

■ 아무때나 좋습니다.

You are welcome at any time.
유아 웰컴 앳 애니타임
いつでもいいです。
이쯔데모 이이데스

■ 아무 때나 좋으실대로요.

Anytime you want.
애니타임 유 원
いつでも'お好きな時間に。
이쯔데모 오스키나 지깐니

■ 편리하신 때

At your convenience.
앳 유어 컨비니언스
便利な時に
벤리나 도끼니

■ 6시 이후에 시간이 있습니다.

I'll be free after 6.
아일 비 후리 앱터 씩스
6時以降に時間があります。
로꾸지 이꼬-니 지깐가 아리마스

■ 오후 6시 이후라면 언제든지 좋습니다.

Any time after 6 in the afternoon.
애니타임 앱터 씩스 인디 앱터눈
午後6時以降ならいつでもいいです。
고고 로꾸지 이꼬- 나라 이쯔데모 이이데스

■ 특별한 계획은 없습니다.

I don't have a special plan.
아이 돈 해버 스페셜 플랜
特に計画はありません。
토끄니 케-까꾸와 아리마셍

545

PART10 비지니스

■ 오늘 약속이 꽉 찼는데요.

I'm tied up today.
아임 타이덥 투데이
今日は約束がいっぱいですが。
쿄-와 야꾸소꾸가 잇빠이데스가

■ 점심 약속이 있습니다.

I have a lunch date.
아이 해버 런치 데잇
お昼の約束があります。
오히루노 야꾸소꾸가 아리마스

■ 정오에 점심 약속이 있습니다.

I have a lunch date at noon.
아이 해버 런치 데잇 앳 눈
昼間にお昼の約束があります。
히루마니 오히루노 야꾸소꾸가 아리마스

■ 미안하지만, 오늘 스케줄이 꽉 차있습니다.

I'm sorry, I have a full schedule today.
아임쏘뤼 아이 해버 훌 스케쥴 투데이
すみませんが 今日はスケジュールがいっぱいです。
스미마셍가 쿄-와 스케쥬-루가 잇빠이데스

■ 다른 약속이 있습니다.

I have an another appointment.
아이 해번 어나더 어포인먼트
他の約束があります。
호까노 야꾸소꾸가 아리마스

■ 미안하지만, 안되겠어요.

I'm sorry but I can't
아임쏘뤼 벗 아이 캔
すみませんが 困ります。
스미마셍가 코마리마스

시간/장소에 관한 약속

make an appointment

■ 몇 시 쯤에 시간이 나죠?

What time will you be available?
왓 타임 윌유 비 어베일러블
何時ごろ時間がありますか。
난지고로 지깐가 아리마스까

■ 6시 이후에나 시간이 납니다.

I'm not free until after 6.
아임 낫 후리 언틸 앱터 씩스
6時以降なら時間があります。
로꾸지 이꼬-나라 지깐가 아리마스

■ 1시는 괜찮을까요?

Is one o'clock okay for you?
이즈 원 어 클락 오케이 훠유
1時は大丈夫ですか。
이찌지와 다이죠-부 데스까

■ 제가 가도 될까요?

May I come over?
메아이 컴 오버
私が行ってもいいですか。
와따시가 잇떼모 이이데스까

■ 몇 시에 들르면 제일 좋을까요?

What's the best time to drop in?
왓쯔 더 베스트 타임 투 드랍 인
何時に寄ったら一番いいでしょうか。
난지니 옷따라 이찌방 이이데쇼-까

■ 언제 어디서 만날까요?

When and where shall we meet?
웬 앤 웨어 쉘위 밋
いつ どこで会いましょうか。
이쯔 도꼬데 아이마쇼-까

PART10 비지니스

■ 당신이 장소를 정하세요.

You pick the place.
유 픽더 플레이쓰
あなたが場所を決めてください。
아나따가 바쇼오 키메떼 쿠다사이

■ 기다리고 있겠습니다.

I'll be expecting you.
아일 비 익쓰펙팅 유
お待ちしております。
오마찌시떼 오리마스

■ 약속을 어겨 미안합니다.

I'm sorry I broke my appointment with you.
아임쏘뤼 아이 브로크 마이 어포인먼트 위듀
約束を破って申し訳ございません。
야꾸소꾸와 야붓떼 모우시와케 고자이마셍

約束を破る
약속을 깨다. 어기다.

■ 깜빡했어요.

It slipped my mind.
잇 슬립트 마이 마인드
うっかりしました。
웃까리 시마시따

■ 내일 약속이 있나요?

Do you have any appointment tomorrow?
두유 햅 애니 어포인먼 투머로우
明日、約束がありますか。
아시따 야꾸소꾸가 아리마스까

■ 그럼 다음에 하죠.

Let's make it some other time, then.
렛쯔 메이킷 썸 아더 타임 덴
それじゃ(=それでは)、今度にしましょう。
소레쟈(소레데와) 콘도니 시마쇼-

- **약속을 변경합시다.**

    Let's change our appointment.
    렛쯔 췌인지 아워 어포인먼트
    約束を変更しましょう。
    야꾸소꾸오 헹꼬-시마쇼-

- **급한 일이 생겼어요.**

    Something urgent came up.
    썸씽 어전트 케임 업
    急用ができました。
    큐-요-가 데끼마시따

急用(きゅうよう)

급한 용무, 급한 일

〉〉〉 접수처

- **어떻게 오셨습니까?**

    What can I do for you?
    왓 캐나이 두 훠유
    どのようなご用ですか。
    도노 요우나 고요-데스까

- **마케팅 담당자를 뵐 수 있을까요?**

    May I see the person in charge of marketing.
    메아이 씨더 퍼쏜 인 촤지 어브 마케팅
    マーケティングの担当者にお会いできますか。
    마-케팅그노 단또-샤니 오아이 데끼마스까

- **성함이 어떻게 되십니까?**

    May I have your name?
    메아이 햅 유어 네임
    お名前を伺ってもよろしいですか。
    오나마에오 우까갓떼모 요로시이데스까

PART10 비지니스

■ 약속이 있었습니까? (약속은 하셨습니까?)

Did you have an appointment?
디쥬 햅언 어포인먼트
ご**約束**はなさいましたか。
고야꾸소꾸와 나사이마시따까

■ 잠깐만요.

One moment, sir.
원 모먼 써
少々お待ちください。
쇼-쇼- 오마찌 쿠다사이

■ 따라 오세요.

Please come with me.
플리즈 컴 윗미
こちらへどうぞ。
고찌라에 도우죠

■ 앉으십시오.

Have a seat, please.
해버 씻 플리즈
お掛けになってください。
오카케니 낫떼 쿠다사이

■ 곧 오실 거예요.

He will be here in a minute.
히윌비 히어 인어 미닛
すぐ戻ってくると思います。
스그 모돗떼 쿠루또 오모이마스

■ 지금 회의 중이십니다.

He's in a meeting.
히즈 인어 미링
ただ今、会議中でございます。
타다이마 카이기쮸-데 고자이마스

- 죄송합니다만, 지금 손님을 만나고 계십니다.

    I'm sorry but he has a visitor now.
    아임쏘뤼 벗 히 해저 비지터 나우
    すみませんが、来客中でございます。
    스미마셍가 라이캬꾸츄- 데 고자이마스

- 시간이 있는지 알아볼게요.

    Let me see if he is free.
    렛미 씨 이프 히 이즈 후리
    時間があるか**確認**してみます。
    지깐가 아루까 카끄닝 시떼 미마스

- 사장님이 기다리십니다.

    My boss is expecting you.
    마이 보씨즈 익쓰펙팅유
    社長がお**待**ちしております。
    샤쵸-가 오마찌시떼 오리마스

- 안으로 들어오세요.

    Step inside, please.
    스텝 인싸이드 플리즈
    中のほうにお**入**りください。
    나까노 호우니 오하이리 쿠다사이

来客中

내객 중, 방문객이 있음

>>> 상호인사

- 어서오세요.

    Welcome!
    웰컴
    いらっしゃいませ。
    이랏샤이마세

PART10 비지니스

■ 만나서 반갑습니다.

Good to see you.
굿 투 씨유
お会いできて嬉しいです。
오아이데끼떼 우레시이데스

■ 처음 뵙겠습니다, 미스터 정

How do you do, Mr. Jung?
하우 두유두 미스터 정
はじめまして、ジョンさん
하지메마시떼 정상

■ 기다리고 있었습니다.

I was expecting you.
아이워즈 익쓰펙팅 유
お待ちしておりました。
오마찌시떼 오리마시따

■ 이건 제 명함입니다.

Here is my business card.
히어 이즈 마이 비즈니쓰 카드
これは私の名刺です。
고레가 와따시노 메―시 데스

■ 오시는 데 힘들지는 않았습니까?

Did you have any trouble coming here?
디쥬 햅 애니 츄러블 커밍 히어
こちらまで大変だったのではないでしょうか。
고찌라마데 타이헹 닷따노데와 나이데쇼―까

■ 찾아주셔서 감사합니다.

Thank you for visiting our company.
땡큐 훠 비지팅 아우 컴퍼니
お越しくださいましてありがとうございます。
오코시 쿠다사이마시떼 아리가또우고자이마스

■ 이 번호로 연락하면 됩니까?

Can I reach you at this number?
캐나이 리치유 앳 디스 넘버
この番号に連絡したらいいですか。
고노 방고-니 렌라꾸 시따라 이이데스까

>>> 회사안내

■ 제가 안내해 드리겠습니다.

May I show you the way?
메아이 쇼 유 더 웨이
私がご案内いたします。
와따시가 고안나이 이따시마스

■ 이리 오십시오.

This way, please.
디스 웨이 플리즈
こちらへどうぞ。
고찌라에 도우죠

■ 제가 회의실로 모시겠습니다.

Let me take you to the board room.
렛미 테이큐 투더 보드룸
私が会議室までご案内いたします。
와따시가 카이기시쯔마데 고안나이 이따시마스

■ 화장실은 엘레베이터 옆에 있습니다.

The rest room is next to the elevator.
더 뤼스트룸 이즈 넥쓰투더 엘리베이러
トイレ(お手洗い)はエレベーターの横にあります。
토이레(오테아라이)와 에레베-타-노 요꼬니 아리마스

■ 여기가 저희 본사입니다.

This is the main office.
디스 이즈 더 메인 오휘쓰
ここが**本社**です。
고꼬가 혼샤데스

■ 무역부는 오른쪽에 있습니다.

The trading department is on the right.
더 트레이딩 디파르먼트 이즈언더 롸잇
貿易部は**右側**にあります。
보-에끼부와 미기가와니 아리마스

■ 공장을 안내해드리겠습니다.

I'll show you around the factory.
아일 쇼 유 어롸운더 홱토리
工場をご**案内**いたします。
코-죠-오 고안나이 이따시마스

■ 이 회사는 1965년에 창립되었습니다.

This company was established in 1965.
디스 컴퍼니 워즈 이스태블리쉬트 인 나인틴 씩스티 화이브
この会社は1965年に創立されました。
고노 카이샤와 셍큐-햐꾸 로꾸쥬- 고넨니 소-리쯔 사레마시따

■ 우리 회사는 전 세계에 20개의 판매대리점을 갖고 있습니다.

We have twenty sales agencies all over the world.
위 햅 트웨니 쎄일즈 에이젼츠 얼 오버더 월드
弊社は全世界に20カ所の販売代理店を持っています。
헤이샤와 젠세까이니 니쥬까쇼노 한바이다이리텐오 못떼 이마스

■ 우리 회사는 전국에 50개가 넘는 지사를 가지고 있습니다.

We have over 50 branch offices throughout the country.
위 햅 오버 휘후트 브랜취 오휘쓰 쓰루아웃 더 칸츄리
弊社は全国に50カ所を超える支社を持っています。
헤이샤와 젠꼬꾸니 고 까쇼오 코에떼 시샤오 못떼 이마스

弊社(へいしゃ)

폐사 (자기 회사에 대한 겸사말)

- 이곳은 회의실입니다.

    This is the meeting room.
    디스 이즈더 미링 룸
    ここは会議室です。
    고꼬와 카이기시쯔 데스

002 업무

>>> 컴퓨터/팩스/복사

■ 컴퓨터를 사용할 수 있습니까?

Do you know how to use a computer?
두유 노 하우 투 유저 컴퓨러
パソコンは使えますか。
파소콩와 쯔까에마스까

■ 컴퓨터를 사용하지 못합니다.

I do not use a computer.
아이 두 낫 유저 컴퓨러
パソコンはあまり使えません。
파소콩와 아마리 쯔까에메셍

■ 저는 컴맹입니다.

I'm a computer illiterate.
아임어 컴퓨러 일리러레잇
私はパソコンが全然使えません。
와따시와 파소콩가 젠젠 쯔까에마셍

Illiterate

문맹

■ 그것을 이메일로 보내주시겠어요?

Could you e - mail it?
쿠쥬 이메일 잇
これを電子メールで送っていただけますか。
고레오 덴시 메-루데 오꿋떼 이따다케마스까

■ 인터넷에 어떻게 접속합니까?

How do I get on the internet?
하우 두아이 게런디 이너넷
インターネットにどう接続しますか。
인타-넷또니 도우 세쯔조꾸 시마스까

■ 이것을 컴퓨터에 입력하세요.

Please, enter this into the computer.
플리즈 엔터 디스 인투더 컴퓨터
これをパソコンに入力してください。
고레오 파소콘니 뉴-료고 시떼 쿠다사이

■ 인터넷 www.dream.com입니다.

It's the internet "www.dream.com".
잇쯔디 이너넷 더블류더블류더블류 포인트 디알에이엠 닷컴
インターネットwww.dream.comです。
인타-넷쪼 www.dream.com 데스

■ 파일 이름을 뭐라고 하셨습니까?

What did you name file?
왓 디쥬 네임 파일
ファイル名はなんと入れましたか。
파이루메-와 난또 이레마스까

■ 어느 디스크에 저장해두었습니까?

Which disk did you save it on?
위치 디스크 디쥬 쎄이브 이런
どのディスクに保存しておきましたか。
도노 디스크니 호존시떼 오키마시따까

■ 시스템이 바이러스에 걸렸습니다.

The system caught a virus.
더 시스템 커러 바이러쓰
システムがウイルスにかかりました。
시스테무가 위루스니 카카리마시따

■ 컴퓨터가 다운됐어요.

The computer crashed.
더 컴퓨러 크래쉬트
パソコンがダウンされました。
파소콩가 다운 사레마시따

■ 시스템 장애입니다.

It's system failure.
잇쯔어 씨스템 훼일류어
システムの障害です。
시스테무 쇼-가이 데스

■ 컴퓨터가 고장났습니다.

The computer doesn't work.
더 컴퓨러 더즌 웍
パソコンが壊れました。
파소콩가 코와레마시따

■ 어떤 종류의 컴퓨터를 가지고 있나요?

What type of computer do you have?
왓 타입 어브 컴퓨러 두유 햅
どんな種類のパソコンをお持ちですか。
돈나 슈루이노 파소콩오

■ 이것 좀 복사할 수 있어요?

Can I make a copy of it?
캐나이 메이커 카피럽 잇
これ, ちょっとコピーできますか。
고레 좃또 코피-데끼마스까

■ 서류를 팩스로 보내주시겠어요?

Could you fax your documents?
쿠쥬 홱쓰 유어 다큐먼츠
書類をファクスで送っていただけますか。
쇼루이오 팍즈데 오꿋떼 이따다케마스까

〉〉〉 회의

■ 회의가 언제 개최됩니까?

When will the meeting be held?
웬 윌더 미링 비 헬드
会議はいつ開催されますか。
카이기와 이쯔 카이사이 사레마스까

■ 회의는 내일로 예정되어 있습니다.

The meeting is scheduled for tomorrow.
더 미링 이즈 스케쥴드 훠 투머로우
会議の明日の予定です。
카이기와 아시따노 요테-데스

■ 우리는 매주 금요일에 회의가 있습니다.

We have a meeting every Friday.
위 해버 미링 에브리 후라이데이
私たちは毎週金曜日に会議があります。
와따시다찌와 마이슈- 킹요-비니 카이기가 아리마스

■ 누가 회의를 진행합니까?

Who runs the meeting?
후 런즈더 미링
だれが会議を進めますか。
다레가 카이기오 스스메마스까

■ 누가 회의를 주재합니까?

Who supervises the meeting?
후 쑤퍼봐이지즈더 미링
だれが会議を主催しますか。
다레가 카이기오 슈사이 시마스까

- 회의 의제는 뭡니까?

  What's the agenda for the meeting?
  왓쯔 더 어젠더 훠더 미링
  会議の議題は何ですか。
  카이기노 기다이와 난데스까

- 주목해주십시오.

  May I have your attention, please?
  메아이 햅 유어 어텐션 플리즈
  注目してください。
  츄-모꾸 시떼 쿠다사이

- 모두 오셨습니까?

  Is everybody here?
  이즈 에브리바디 히어
  みんな来てますか。
  민나 키떼마스까

- 본론으로 들어가겠습니다.

  Let's get down to business.
  렛쯔 겟다운 투 비즈니쓰
  本論に入ります。
  혼론니 하이리마스

- 다음 주제로 넘어가겠습니다.

  Let go on to the next subject.
  렛고 언 투더 넥쓰트 써브젝트
  次のテーマに移らせていただきます。
  쯔기노 테-마니 우쯔라사세떼 이따다끼마스

- 요점을 말씀드리겠습니다.

  I'll get to the point.
  아일 겟투더 포인
  要点を申し上げます。
  요-텐오 모우시아게마스

■ 찬성합니까, 반대합니까?

Are you in favor or against it.
아유인 훼이버 오 어겐스팃
賛成ですか´ 反対ですか。
산세이데스까 한따이데스까

■ 동의합니다.

I agree with you.
아이 어그리 위듀
同意します。
도-이 시마스

■ 재청합니다.

I second the motion.
아이 쎄컨더 모션
同じく動議します。
오나지꾸 도-기 시마스

■ 그 생각에 반대합니다.

I'm against the idea.
아이 어겐스트 디 아이디어
その考えに反対します。
소노 캉가에니 한따이 시마스

■ 표결에 붙이겠습니다.

Let's take a vote on it.
렛쯔 테이커 보우트 언잇
票決に付されます。
효-케쯔니 후사레마스

■ 찬성하는분, 손들어주세요.

Those in favor, raise your hands.
도우즈인 훼이버 뢰이즈 유어 핸즈
賛成する方´ 手を上げてください。
산세이 스루가따 테오 아게떼 쿠다사이

付す(ふす)

붙이다. 맡기다.

■ 반대하는 분 손들어주세요.

Those who object, raise your hands please.
도우즈 후 어브젝트 뢰이즈 유어 핸즈 플리즈
反対する方́ 手を上げてください。
한따이 스루가따 테오 아게떼 쿠다사이

■ 오늘회의는 이것으로 마치겠습니다.

Today's meeting is over now.
투데이즈 미링 이즈 오버 나우
今日の会議はこれで終らせていただきます。
쿄-노 카이기와 고레데 오와라세떼 이따다끼마스

■ 그 안건은 가결되었습니다.

The item is passed.
디 아이틈 이즈 패쓰드
その案件は可決されました。
소노 안껜와 가게쯔 사레마시따

■ 10분 휴식 후에 다시 시작하겠습니다.

We will resume after a 10 minute's break.
위 윌 리쥼 앺터 어 텐 미닛츠 브레이크
10分休憩の後にまた始めます。
쥬뿐 큐-케-노 아또니 마따 하지메마스

003 상담/계약

>>> 제품설명

■ 신제품을 보시겠어요?

Did you see our brand-new product?
디쥬 씨 아워 브랜뉴 프로덕트
新製品は見ましたか。
신세-힝와 미마시따까

■ 신문에서 귀사의 광고를 보았습니다.

I saw your advertisement in a newspaper.
아이 쏘 유어 애드버타이즈먼트 인어 뉴쓰페이퍼
新聞で**貴社**の**広告**をみました。
신분데 키샤노 코-꼬꾸오 미마시따

■ 신제품에 관한 일로 전화를 걸었습니다.

I'm calling about your new product.
아임 콜링 어바유츄어 뉴프로덕트
新製品に**関**することでお**電話**致しました。
신세-힝니 칸스루 고또데 오뎅와 이따시마시따

■ 카탈로그를 보내줄 수 있습니까?

Would you please send me your catalogue?
우쥬 플리즈 쎈드미 유어 카탈로그
カタログを**送**っていただけますか。
카타로그오 오꿋떼 이따다케마스까

■ 이것이 마음에 드실 것입니다.

I think you will like this.
아이 씽크 유윌 라익 디스
これがお**気**に**入**られると**思**います。
고레가 오키니 이라레루또 오모이마스

気(き)に入(い)る

마음에 들다.

■ 이 제품을 권하고 싶습니다.

I would like to recommend this product.
아이 우드 라익투 뢰커멘 디스 프로덕트
この製品をお勧めしたいです。
고노 세-힝오 오스스메 시따이데스

■ 견본을 볼 수 있을까요?

Can I see some samples?
캐나이 씨 썸 쌤플즈
見本(サンプル)を見せていただけますか。
미홍(산프루)오 미세떼 이따다케마스까

■ 하자가 있으면 교환해드립니다.

If our products are defective, we will replace them.
이프 아우 프로덕츠아 디휍티브 위월 뤼플레이쓰뎀
欠点があれば交換させていただきます。
켓뗌가 아레바 코-깐 사세떼 이따다키마스

■ 보증기간은 얼마입니까?

How long is the warranty?
하우롱 이즈디 워런티
保証期間はどれくらいですが。
호쇼-키깐와 도레그라이 데스까

■ 일년간 보증해드립니다.

It's guaranteed for one year.
잇쯔 게런티 훠 원 이어
一年間保障いたします。
이찌넹깐 호쇼- 이따시마스

■ 보증기간 동안에는 무상으로 수리해드립니다.

All repairs are free within the warranty period.
얼 뤼페어즈 아 후리 위딘 더 워런티 피리어드
保証期間中には無償で修理をさせていただきます。
호쇼-키깐츄-니와 무쇼-데 슈-리오 사세떼 이따다키마스

003 상담/계약

- 저희 제품은 단연 최고입니다.

  Our product can't be beaten.
  아워 프로덕트 캔 비 비튼
  私たちの製品が断じて最高です。
  와따시다찌노 세-힝가 단지떼 사이꼬-데스

断じて(だんじて)

단연, 기필코

- 품질은 자신 있습니다.

  We are confident in quality.
  위아 컨휘던트인 퀄러티
  品質は自信があります。
  힝시쯔와 지신가 아리마스

〉〉〉 가격협상

- 지불 조건은 어떻게 되나요?

  What are the terms of payment?
  와라더 텀즈어브 페이먼트
  支払い条件はどうなりますか。
  시하라이 조-켄와 도우나리마스까

- 가격을 대충 말씀해보세요.

  Why don't you give me a ballpark figure?
  와이돈츄 깁미어 볼파크 휘겨
  価額をだいたいおっしゃってみてください。
  카가꾸오 다이따이 옷샷떼 미떼 쿠다사이

- 좀 깎아주시겠어요?

  Can you come down a little?
  캔유 컴 다운어 리를
  すこし値下げしてもらえますか。
  스꼬시 네사게 시떼 모라에마스까

■ 경쟁사들보다 더 쌉니다.

It's lower than our closest competitors.
잇쯔 로워 댄 아워 클로지스트 컴피티터스
競争他社より安いです。
쿄-소-타샤 요리 야스이데스

■ 가격은 협상 가능합니다.

Prices are negotiable.
프라이쓰 아 니고셔블
価額は**交渉**できます。
카가꾸와 코-쇼-데끼마스

■ 가격은 주문량에 달려있습니다.

The price depends on the size of the order.
더 프라이쓰 디펜즈 언더싸이저브 디 오더
価額は**注文量**によります。
카가꾸와 츄-몽료-니 요리마스

■ 대량구매를 하시면 10% 할인해 드립니다.

We can make 10% down on a volume purchase.
위 큰 매익 텐퍼쎈트 다운 언어 볼륨 퍼체이스
注文量が多ければ10%の**値引**きが可能です。
츄-몽료-가 오오케레바 뉴빠센또노 네비키가 카노-데스

약 10퍼센트

in the ballpark of 10%

〉〉〉 계약체결

■ 계약할까요?

Shall we make the contract?
쉘위 메익더 컨트랙트
契約しましょうか。
케-야쿠 시마쇼-까

■ 조금씩 양보하는 것이 어떻습니까?

Let's each take a step backward.
렛쯔 이취 테이커 스텝 백워드
少しずつ譲り合いましょうか。
스꼬시 즈쯔 유즈리아이마쇼-까

■ 계약서에 서명하세요.

Please sign this contract.
플리즈 싸인 디스 컨트랙트
契約書にご署名お願いします。
케-야쿠쇼니 고쇼메- 오네가이시마스

■ 저희 거래를 했습니다.

We got a deal.
위 가러 딜
取引をしました。
토리히끼오 시마시따

■ 저희와 거래해주셔서 감사합니다.

Thank you for you business.
땡큐 훠유 비즈니쓰
この度はお取引くださいまして ありがとうございました。
고노타비와 오토리히끼 쿠다사이마시떼 아리가또-고자이마시따

>>> 배상청구

■ 주문한 것을 못 받았습니다.

We didn't receive what we ordered.
위 디든 뤼씨브 왓위 오더드
注文した商品はまだ受け取っていません。
츄-몽시따 쇼-힝와 마다 우케톳떼 이마생

■ 화물이 세관에 계류 중입니다.

The shipment is stuck in customs.
더 쉽먼티즈 스턱인 커스텀스
貨物は税関で係留中です。
카모쯔와 제-칸데 케-류-츄- 데스

■ 확인해보겠습니다.

I'll check on it.
아일 체크 언 잇
確認してみます。
카끄닝 시떼 미마스

■ 불량은 어느 정도입니까?

How many defectives do we have?
하우매니 디풱티브즈 두위 햅
不良率はどのぐらいですか。
후료-리쯔와 도노그라이 데스까

Defective product

불량품

■ 30%정도입니다.

About thirty percent.
어바웃 써리 퍼쎈트
30%ぐらいです。
산쥬-파센토 그라이 데스

■ 받은 물건이 주문했던 것과 다릅니다.

What we received is different from what we ordered.
왓위 뤼씨브드 이즈 디풔런트 후럼 왓위 오더드
受け取った商品は注文した物と違います。
우케톳따 쇼-힝와 츄-몽시따 모노또 치가이마스

■ 클레임(배상청구)를 제기해주시면 보상하겠습니다.

If you submit a claim, we will compensate.
이퓨 썹미러 클레임 위윌 컴펜쎄잇
クレームを申し立てたら' 賠償致します。
크레-무오 모우시타떼따라 바이쇼- 이따시마스

〉〉〉 신용장

■ 지불조건은 어떻습니까?

What are your payment terms?
와라유어 패이먼 텀즈
支払い条件は何ですか。
시하라이 죠-켕와 난데스까

■ 오늘 신용장을 개설했습니다.

We opened a letter of credit today.
위 오픈 더 레러럽 크레딧 투데이
今日' 信用状を開設しました。
쿄오 신요-죠-오 카이세쯔 시마시따

■ 지불 날짜가 언제입니까?

When is the payment due?
웨니즈더 페이먼트 듀
支払日はいつですか。
시하라이비와 이쯔 데스까

■ 결재 마감일이 매월 15일입니다.

The deadline for settlement is the 15th of every month.
더 데드라인 훠 쎄를먼트 이즈더 휘프틴써브 에브리 먼쓰
決済の締切日は毎月15日です。
켓사이노 시메키리비와 마이쯔끼 쥬-고니찌 데스

■ 송장일자로부터 4주내에 지불해주십시오.

Pay within 4 weeks of the invoice date, please.
페이 위딘 훠 웍쓰어브 더 인보이쓰 데잇 플리즈
送り状の日付から4週以内に支払ってください。
오꾸리죠-노 히즈께까라 욘슈 이나이니 시하랏떼 쿠다사이

---

a letter of credit

신용장을 a letter of credit 또는 L/C라고 표현한다.

■ 지불 기한이 지났습니다.

Your account is overdue.
유어 어카운티즈 오버듀
支払い期限が過ぎました。
시하라이 키겡가 스기마시따

Part 11 공공기관
Public Institution
公共機関

001. 김공사
시크라잇
인민표범(공공사)

002. 은행
정기
대통
예금/종금

003. 주체사상
인민표범(우체국)
우정법통

004. 도시철
대이곤이(도시철)
대이/연남(ㄷ시)

005. 탐험
미림은 원직
계발

001 균공판사

>>> 일반표현1(근무시)

■ 담당부서를 가르쳐주시겠습니까?
Would you direct me to the right section?
担当部署を教えていただけますか。
탄토-부쇼오 오시에테 이타다케마스카

부서이름 관련 표현
경리부 : accounting department
기획부 : planning
마케팅부 : marketing
복지부 : welfare
비서실 : secretarial section
영업부 : sales
인사부 : personnel
총무부 : general affairs
홍보부 : public relations

■ 우선 신청부터 하셔야 합니다.
You have to apply for it first.
まず、申請をしなければなりません。
마즈 신세-오 시나케레바 나리마셍

■ 어느 분이 이 건을 담당하십니까?
Who am I supposed to see about this?
どの方がこれを担当しますか。
도노 카타가 코레오 탄토-시마스카

■ 번호를 뽑으시고 자리에 앉아서 기다리세요.
Please take a number and have a seat.
番号をもらって、お席でお待ちください。
방고-오 모랏테 오세키데 오마치쿠다사이

■ 호명할때까지 기다리세요.
Wait until your name is called.
お呼びになるまでお待ちください。
오요비니 나루마데 오마치쿠다사이

>>> 서류작성

■ 신청서를 먼저 작성하세요.
You should fill out the application first.
먼저 윌인 애플리케이션 해야
申請書をさきに作成してください。
신세-쇼오 사키니 사쿠세-시테 쿠다사이

■ 제가 작성해야 할 서류가 무엇입니까?
Which am I supposed to fill out?
위치 엠 아이 서포즈드 투 필 아웃
私が作成する書類は何ですか。
와타시가 사쿠세-스루 쇼루이와 난데스카

■ 서면으로 작성하셔야 합니다.
You have to put it down in writing.
유 해브 투 풋 잇 다운 인 라이팅
書面で作成しなければなりません。
쇼멘데 사쿠세-시나케레바 나리마센

■ 어디에 사인할까요?
Where do I sign?
웨어 두 아이 사인
どこに署名しますか。
도코니 쇼메-시마스카

Paperwork
서류작성

002 은행

>>> 환전

■ 어디서 환전할 수 있죠?
Where can I exchange for dollars?
달러로 어디서 환전하지요? 할 때에도
どこドルに両替できますか。
도꼬 도루니 료오가에데끼마스까

■ 이렇게 정리해드릴까요? 환전
How would you like your bills?
환전 후에 돈이 주의 유의
どう両替いたしましょうか。
도오 료오가에 이따시마쇼-까

両替(りょうがえ) 환전

■ 여행자수표를 현금으로 바꾸고 싶습니다.
I'd like to cash this traveler's check.
여행자 수표는 개서 다시 드려드립시오 체
トラベラーズチェックを現金に両替えたいです。
도라베라-즈 첵꾸오 겡낑니 료오가에따이데스

수표의 종류
여행자수표: traveler's check
가계수표: household check
개인수표: personal check
배서수표: bank check
보증수표: certified check

■ 이 한국 돈을 미국 달러로 바꾸고 싶습니다.
I want to change this Korean won into US dollar.
이이 한국 해외지 다는 과장된 월 이든 유에스 들리
この韓国ウォンを日本円に両替えたいです。
고노 캉꼬꾸 원오 니홍엔니 료오가에따이데스

■ 이것을 잔돈으로 바꿀 수 있나요?
Can you break this into small money?
잔돈 브라이크 다스 인투 스몰 머니
これを小銭に換えてもらえますか。
고레오 코제니니 카에떼 모라에마스까

小銭(こぜに) 잔돈

手形(てがた) 수표

>>> 대출

■ 대출계가 어디죠?
Where is the lending section?
貸(か)し出(だ)し係(がかり)は
どこですか。
貸付係はどこですか。
카시쯔께가카리와 도꼬데스까

■ 대출을 받고 싶습니다.
I want to take out a loan.
융자를 받고 싶은데요
貸付を受けたいです。
가시쯔께오 우께따이데스

■ 수표를 현금으로 바꾸고 싶습니다.
I want to cash these checks.
이이 수표 가져서 다스 해요
手形を現金に換えたいです。
테가따오 겡낑니 카에따이데스

■ 환율은 얼마나 됩니까?
What's the exchange rate?
환율 더 어느쩨이지 쥐이
為替レートはいくらですか。
가와세 레-또와 이꾸라 데스까

■ 수수료는 얼마입니까?
What rate of commission do you charge?
앳 레이터 오브 커미션 차지
手数料はいくらですか。
데스-료와 이꾸라 데스까

■ 대출 신청을 하고 싶습니다.
I'd like to apply for a loan.
아이드 라이크 투 어플라이 훠러 론
貸付の申請をしたいです。
가시츠케노 신세-오 시타이데스

■ 사업 대출을 받고 싶습니다.
I'd like to apply for a business loan.
아이드 라이크 투 어플라이 훠러 비지니스 론
ビジネスローンを受けたいです。
비지네스로-ㄴ오 우케타이데스

■ 융자를 상의하고 싶습니다.
I'd like to discuss a bank loan.
아이드 라이크 투 디스커스 어 뱅크 론
融資について相談したいです。
유-시니츠이테 소-단시타이데스

■ 왜 이 대출을 필요로 합니까?
Why do you need this loan.
와이 두 유 니드 디스 론
なぜ、このローンを受けたいと思ってますか。
나제, 코노 로-ㄴ오 우케타이토 오못테마스카

■ 저희는 장단기 모두 취급합니다.
We have both long and short term loans.
위 해브 보쓰 롱 앤 숏 텀 론즈
長短期の融資を取り扱っています。
쵸-탄키노 유-시오 토리아츠캇테이마스

■ 300달러 정도 선대금 받을 수 있습니까?
Can I get $300 in advance?
캔 아이 겟 쓰리헌드레드 달러 인 어드밴스
300ドルキャッシュサービスしてもらえますか。
산뱌쿠도루 캿슈사-비스 시테 모라에마스카

〉〉〉 예금/출금

■ 통장을 개설하고 싶습니다.
I'd like to open a savings account, please.
アイヅ ライクトゥ オウプンア セイビングズ アカウント プリーズ
口座を開設したいです。
コーザ-オ カイセツ シタイデス

■ 대출 받는 데 얼마나 걸리겠습니까?
How long will it take to get a loan.
하우롱 윌 잇 테이크 투 겟트 어 론
貸付を受けるのに何日かかりますか。
カシツケオ ウケルノニ ナンニチ カカリマスカ

■ 그건 때에 따라 달라요.
That all depends.
댓 올 디펜즈
それは時機によって違います。
ソレワ ジキニ ヨッテ チガイマス

■ 담보물이 있습니까?
Do you have any collateral?
두 유 해브 애니 콜레터럴
担保物はありますか。
タンポブツワ アリマスカ

■ 주택 융자를 받을 수 있습니까?
Can I get a housing loan?
캔아이 게러 하우징 론
住宅ローンを受けられますか。
ジューターク ローンオ ウケラレマスカ

PART 11 은행가기

■ 처음으로 은행에 예금을 하러 합니다.
I'd like to make my first bank deposit.
はじめて銀行で貯金をしようと思います。
하지메테 깅코-데 쵸킹오 시요-토 오모이마스

■ 당좌 예금 계좌를 개설하고 싶습니다.
I want to open a checking account.
当座預金の口座を開設したいです。
토-자요킹노 코-자오 카이세츠시타이데스

■ 어떤 예금을 원하십니까?
What type of account do you want?
どの預金がよろしいですか。
도노 요킹가 요로시이데스까

■ 일 년짜리 정기 예금입니다.
A one year-fixed deposit.
一年間の定期預金です。
이치넹캉노 테-키요킹데스

■ 그 기간 동안 인출할 수 없습니다.
You can't make a withdrawal during that period.
その期間中に(は)引き出せません。
소노 키캉츄-니와 히키다세마셍

■ 이자가 더 높겠죠.
It's a interest return will be higher.
利子がもっと高いでしょう。
리시가 못토 타카이데쇼-

580

응용회화 단어장
opening a joint bank account

■ 저축 예금 계좌입니다.
A saving account.
이 세이빙 어카운트
普通預金の口座です。
후쯔-요낑노 고-자데스

■ 비밀 번호를 만드시겠습니까?
Do you want to have personal code number?
두유 원트 투 해브 퍼스널 코드 넘버
秘密番号はお作りしますか。
히미쯔방고-오 오쯔꾸리시마스까

■ 이자율이 어떻게 됩니까?
What are the interest rates?
와트 아 더 인터레스트 레이츠
利子率はどうなりますか。
리시리쯔와 도-나리마스까

■ 예금하고 싶습니다.
I want to deposit money.
아이 원트 투 디파짓 머니
預金をしたいです。
요낑오 시따이데스

■ 입금을 하고 싶습니다.
I want to make a deposit.
아이 원트 투 메이크 어 디파짓
入金をしたいです。
뉴-낑오 시따이데스

■ 어느 계좌에 넣어드릴까요?
Into which account, sir?
인투 위치 어카운트 써
どの口座に入れましょうか。
도노 고-자니 이레마쇼-까

PART 11 은행 이용하기

■ 50달러를 인출하고 싶습니다.

I'd like to withdraw $50, please.
아이드 라이크 투 위드드뤄 췌테 달러즈 플리즈
50ドルを引き出したいです。
고쥬-도루오 히키다시따이데스

■ 맨 아래 이서를 해주십시오.

Please endorse the checks on the bottom line.
플리즈 인도올스 더 췌크 안더 바틈 롸인
下に署名をしてください。
시따니 쇼메-오 시떼 쿠다사이

■ 계좌를 해지하고 싶습니다.

I'd like to cancel my account.
아이드 라이크 투 캔쓸 마이 어카운트
口座を解約したいです。
코-자오 카이야쿠시따이데스

03 우체국

>>> 응답표현(우체국)

■ 여기서 소포 우편물을 취급합니까?
Do you handle parcel postage?
たく あつか
ここで小包郵便も取り扱いますか。
코코데 코즈츠미 유-빙 토리아츠카이마스카

■ 이 소포를 한국으로 보내고 싶습니다.
I'd like to have a package delivered to Korea.
かんこく おく
この小包を韓国に送りたいです。
코노 코즈츠미오 캉코쿠니 오쿠리타이데스

■ 소포에 무엇이 들어있습니까?
What does this parcel contain?
잣 다즈 디스 파슬 컨테인
なか なに はい
小包に何が入ってますか。
코즈츠미니 나니가 하잇떼마스카

■ 이 안에 무엇이 들어있습니까?
What's inside this package?
왓츠 인사이드 디스 패키지
なか なに はい
この中に何が入ってますか。
코노 나카니 나니가 하잇떼마스카

■ 깨지기 쉬운 것은 없습니까?
Are there any fragile contents?
아 데어 애니 후레질 컨텐츠
こわ
壊れるものはありますか。
코와레루모노와 아리마스카

PART 11 우편가기

■ 우편 요금은 얼마입니까?

How much is the postage?
하우 화슷 이즈 더 포스티지
郵便料金はいくらです か。
유-빙-료-낑와 이꾸라데스까

■ 우표를 사고 싶습니다.

I'd like some stamps.
아이드 라이크 썸 스탬프스
切手を買いたいです。
깃떼오 가이따이데스

切手(きっ て)
우표

■ 얼마나 걸릴 것 같습니까?

How long do you think it will take?
하우 롱 두 유 띵크 잇 윌 테이크
それくらいかかりそうですか。
소레쿠라이 카카리소-데스까

■ 얼마 만에 도착합니까? (언제나 빨리 도달하오?)

How fast will it get there?
하우 훼스트 윌 잇 데어
いつ着きますか。
이쯔 쯔끼마스까

■ 제게 온 우편물 있습니까?

Is there any mail for me?
이즈 데어 에니 메일 훠미
私の郵便物はありませ ん。
와따시노 유-빙부쯔와 아리마셍까

郵便(ゆう びん)
우편

584

우편업무

■ 이 편지를 등기로 부쳐주세요.
Please register this letter.
돋키라 핫시데스 도노 데가미오
この手紙を書留で送ってください。
코노 테가미오 카키토메데 오쿠테 쿠다사이

■ 이 글을 전보로 보내주세요.
Please send this massage by telegram.
돋키라 쎈 메시지 바이 텔리그램
この文を電報で送ってください。
코노 분오 덴포-데 오쿠테 쿠다사이

■ 항공우편으로 해주었으면 합니다.
Air mail, please.
에어 메일 플리즈
航空郵便にします。
코-쿠-유-빈니 시마스

■ 보통우편으로 보내주세요.
Please send it by regular mail.
플리즈 쎈드 잇 바이 레귤러 메일
普通郵便で送ってください。
후츠-유-빈데 오쿠테 쿠다사이

■ 속달이나 우선 우편으로 보내고 싶습니다.
I want to mail this by special mail or priority mail.
아이 원트 메일 디스 바이 스페셜 메일 오 프라이오리티 메일
速達か優先郵便で送りたいです。
소쿠타츠카 유-센유-빈데 오쿠리타이데스

PART 11 운송기관

■ 소개를 달아보겠습니다.
Let me weigh it.
헤테 와이 이
重さを計ってみます。
오모사오 하캇테 미마스

■ 배달 증명 우편과 등기 우편은 뭐가 다른가요?
What's the difference between certified mail and registered mail?
왓츠 더 디퍼런스 비트윈 서티파이드 메일 앤 레지스터드 메일
配達証明郵便と書留郵便はどうちがいますか。
하이타츠쇼-메-유-빈또 카키토메유-빈와 도-치가이마스까

받는 사람 주소 : mailing address
보내는 사람 주소 : return address

편지 봉투

>>> 대여방법(도서관)

■ 도서관 대출 서비스를 이용하고 싶습니다.
I want to use the lending service of the library.
図書館の貸し出しサービスを利用したいです。
토쇼깐노 카시다시 사-비스오 리요-시타이데스

■ 도서 카드가 있습니까?
Do you have a library card?
図書カードはありますか。
토쇼카-도와 아리마스까

■ 한 번에 몇 권 빌릴 수 있죠?
How many books can I borrow at once?
一度に何冊まで借りられますか。
이치도니 난사츠마데 카리라레마스까

■ 논 픽션 부분은 어디 있습니까?
Where is the nonfiction part?
非小説コーナーはどこにありますか。
히쇼-세츠 코-나-와 도코니 아리마스까

■ 사서에게 물어보세요.
Why don't you ask a reference librarian.
関連する司書さんに聞いてください。
칸렌스루 시쇼상니 키이테 쿠다사이

>>> 대여/반납(도서)

■ 이 책 빌릴 수 있어요?
Can I check this book out?
この本、借りられますか。
카노 홍 카리라레마스카

■ 이 책들을 대출하고 싶습니다.
I'd like to check these books out.
この本を貸出しです。
코노 홍오 카시다시 시타이데스

■ 사서(도서관원)은 어디 계신가요?
Where is the librarian?
司書さんはどちらにいらっしゃいますか。
시쇼상와 도치라니 이랏샤이마스카

■ 그녀는 목록을 확인하고 계십니다.
She is checking the card catalog.
カードリストを確認しています。
카-도 리스토오 카쿠닝 시테이마스

■ 대출 기간은 며칠인가요?
When is the due date?
貸し出し期間は何日ですか。
카시다시 키캉와 난니치데스카

도서 종류

소설 : novel
단편소설 : soft novel
대하소설 : saga
추리소설 : mystery novel
탐정소설 : detective stories
공상과학소설 :
science fiction
산문 : prose
시 : poem
수필 : essay

■ 이 책이 있는지 확인해 주세요.
Please check if this book is in.
この本があるか確認お願いします。
코노 홍가 아루카 카쿠닌 오네가이시마스

■ 저자의 이름을 말씀해주실래요?
Will you name the author?
著者の名前を言ってください。
쵸샤노 나마에오 읻테 쿠다사이마스

■ 책은 언제까지 반납해야 하나요?
When is the book due?
本はいつまでにご返却しなければなりません。
홍와 이쯔마데니 고헨캬쿠 시나케레바 나리마셍카

반납 返却（へんきゃく）

■ 30일이 만기일입니다.
It is due 3 day.
3日まで返却期限です。
산니치마데 헨캬쿠 키겐데스

■ 늦으면 벌금이 있나요?
Is there any fine for delay?
遅くなったら罰金があります。
오소쿠 낟타라 받킹가 아리마스카

004 도서관

005 당부의

⟩⟩⟩ 미란다 원칙

■ 용의자를 체포하러 왔습니다.
We are here to arrest a suspect.
容疑者を逮捕しに来ました。
요오기샤오 타이호시니 키마시따

■ 당신은 묵비권을 행사할 권리가 있습니다.
You have the right to remain silent.
あなたには黙秘権を行使する権利があります。
아나따니와 모꾸히껭오 코-시스루 켕리가 아리마스

■ 당신은 변호사를 고용할 수 있습니다.
You can hire a lawyer.
あなたは弁護士を選任することができます。
아나따와 벵고시오 센닝스루 코또가 데끼마스

■ 보석금은 2만 달러로 결정되었습니다.
Bail is set for $20,000
保釈金は2万ドルに決定されています。
호샤꾸킹와 니망도루니 켓떼-사레떼 이마스

■ 3일 후에 법정으로 출두하십시오.
You should appear in court in 3 days.
3日後に法廷に出頭します。
믹까고니 호-떼-니 슛또-시마스

>>> 재판

■ 모두 일어나 주십시오.
All rise!
皆さま お立ちください。
みなさま おたちください
모두 여러분 기립해 주십시오

■ 진술은 번복될 수 없습니다.
The statement shouldn't be overruled.
陳述はくつがえすことができません。
ちんじゅつは くつがえすことが できません
진술한 것은 뒤집거나 그르다 바꾸어지면

くつがえす
번복하다.

■ 이의 없습니까?
Any objections?
異議ありませんか。
いぎ ありませんか
이기 아리마셍까

■ 직접 심문하겠습니다.
We'll ask you direct questions.
直接尋問いたします。
ちょくせつ じんもん いたします
조쿠세츠 진몬 이따시마스

■ 반대신문 하겠습니다.
Make a cross examination.
反対尋問してください。
はんたい じんもん してください
한따이 진몬 시떼 쿠다사이

PART 11 법정증기법

■ 증인을 세우십시오.
Put your witness on.
꼭 유죄 판결나는 인
証人を立ててください。
しょうにんをたててください。

■ 증인, 나올 준비 되었습니까?
witness, are you ready to proceed now?
위트너스 아유 레디 투 프로씨드 나우
証人、出る準備はできていますか。
しょうにんでるじゅんびはできていますか。

■ 증인대에 서주십시오.
You may take the stand.
유 메이 테이크 더 스탠드
証人台に立ってください。
しょうにんだいにたってください。

■ 진실만을 증언할 것을 맹세하시겠습니까?
Do you swear to tell the truth and nothing but the truth?
두유 스웨어 투 텔 더 트루스 앤 나씽 벗 더 트루스
真実だけを証言することを誓いますか。
しんじつだけをしょうげんすることをちかいますか。

■ 선서하십시오.
Deposition, please!
디포지션 플리즈
宣誓してください。
せんせいしてください。

■ 내려오십시오.
Step down!
스텝 다운
下りてください。
おりてください。

592

■ 존경하는 재판장님 이의 있습니다.
Honorable judge, I object!
 재판장님 이의 있지
尊敬する裁判長、異議があります。
ソンケースルサイバンチョー、イギガアリマス

■ 유도 질문입니다.
Leading.
 신문
誘導尋問です。
ユードージンモン デス

■ 물음을 기각합니다.
Objection overruled.
 이의제기 안돼요
発議を棄却します。
ハツギオキキャクシマス

■ 인정합니다.
I agree.
 아이 어그리
認定します。
ニンテーシマス

■ 이에 대한 증거를 가지고 있습니까?
Do you have any evidence about this?
 두 유 해브 애니 에비던스 어바웃 디스
これに対する証拠を持っていますか。
コレニタイスル ショーコオ モッテイマスカ

■ 증거를 제출해주십시오.
Please produce the evidence.
 플리즈 프로듀스 디 에비던스
証拠を提出してください。
ショーコオ テーシュツシテクダサイ

■ 그것은 증거로 채택될 수 없습니다.
It can't be adopted as evidence.
それは証拠として採択されません。
소레와 쇼-꼬또시떼 사이따꾸사레마셍

■ 방청인의 퇴장을 명합니다.
I order the court to be cleared.
傍聴人の退廷を命じます。
보-쬬-닝노 타이떼-오 메이지마스

■ 그가 유죄라는 증거가 없습니다.
There is not evidence of his guilty.
彼が有罪である証拠はありません。
카레가 유-자이데아루 쇼-꼬와 아리마셍

■ 이것이 그의 허위 사실의 증거입니다.
This is evidence of false statement.
これが彼の虚偽の事実である証拠です。
코레가 카레노 쿄기노 지지쯔데아루 쇼-꼬데스

허위 진술 표현
허위: false testimony
위증죄: perjury

■ 증거인멸의 가능성은 없다고 생각합니다.
There is no possibility of destroying evidence.
証拠隠滅のする可能性はないと判断されます。
쇼-꼬 인메쯔노 스루카노-세-와 나이또 한단사레마스

■ 잠시 휴정하겠습니다.
Court will be adjourned.
조금 휴정 이겠다
しばらく休廷します。
시바라꾸 큐-떼이시마스

■ 곧 재판을 2일 연기하겠습니다.

This trial will be delayed for two days.
당신 트라이얼 윌 비 딜레이드 훠 투 데이즈
この裁判を二日延期いたします。
고노 사이반오 후츠카 엔키 이따시마스

■ 이것은 명백한 모욕입니다.

This is an outrage.
디스 이즈 언 아웃레이지
これは侮辱罪です。
고레와 부죠쿠자이데스

■ 당신을 법정 모욕죄로 기소합니다.

You are charged with contempt of court.
유아 차지드 윗 컨템트 오브 코트
あなたを法廷侮辱罪で起訴します。
아나따오 호테에-부죠쿠자이데 기소 시마스

■ 증거 불충분으로 본 재판을 기각하였습니다.

This trial is rejected due to the lack of evidence.
디스 트라이얼 이즈 리젝티드 듀 투 더 랙크 오브 에비던스
証拠の不十分でこの裁判は棄却されました。
쇼-코노 후쥬-붕데 고노 사이반와 기캬쿠 사레마시따

■ 무죄를 선고하는 바입니다.

Acquit him of the charge.
어퀴 힘 어브더 차지
無罪を言い渡すことです。
무자이오 이이와따스 고또데스

■ 유죄를 선고합니다.

Convicted of a crime.
컨빅티드 어브 어 크라임
有罪を宣告します。
유-자이오 센코쿠 시마스

■ 피고인에게 5년 이상의 징역형을 선고합니다.

The defendant is sentenced to five years in prison.
다 ピゴイヌル ベンテンスト トゥ ファイヴ イヤース イン プリズン
被告に5年以上の懲役刑を宣告します。
ヒコクニ ゴネンイジョウノ チョウエキケイヲ センコクシマス

■ 피고인에게 7년형을 선고합니다.

The defendant is sentenced to 7 years in prison.
다 디펜던트 이즈 센텐스트 투 쎄븐 이야즈 인 프리즌
被告に7年の刑を宣告します。
ヒコクニ ナナネンノ ケイヲ センコクシマス

Part 12 긴급 Emergency 緊急

001. 사진/사고	002. 제해	003. 인지질
사진 사고	설계 태동/총수/지지	인지질

001 사건/사고

>>> 사건

■ 이웃집에 강도가 들었어요.

A robber broke into my neighbor's.
이 사람 이웃집 안에 강도 도둑이 들어갔어요
となりの家に強盗が入りました。
토나리노 이에니 고-토-가 하이리마시따

■ 이웃집 자동차가 누군가에 의해 반달되었다.

My neighbor's car was broken by someone's vandalism.
이 사람 이웃집이 가 어떤 사람 파괴 범죄 반달에 의해 의해 의해 의해
となりの家の車が暴行で壊れた。
토나리노 이에노 쿠루마가 보-꼬-데 코와레따

■ 우리 아파트에 강도 사건이 있었습니다.

There was a robbery in my apartment.
우리 쓰지 빠르지 안에서 강도 사건이 있었습니다
うちのアパートで強盗事件がありました。
우찌노 아빠-또데 고-토-지껭가 아리마시따

■ 한 남자가 마약때문에 붙잡혔습니다.

A man was caught because of illegal drugs.
어 한 남자 가 잡 바사잡혔 있었어 때문에
ひとりの男性が麻薬で捕まりました。
히또리노 단세-가 마야꾸데 쯔까마리마시따

■ 어제 제 차를 도난당했습니다.

My car was stolen yesterday.
어제 에 저의 차 로 잡도당 에스터데이
昨日、私の車を盗まれました。
키노-, 와따시노 쿠루마오 누스마레마시따

■ 이웃마을에 노파가 살해되었습니다.
昨日の夜に老婆が殺害されました。
기노-노 요루-니 로-바가 사쯔가이사레마시따

■ 학교에서 집단 폭력이 종종 발생합니다.
Gang violence often happens in the school.
많은 아이들로부터 아픔 해결로 인다 소동
学校で集団暴力が発生します。
각꼬-데 슈-단 보-료꾸가 핫세이시마스

喧嘩(とっくみあい)
喧嘩

■ 우리 동네에 미성년 범죄가 늘고 있습니다.
The juvenile offense in my neighborhood is increasing.
더 쥬스나일 오펜스 인 마이 네이버후드 이즈 인크리싱
私の付近で犯罪が増加しています。
와따시노 후낀데 한자이가 조-까시떼 이마스

■ TV나 영화에 범죄사건이 너무 많습니다.
There are too many crimes on TV or movies.
데어 아 투 매니 크라임스 온 티비 오 무비스
TVと映画に犯罪事件が多すぎます。
테레비또 에이가니 한자이지껭가 오-스기마스

■ 요즘 절도 사건이 빈발합니다.
Theft cases often happens these days.
쎄프트 케이스 오픈 해픈스 디즈 데이즈
この頃は窃盗事件が頻繁に起きています。
코노고로와 셋또-지껭가 힌빤니 오끼떼 이마스

Habitual criminal
상습범

사고

■ 구급차를 불러주세요.
Please call an ambulance!
救急車を呼んでください!
큐-큐-샤오 욘데 쿠다사이

■ 친구가 의식을 잃고 쓰러졌어요.
My friend is unconscious!
友だちが気を失って倒れました。
토모다치가 키오 우시낫테 타오레마시타

친구(友) 友だち(ともだち) 아는 사람.

■ 심장마비예요!
A heart attack!
心臓麻痺です!
신조-마히 데스

■ 등에 칼을 찔렸어요.
He was stabbed in the back.
刃物で背中を刺されました。
하모노데 세나카오 사사레마시타

■ 차에 치였어요.
He was hit by a car.
車にひかれました。
쿠루마니 히카레마시타

001 사진/사고

確認(こうにん)

출처: 겐샤

■ 아기가 동전을 삼켰어요.
The baby swallowed a coin.
다 베이비 스왈로드 코인
赤ちゃんが硬貨を飲みました。
아카짱가 코-까오 노미마시따

■ 저를 병원에 데리고 좀 가실래요?
Could you take me to a hospital?
쿠쥬 테이큰 미 투 어 호스피틀
私を病院に連れて行ってくれますか。
와타시오 뵤-인니 쯔레떼 잇떼 쿠레마스까

002 화재

>>> 화재시

■ 불났다.
There's a fire!
だれか 助けて
火事だ！
가자다

■ 빨리 피해요!
Hurry get out!
빨리 가세요
早く 逃げろ！
휘양리 나가세요

■ 당장 그 건물에서 떠나세요!
Leave the building immediately.
지금 당장 빌딩에서
早く <その建物から出て＜ださい！
빨리 그건 건물에서 떠나 주세요

■ 소방서에 연락해!
Call the fire department!
불 난 곳으로 연락하다
消防署に連絡して！
소-보-쇼-니 렌라쿠시테

■ 소방서 전화가 어떻게 되나요?
What is the fire station[department] number?
당신의 불이 난 스테이션[디파트먼트] 번버
消防署の番号は何番ですか。
소-보-쇼-노 방고-와 난반데스카

>>> 태풍/홍수/화재

■ 태풍이 온다.

There's a typhoon coming.
태풍が来る。
타이후-가 구루

■ 차고에 불이 났어요!

My garage is on fire!
車庫に火事が起きました！
샤코니 카지가 오키마시타

■ 화재의 원인은 무엇입니까?

What caused the fire?
火災の原因は何ですか。
카사이노 겡인와 난데스카

■ 방화로 추정됩니다.

They suspect that the fire was incendiary
이 카사이와 욘다 호이아 낭도 인센디아이지
放火と推定されます。
호-카토 스이테이 사레마스

■ 불을 꺼라!

Put the fire out!
火を消せ！
히오 케세

■ 비가 계속 내리고 있다.
It just keeps raining.
이 자주 오고 있다
ずっと雨に降りつづる。
웃 아메니 후리츠즈쿠

■ 홍수가 났다!
It flooding!
잇츠 플러딩
洪水になった！
코-즈이니 낫따

■ 낙뢰가 친다!
Lighting is striking!
라이팅 이즈 스트라이킹
雷が落ちる！
카미나리가 오치루

■ 지진이 일어났다.
It's an earthquake.
잇츠 언 어쓰케이
地震が起きた。
지신가 오키따

■ 땅이 흔들리는군요.
It's shaking a lot.
잇츠 쉐이킹 얼랏
本当に揺れますね。
혼또-니 유레마스네

■ 치지, 해일을 조심하세요.
Watch out for the tidal waves.
와치 아웃 훠더 타이들 웨이브스
津波に気をつけてください。
쯔나미 키오 쯔께떼 쿠다사이

003 안전

>>> 안전사항

■ 밤에는 혼자 다니지 마세요.
　Do not go out alone at night.
　夜は一人で出ないでください。
　요루와 히토리데 데나이데 쿠다사이

■ 불이 켜진 곳으로만 다녀야 합니다.
　You should stay on well lit streets.
　電灯ともる所だけを通らなければなりません。
　덴토- 토모루 토코로 다케오 토오라나케레바 나리마셍

電灯(でんとう) 전등이 켜진

■ 우범 지역은 피하세요.
　Please avoid the crime area.
　犯罪地帯は立ち寄らないでください。
　한자이치타이와 타치요라나이데 쿠다사이

■ 혼자 있을 때는 문을 잠그세요.
　Lock the door when you are alone.
　一人でいる時にはドアを閉めてください。
　히토리데 이루 토키니와 도아오 시메테 쿠다사이

■ 지갑은 몸에 밀착해서 지니고 있어야 합니다.
　You have to hold your purse close to your body.
　財布は体に密着してつけなければなりません。
　사이후와 카라다니 밋챠쿠시테 츠케나케레바 나리마셍

財(さい)布(ふ) 지갑

■ 좀 마시고 운전하지 마세요.
Don't drink and drive.
돈 트힝크 앤 드라이브
お酒を飲んで運転しないでください。
오사케오 논데 운뗀시나이데 구다사이

■ 범죄 신고는 경찰에 하세요.
Report crimes to the police.
리포트 크라임즈 트 더 폴리스
犯罪の申告は警察にしてください。
항자이노 싱꼬꾸와 케-사쯔니 시떼 구다사이

가 ga 각 gak 간 gan 갈 gal 감 gam 갑 gap 갓 gat
강 gang 개 gae 객 gaek 거 geo 건 geon 걸 geol 검 geom
겁 geop 게 ge 겨 gyeo 격 gyeok 견 gyeon 결 gyeol
경 gyeong 계 gye 고 go 곡 gok
곤 gon 골 gol 곳 got 공 gong 곶 got 과 gwa 곽 gwak
관 gwan 괄 gwal 광 gwang 괘 gwae 괴 goe 굉 goeng
교 gyo 구 gu 국 guk 군 gun 굳 gut 굴 gul 궁 gung
권 gwon 궐 gwol 귀 gwi 규 gyu 균 gyun 귤 gyul 그 geu
극 geuk 근 geun 글 geul 금 geum 급 geup 긍 geung
기 gi 긴 gin 길 gil 김 gim 까 kka 깨 kkae 꼬 kko 꼭 kkok
꽃 kkot 꾀 kkoe 꾸 kku 꿈 kkum 끝 kkeut 끼 kki 나 na
낙 nak 난 nan 날 nal 남 nam 납 nap 낭 nang 내 nae
냉 naeng 너 neo 널 neol 네 ne 녀 nyeo 녁 nyeok
년 nyeon 념 nyeom 녕 nyeong 노 no 녹 nok 논 non
롱 nong 뇌 noe 누 nu 눈 nun 눌 nul 느 neu
늑 neuk 능 neung 늬 nui 니 ni 닉 nik 닌 nin 닐 nil
님 nim 다 da 단 dan 달 dal 담 dam 답 dap 당 dang
대 dae 댁 daek 더 deo 덕 deok 도 do 독 dok 돈 don
돌 dol 동 dong 돼 dwae 되 doe 된 doen 두 du 둑 duk
둔 dun 뒤 dwi 드 deu 득 deuk 들 deul 등 deung 디 di
따 tta 땅 ttang 때 ttae 또 tto 뚜 ttu 뚝 ttuk 뜨 tteu 띠 tti
라 ra 락 rak 란 ran 람 ram 랑 rang 래 rae 랭 raeng 량 ryang
러 reo 레 re 려 ryeo 력 ryeok 련 ryeon 렬 ryeol
렴 ryeom 렵 ryeop 령 ryeong 례 rye 로 ro 록 rok 론 ron
롱 rong 뢰 roe 료 ryo 룡 ryong 루 ru 룩 ruk 룬 ryun
률 ryul 륙 ryuk 륜 ryun 률 ryul 륭 ryung 르 reu 륵 reuk 른 reun 름 reum

::: 한글 음운 표기 :::

eung 르 reung 리 ri 린 rin 림 rim 립 rip 마 ma 막 mak 만 man
말 mal 망 mang 매 mae 맥 maek 맨 maen 맹 maeng
머 meo 먹 meok 메 me 며 myeo 멱 myeok 면 myeon
멸 myeol 명 myeong 모 mo 목 mok 몰 mol 못 mot
몽 mong 뫼 moe 묘 myo 무 mu 묵 muk 문 mun 물 mul
므 meu 미 mi 민 min 밀 mil 바 ba 박 bak 반 ban 발 bal
밥 bap 방 bang 배 bae 백 baek 뱀 baem 버 beo 번 beon
벌 beol 범 beom 법 beop 벼 byeo 벽 byeok 변 byeon
별 byeol 병 byeong 보 bo 복 bok 본 bon 봉 bong 부 bu
북 buk 분 bun 불 bul 붕 bung 비 bi 빈 bin 빌 bil 빔 bim
빙 bing 빠 ppa 빼 ppae 뻐 ppeo 뽀 ppo 뿌 ppu 쁜 ppeun
쁘 ppi 사 sa 삭 sak 산 san 살 sal 삼 sam 삽 sap 상 sang
새 sae 색 saek 생 saeng 서 seo 석 seok 선 seon
설 seol 섬 seom 섭 seop 성 seong 세 se 셔 syeo 소 so
속 sok 손 son 솔 sol 솟 sot 송 song 쇄 swae 쇠 soe
수 su 숙 suk 순 sun 술 sul 숨 sum 숭 sung 쉬 swi 슈 syu
슬 seul 슴 seum 습 seup 승 seung 시 si 식 sik 신 sin
실 sil 심 sim 십 sip 싱 sing 싸 ssa 쌍 ssang 쌔 ssae
쑤 sso 쑥 ssuk 씨 ssi 아 a 악 ak 안 an 알 al 암 am 압 ap
앙 ang 앞 ap 애 ae 액 aek 앵 aeng 야 ya 약 yak 얀 yan
양 yang 어 eo 억 eok 언 eon 얼 eol 엄 eom 업 eop 에 e
여 yeo 역 yeok 연 yeon 열 yeol 염 yeom 엽 yeop
영 yeong 예 ye 오 o 옥 ok 온 on 올 ol 옴 om 옹 ong
와 wa 완 wan 왈 wal 왕 wang 왜 wae 외 oe 왼 oen
요 yo 욕 yok 용 yong 우 u 욱 uk 운 un 울 ul 움 um
웅 ung 워 wo 원 won 월 wol 위 wi 유 yu 육 yuk 윤 yun
율 yul 융 yung 은 eun 을 eul 음 eum 응 eung 의 ui
이 i 익 ik 인 in 일 il 임 im 입 ip 잉 ing 자 ja
작 jak 잔 jan 잠 jam 잡 jap 장 jang 재 jae 쟁 jaeng 저 jeo
적 jeok 전 jeon 절 jeol 점 jeom 접 jeop 정 jeong 제 je
조 jo 족 jok 존 jon 졸 jol 종 jong 좌 jwa 죄 joe 주 ju 죽 juk
준 jun 줄 jul 중 jung 쥐 jwi 즈 jeu 즉 jeuk 즐 jeul 즘 jeum
즙 jeup 증 jeung 지 ji 직 jik 진 jin 질 jil 짐 jim 집 jip 징 jing
짜 jja 째 jjae 쪼 jjo 찌 jji 차 cha 착 chak 찬 chan 찰 chal
참 cham 창 chang 채 chae 책 chaek 처 cheo 척 cheok
천 cheon 철 cheol 첨 cheom 첩 cheop 청 cheong 체 che

조 cho 족 chok 존 chon 종 chong 죄 choe 주 chu
축 chuk 춘 chun 출 chul 춤 chum 충 chung 측 cheuk
층 cheung 치 chi 칙 chik 친 chin 칠 chil 침 chim 집 chip
징 ching 코 ko 쾌 kwae 크 keu 큰 keun 키 ki 타 ta 탁 tak
탄 tan 탈 tal 탐 tam 탑 tap 탕 tang 태 tae 택 taek
탱 taeng 터 teo 테 te 토 to 톤 ton 톨 tol 통 tong 퇴 toe
투 tu 퉁 tung 튀 twi 트 teu 특 teuk 틈 teum 티 ti 파 pa
판 pan 팔 pal 패 pae 팽 paeng 퍼 peo 베 be 펴 pyeo
편 pyeon 폄 pyeom 평 pyeong 폐 pye 포 po 폭 pok
표 pyo 푸 pu 품 pum 풍 pung 퓨 pyu 피 pi 픽 pik 필 pil
핍 pip 하 ha 학 hak 한 han 할 hal 함 ham 합 hap
항 hang 해 hae 핵 haek 행 haeng 향 hyang 허 heo
헌 heon 험 heom 헐 he 혀 hyeo 혁 hyeok 현 hyeon
혈 hyeol 협 hyeop 형 hyeong 혜 hye 호 ho
혹 hok 혼 hon 홀 hol 홍 hong 화 hwa 확 hwak
환 hwan 활 hwal 황 hwang 홰 hwae 회 hoe
획 hoek 횡 hoeng 효 hyo 후 hu 훈 hun 훤 hwon 훼 hwe
휘 hwi 휴 hyu 휼 hyul 흉 hyung 흐 heu 흑 heuk 흔 heun
흘 heul 흠 heum 흡 heup 희 hui

ENGLISH&
가나다 순으로 찾는
日本語
일상생활 표현 사전

초판 인쇄 : 2008년 5월 15일
초판 발행 : 2008년 5월 15일
출판등록 번호 : 제 379-2007-000026 호
ISBN : SBN 978-89-959624-7-3 3000
주소 : 경기도 용인시 기흥구 영덕동 흥덕리 79-9
전화 : (070) 7528-9388
홈페이지 : www.i1books.co.kr
도서문의(지원사처) : (02) 3487-0857
펴낸곳 : 에듀캠퍼스
펴낸이 : 에듀캠퍼스

지은이 : 에듀캠퍼스
기획 : 에듀캠퍼스
진행 책임 : 이용태
편집 : 민들레
표지 디자인 : 민들레

본 도서의 내용 중 디자인 및 저자의 창작성이 인정되는 내용들은 무단으로 복제 및 복사하는 것은
저작권법에 의해 처벌 될 수 있습니다.

Published by dcampus Co,.Ltd Printed in Korea